内蒙古自治区社会经济发展研究报告丛书

总主编：张亚民　侯淑霞

U0577508

NEIMENGGU ZIZHIQU
GONGYE FAZHAN BAOGAO(2013)

内蒙古自治区
工业发展报告
（2013）

主　编：张丰兰　赵秀丽
副主编：唐丽颖　韩凤永

经济管理出版社
ECONOMY & MANAGEMENT PUBLISHING HOUSE

图书在版编目(CIP)数据

内蒙古自治区工业发展报告(2013)/张丰兰,赵秀丽著. —北京:经济管理出版社,2014.7
ISBN 978－7－5096－2904－8

Ⅰ.①内… Ⅱ.①张… ②赵… Ⅲ.①地方工业－工业发展－研究报告－内蒙古－2013
Ⅳ.①F427.26

中国版本图书馆 CIP 数据核字(2013)第 311130号

组稿编辑:王光艳
责任编辑:许　兵
责任印制:杨国强
责任校对:超　凡

出版发行:经济管理出版社
　　　　(北京市海淀区北蜂窝 8 号中雅大厦 A 座 11 层　　100038)
网　　　址:www.E－mp.com.cn
电　　　话:(010)51915602
印　　刷:三河市延风印装厂
经　　销:新华书店
开　　本:720mm×1000mm/16
印　　张:16.75
字　　数:300 千字
版　　次:2014 年 7 月第 1 版　2014 年 7 月第 1 次印刷
书　　号:ISBN 978－7－5096－2904－8
定　　价:98.00 元

《内蒙古自治区社会经济发展研究报告丛书》
第一辑·编委会

总　序

习近平总书记在深入内蒙古自治区兴安盟、锡林郭勒盟、呼和浩特市视察指导工作，沿途做了一系列重要指示，并做了重要讲话。习近平总书记的重要讲话，充分肯定了党的十八大以来自治区提出的"8337"发展思路和取得的成绩，深刻阐述了内蒙古自治区在全国发展大局中的战略地位；明确指出了当前和今后一段时期内蒙古自治区的前进方向和工作重点，是内蒙古自治区改革开放和现代化建设的根本指针。为了充分展示内蒙古自治区社会经济发展的成果，进一步探索制约内蒙古自治区社会经济发展的瓶颈，为"8337"发展思路的进一步贯彻提供科学决策依据，由内蒙古财经大学专家学者编写的《内蒙古自治区社会经济发展研究报告》丛书，先期推出工业、对外贸易、金融、文化产业和区域竞争力等系列发展研究报告。该丛书的出版，对于贯彻落实好自治区党委、自治区人民政府关于加快自治区经济发展的一系列政策措施，推动内蒙古自治区社会经济科学发展、和谐发展、跨越发展，必将起到积极的作用。

内蒙古自治区地处祖国北疆，作为新中国最早成立的省级少数民族自治地方，不仅幅员辽阔、自然资源富集，而且独具古老而丰富的草原文化。在中国共产党的领导下，内蒙古自治区各族人民走过社会主义革命、建设、改革与发展的光辉历程，将一个只有"茶布水盐糖，骆驼牛马羊"的内蒙古，发展成为地区经济快速发展、综合实力显著增强、人民生活不断改善的内蒙古。改革开放特别是实施西部大开发和振兴东北地区等老工业基地战略以来，内蒙古自治区抢抓机遇，开拓进取，经济社会发展取得巨大成就。据《内蒙古自治区 2013 年国民经济和社会发展统计公报》显示：2013 年内蒙古自治区农牧业双丰收，粮食总产量达 2773 万吨，增长 9.7%；牲畜存栏头数达 11820 万头（只），增长 4.9%。以工业为主导的第二产业保持较快增长，全年实现工业增加值 7944.4 亿元，增长 11.3%。第三产业稳步发展，全年第三产业增加值 262204 亿元，增长 8.3%；城乡人民生活水平进一步改善，全年城镇居民人均可支配收入 25497 元，增长 10.1%。农牧民人均生活消费支出 7268 元，增长

13.9%;各项社会事业取得较大进步。内蒙古自治区不仅成为巩固国防、繁荣边疆的先进,而且已经成为我国经济社会发展最具活力的地区之一。

今天的内蒙古自治区已经站在了新的历史起点上。但内蒙古自治区在发展中仍存在基础设施建设滞后、生态环境脆弱、产业结构单一、区域发展不平衡、公共服务能力不强等突出困难和问题。第一产业大而不强,绿色高效农牧产业尚未成为产业主要力量;第二产业发展水平仍有待提高,在产品附加值和对自然环境的影响方面都亟待提升;第三产业方面,服务业发展水平和层次较低,在市场竞争中处于弱势地位。以上种种产业发展现状,对内蒙古自治区的社会经济发展都提出了更高的要求。《内蒙古自治区社会经济发展研究报告》丛书,以内蒙古自治区工业、对外贸易、金融、文化产业和区域竞争力的发展现状分析为背景,基于大量实地调研数据,对内蒙古自治区工业及战略性新兴工业发展、内蒙古自治区金融发展中的农村金融及民间金融和产权市场发展、内蒙古自治区区域综合竞争力的评价指标体系、内蒙古自治区盟市对外经贸与对外经济合作机制、内蒙古自治区各盟市文化产业发展现状等进行了实证分析,在内蒙古自治区产业转型升级目标及战略重点、内蒙古自治区金融发展中的新领域与难点、提升内蒙古自治区区域经济综合竞争力、内蒙古自治区对外贸易发展的未来、推动内蒙古自治区文化产业发展的战略举措等方面提出了内容具体、切实可行和科学有效的对策建议。

《内蒙古自治区社会经济发展研究报告》丛书与其他一些相关专著相比,具有简明扼要、系统性和针对性强、形式新颖等特点,是内蒙古财经大学学术研究特色与成果的一次集中展示。本丛书秉承学术精神,观点上各抒己见,内容上兼容并蓄。坚持学术视角、专家立场,讲求实事求是、客观公正,体现科学性、应用性与丰富性。

本丛书的研究成果或结论均属个人或课题组观点,不代表单位或官方结论。由于研究者自身的视野和水平有限,特别是面对纷繁复杂的世界经济和社会形势的诸多不确定因素,对未来预测的难度大大增加,因此研究结论难免不当、不足、不确,恳请读者批评斧正。

编委会

2013.12

前　言

自 18 世纪第一次工业革命以来,人类历史上历经了三次产业革命,有人将 20世纪七八十年代以来的信息技术革命称为第四次产业革命。每一次产业革命都是一场技术变革与社会变革,其结果必然推动社会的进步与经济的快速发展。众所周知,18 世纪 60 年代到 19 世纪中期的以蒸汽机和纺纱机的发明、应用为代表的第一次工业革命,推动人类社会进入蒸汽时代,成就了世界上第一个工业强国——英国。19 世纪下半叶到 20 世纪初的以电力应用为代表的第二次工业革命,推动人类社会进入电气时代,带动了欧美一批强国。20 世纪中叶以计算机为代表的第三次工业革命,推动人类社会进入电子时代。

如果把信息技术革命算在内,那么人类社会现在正处于信息时代。特别是信息技术对传统产业的改造与渗透,推动了人类社会的更多产业发生了根本性的转变。正如杰里米·里夫金在《第三次产业革命》一书中指出[①],历史上数次重大的经济革命都是在新的通信技术和新的能源系统结合之际发生的。新的通信技术和新的能源系统结合将再次出现。信息技术革命和互联网使这个世界正处于第二次工业革命和石油世纪的最后阶段,互联网技术和可再生能源将结合起来,为第三次工业革命创造强大的新基础设施,人类将迅速过渡到一个全新的能源体制和工业模式之中。

由此可见,截止到今天,工业经济一直都是世界经济发展的基础和动力,工业革命和工业化推动了世界各国生产率的大幅提高和世界经济的发展。工业化是每个国家实现现代化所不可逾越的重要阶段。尽管目前以西方发达国家为代表的一些国家已经进入后工业社会,现代服务业在经济中所占的比重超过了工业,但现代服务业的产生仍然是以工业、农业等实体产业为基础并为其服务,工业仍然是创造社会物质财富的重要领域之一。

按照工业化的衡量标准,我国工业化的综合指标已经进入工业化的中后期,此时的工业化与城镇化、现代化和信息化交会。这就意味着我国的工业化与西方发

---

① 〔美〕杰里米·里夫金. 第三次产业革命——新经济模式如何改变世界. 张体伟,孙豫宁译. 中信出版社,2012.

达国家的工业化背景、环境和进程都将有很大的不同,而这也是我国各省、自治区、直辖市工业化进程中面对的共同主题。在我国的工业化进程中,不同的产业分别更替发展,为社会经济的发展做出巨大的贡献。借助于信息化的大力推进,我国的工业化进程也将大大加快。

对于内蒙古自治区而言,工业化同样是推进地方经济发展的重要战略举措。工业结构转型升级是内蒙古自治区经济发展中面临的重大课题,推进工业结构优化升级,是转变经济发展方式、提高经济增长质量的重要途径。内蒙古自治区的经济增速多年连续全国第一,被称为内蒙古现象和内蒙古模式,工业各个行业的发展功不可没,工业是内蒙古自治区经济发展与腾飞的主要动力源,也是下一步内蒙古自治区经济结构调整、转型、升级的重点和抓手。工业内部门类多,不可能齐头并进,有必要找准突破口,提出分层次、阶梯型推进工业转型升级的思考和方案。同时,从目前来看,从总体上梳理和研究各省区工业以及内部不同部门的结构、效益、问题和出路的文献相对稀缺,只有少数省份出版了相关产业的研究报告。正是基于这样的背景,本书以内蒙古自治区工业发展为研究对象,从理论上进行总体把握的同时,针对工业行业的特色产业和新兴战略性产业进行详细剖析和总结。

鉴于以上背景与宗旨,本书作为研究内蒙古自治区经济发展的系列丛书之一,首先对内蒙古自治区工业发展进行阐述与剖析,总结内蒙古自治区工业发展的一般规律和特殊运动,揭示其未来发展的趋势以及工业现代化、信息化高度融合的方向和路径,对现实经济发展提供政策借鉴。本研究报告以"加快工业转型升级、推进工业强区"为主线,坚持"刻画主要事实、做出基本判断、传递政策信息"的宗旨,其结论对促进内蒙古自治区转变经济发展方式,提升地区经济整体实力有直接的推动意义。

内蒙古自治区工业发展报告的设计思路,是在对内蒙古自治区产业发展总体状况和转型升级的背景、基本方向和发展重点进行概括的基础上,以工业产业为主要分析对象,通过各类指标的构建和说明,阐释内蒙古自治区工业产业的发展状况、发展潜力和趋势,提出政策谏言。由于篇幅限制,政策谏言将放在后续的研究之中。本研究将内蒙古自治区各大产业的发展置于全国产业发展实践乃至全球产业布局和配置的大环境之中,跳出工业看工业,以更加宽阔的背景和更加高远的视角,判断内蒙古自治区工业发展的潜力产业、主导产业、夕阳产业,从而为产业结构的转型与升级提供新思路,以期为政府有关部门制定和调整工业发展政策提供理论和现实依据。本报告也将为后续研究内蒙古自治区工业结构状况、工业内部各部门、相关的生产性服务业等领域的发展报告,以及其他系列产业发展报告奠定基础。

本书集中阐述了内蒙古自治区工业发展的历史和现状,在此基础上重点研究了当前内蒙古自治区主要工业领域中的行业调整、优化和转型升级等问题。

内蒙古自治区工业经历了从无到有再到大发展的一个漫长发展历程。新中国成立以前,内蒙古自治区只有皮革、毛纺、农畜产品加工等少数传统工业,没有现代工业。从"一五"时期开始,国家将一些大型项目部署在内蒙古自治区,矿山、钢铁、机械制造、纺织、食品加工等项目开始大规模建设,实现了内蒙古自治区现代工业"零"的突破。自此,内蒙古自治区工业迅速发展起来,到20世纪70年代末期,煤炭、冶金、盐碱化工、农畜产品加工、轻纺、重型机械制造业等在国内的地位已经凸显出来。1978年以来,伴随着改革开放的不断深入,内蒙古自治区工业经济从小到大迅速崛起,到"八五"期末,初步建立起门类较为齐全、具有地区特点和民族特色的工业经济体系,基本形成了煤炭、电力、冶金、机械、轻纺、化工、建材、森工等重点产业,使内蒙古自治区逐步成为了国家重要的能源和原材料基地。尤其是"十五"以来,工业化进入了持续高速发展期,工业规模迅速增大,门类不断增多,产业链逐渐延长,新型工业蓬勃发展。目前已进入工业化发展的中后期,新型工业化格局基本形成,工业经济发展实现了历史性重大跨越。

第一,内蒙古工业经济整体实力显著增强。按照当年价格计算,2002年内蒙古工业生产总值614.89亿元,到2012年达到7735.78亿元,在全国的位次由2002年的第23位前移至第12位。在西部的位次由第6位上升至第2位。第二产业在GDP中的占比高达55.4%,所占比重在全国居第5位。工业对全区经济增长的贡献率达到60%。内蒙古自治区依托丰富的自然资源,利用国内外产品需求不断扩大的机遇,大力发展煤炭、化工、金属和非金属冶炼等重化工业,目前工业化中期的任务已经基本完成,呈现出快速向工业化后期过渡的明显特征。

第二,工业经济效益综合指数从2002年的104点提高到2007年的301点,高于全国平均水平60多点。规模以上工业企业实现利润从2007年的641.99亿元增加到2012年的1931.69亿元,在全国排位由第17位上升至第14位。

第三,工业经济结构调整取得重大进展。以能源、基础原材料为主的单一产业结构逐步被打破,资源型产业和非资源型产业、传统优势产业和战略性新兴产业多元并举发展的格局逐步形成。培育形成了能源、化工、冶金建材、装备制造、农畜产品加工和高新技术六大优势特色产业。大规模、高起点、高标准投资建设了一批国际、国内领先的能源重化工项目。信息技术在煤炭、冶金、乳制品等行业的应用,生产装备自动化、智能化水平得到了有效提升,"两化融合"显著增强了工业发展后劲。

第四,实现了由量的扩张到提质增量的历史性跨越,工业经济发展质量显著提高。

2000年,内蒙古自治区高新技术产业化综合水平位于全国第28位,2007年上升到第20位,科技进步环境指数上升到第9位。"十一五"期间,内蒙古自治区工业固定资产投资完成1.5万亿元,"三网"建设积极推进,基本建成了贯通东西的高等级公路、铁路、电网三大通道。在现代煤化工、光伏材料自主创新及产业化等领域,大力实施科技创新,核心技术和关键技术攻关以及自主创新成果产业化进程明显加快。在现代煤化工、光伏材料自主创新及产业化等领域,大力实施科技创新,核心技术和关键技术攻关以及自主创新成果产业化进程明显加快。

在新的历史条件下,内蒙古自治区迎来了新的发展机遇,也面临着严峻的挑战。随着我国工业化和城镇化进程的深入推进,扩大内需战略的实施,国内消费需求结构不断升级,对新型能源和基础原材料的需求将进一步扩大,这为内蒙古自治区传统优势产业发展提供了巨大的市场空间;环渤海经济圈和东北地区辐射带动作用增强,为内蒙古自治区扩大开放、借力发展、承接产业转移创造了新的机遇;2012年国务院正式批复《呼包银榆经济区发展规划(2012~2020年)》(以下简称《规划》)。《呼包银榆经济区发展规划(2012~2020年)》提出了推动资源型地区经济主动转型、建设节水型社会、打造国家综合能源基地、发展特色优势产业等8项重点任务,还确定了该区域重大发展战略和一大批能源化工等重点项目。这预示着资源型地区转型升级,促进区域协调发展的进程将加快,也为推进产业结构优化升级,加快构建多元发展、多极支撑的现代产业体系提供了机遇。国际、国内生产要素流动和产业结构面临大范围、高强度调整,新的科技革命和工业革命,为内蒙古自治区发挥后发优势,实现技术跨越,抢占科技和产业制高点提供了良好契机;国家实施新一轮西部大开发和振兴东北等老工业基地战略,以及2011年出台的《国务院关于进一步促进内蒙古经济社会又好又快发展的若干意见》,为内蒙古自治区工业新一轮发展创造了良好的政策条件。

但是内蒙古自治区作为欠发达地区的基本区情没有改变,未来工业发展还面临不少挑战和问题。主要表现在:工业总量增长快,但竞争力不强,发展不充分,水平不高。2012年工业增加值占全国的比重仅为3.78%。产业结构不合理,资源型产业偏重。能源、冶金、建材、农畜产品加工等资源型产业增加值约占全部工业的近80%,装备制造、高新技术产业所占比重仅为10%。经济增长主要以"原字号"产品和初级产品为主,延伸加工产业、配套中小企业发展滞后。生产力布局分散,区域发展不平衡,东部地区仅占30%。水资源、生态环境、交通运输条件、电网输送能力等基础设施,以及人才和技术等基本条件对内蒙古自治区的工业发展制约较大。2012年以来,国内煤炭、冶金、建材等行业产能过剩,对内蒙古自治区工业的发展影响巨大。内蒙古自治区工业要持续健康发展，需要下大力气破解这些难题。

内蒙古自治区要解决工业对自然资源依赖性大、内部结构不合理、产业链条短、竞争力不强、效益不高等问题，需要在继续寻求扩大工业规模的同时，加快工业结构的调整、优化和升级的步伐，走量质并重的发展道路。

2011年初发布的《内蒙古自治区"十二五"工业和信息化发展规划》中，提出"内蒙古工业发展和信息化建设要立足于欠发达的基本区情，以科学发展和可持续发展为主题，继续加速推进新型工业化进程，加快转变发展方式，推进信息化和工业化融合，调整产业结构，优化区域布局，继续扩大工业总量，努力提升发展质量，保持工业经济在一个较长时期的快速增长"。

内蒙古自治区要增强工业经济的整体实力和竞争力，需要在增量中调整结构、在转型中优化升级。围绕建设国家能源、重化工业、有色金属加工和农畜产品加工基地以及区域性产业基地，进一步巩固、提升传统优势产业，推动产业延伸、产业升级和产业配套；拓宽发展思路，创新发展路径，积极承接产业转移，大力发展非资源型产业，加强产业集群建设；积极培育和发展战略性新兴产业，努力构建多元发展、多极支撑的现代工业体系。

党的十八大以后，内蒙古确立了在我国西部地区率先全面建成小康社会的发展目标，立足于基本区情，提出"8337"发展思路和战略定位，加快了工业转型升级的步伐。在新的战略定位中，内蒙古提出要打造5个基地，2个屏障，1个经济带。即把内蒙古建成保障首都、服务华北、面向全国的清洁能源输出基地，建成全国重要的现代煤化工生产示范基地，建成有色金属生产加工和现代装备制造等新型产业基地，建成绿色农畜产品生产加工输出基地，体现草原文化、独具北疆特色的旅游观光、休闲度假基地；保障生态安全的屏障，边疆安全稳定的屏障；向北开放的重要桥头堡和充满活力的沿边经济带。在内蒙古自治区要着力打造的5个基地中，涉及工业的有4个部门。

为了推进经济社会全面协调发展，内蒙古提出要协调第一产业、第二产业、第三产业的发展，大力推进农牧业现代化，加快发展服务业（包括传统服务业和现代服务业），全力支持非公经济的发展，为更顺畅地调整优化工业结构创造条件。全面实施新的发展战略，内蒙古自治区的传统优势产业和战略性新兴工业在规模、质量和效益上将有较大的提升。

内蒙古自治区工业结构调整优化升级的历程，实际上也是内蒙古自治区经济发展水平整体逐渐提升的过程，同时也反映出时代变化的客观要求。

在新的历史时期，我们编写《内蒙古自治区工业发展报告（2013）》，目的在于帮助人们正确认识和把握产业结构演进的规律和时代特征的变化,全面了解和把握内蒙古工业发展的历史和现状,准确判断工业化发展阶段,找准存在的主要问题,把握未来的任务和政策侧重点,为推动内蒙古工业又快又好发展服务。

本报告的设计思路,是在对内蒙古自治区产业发展总体状况和转型升级的背景、基本方向和发展重点进行概括的基础上,以工业产业为主要分析对象,通过各类指标的构建和说明,阐释内蒙古自治区工业产业的发展状况。本报告的数据多采用2013年《中国统计年鉴》和2013年《内蒙古统计年鉴》公布的数据,以"加快工业转型升级、推进工业强区"为主线,坚持"刻画主要事实、做出基本判断、传递政策信息"的宗旨,尽可能体现内容全面、信息准确、创新点多、政策性强的特点,为后续服务业产业发展报告以及其他系列发展报告奠定基础。

本书是2012年度内蒙古财经大学重大研究项目"内蒙古产业发展研究报告:工业结构转型升级"的研究报告,主编张丰兰教授、赵秀丽博士,副主编唐丽颖、韩凤永,参编人员毛文静、倪学志、薛艳艳、赵航、康秀娟。全书共有十一章,第一章概述了国内外产业发展的趋势和当前的特点,同时对内蒙古自治区产业发展状况进行概括;第二章、第三章分别对内蒙古工业发展阶段和工业结构转型升级以及工业结构、效益、质量等进行总体分析和判断;第四章到第十章分析了内蒙古自治区特色优势产业的发展状况,包括农畜产品加工业、冶金化工、装备制造业和汽车制造业、能源产业、生物医药产业等;第十一章分析了内蒙古自治区近年来着力培育的战略性新兴产业的发展和面临的问题。本报告既包括了内蒙古自治区产业总体发展状况、工业总体发展状况以及特色优势产业的介绍和发展水平的评析,也包括战略性新兴产业发展前景、基础、条件和目前发展状况的分析判断,在分析过程中还包括了"十一五"以来产业发展的政策,以及未来产业政策的重点导向。

当前,我国工业发展的主题已经由"调整和振兴"转向"转型和升级"。内蒙古自治区工业发展将呈现重化工业产业链进一步延伸、非资源性产业快速发展,特别是先进制造业、农副产品加工业加速发展、战略性新兴产业快速培育、信息化和工业化深度融合的显著特征。提出"调整产业政策,加快推进工业转型升级"的对策建议,也是本书的重要内容。

编　者

2013 年 12 月

目　录

第 一 章

国内外产业发展概述

　　国外产业的发展是随着产业革命的进行而不断地更替和演进的。自从 18 世纪第一次工业革命以来，在人类历史上已历经三次产业革命，有人将 20 世纪八九十年代以来的信息技术革命称为第四次产业革命。每一次产业革命都是一场技术变革与社会变革，其结果必然推动社会的进步与经济的快速发展。众所周知，18 世纪 60 年代到 19 世纪中叶，以蒸汽机和纺纱机的发明和应用为标志的第一次工业革命，推动人类社会进入蒸汽时代，成就了世界上第一个工业强国——英国。19 世纪下半叶到 20 世纪初，以电力应用为标志的第二次工业革命，推动人类社会进入电气时代，带动了欧美一批强国。20 世纪中叶，以计算机为标志的第三次工业革命，推动人类社会进入电子时代。

　　如果把信息技术革命算在内，那么人类社会现在正处于信息时代。特别是信息技术对传统产业的改造与渗透，推动了人类社会的更多产业发生了根本性的转变。正如杰里米·里夫金在《第三次产业革命——新经济模式如何改变世界》一书中指出的①，历史上数次重大的经济革命都是在新的通信技术和新的能源系统结合之际发生的。新的通信技术和新的能源系统结合将再次出现。信息技术革命和互联网使这个世界正处于第二次工业革命和石油世纪的最后阶段，互联网技术和可再生能源将结合起来，为第三次工业革命创造强大的新基础设施，人类将迅速过渡到一个全新的能源体制和工业模式之中。

---

① 〔美〕杰里米·里夫金. 第三次产业革命——新经济模式如何改变世界. 张体伟，孙豫宁译. 中信出版社，2012.

第一节
国外产业发展的历史和趋势

随着社会分工的不断细化、科技的不断进步以及社会生产力的不断提高,世界产业也随之演进。在世界产业演进过程中,发达国家和地区通常是产业演进的领跑者,20世纪80年代中期以来,主要发达国家先后完成工业化过程,进入后工业化发展时期。

一、国外产业的发展历程

在世界产业发展史上具有里程碑意义的是英国爆发的工业革命。世界产业演进历史阶段可以概括为以纺织工业为主导产业的第一次工业革命,以钢铁工业为主导产业的第二次工业革命,以第三产业为主导产业的第三次工业革命,以知识产业为主导产业的第四次工业革命。

1.第一次工业革命

第一次工业革命发生于18世纪70年代到19世纪中叶,历时一个多世纪,其发源地在英国。珍妮纺纱机的发明标志着第一次工业革命的开始。第一次工业革命以蒸汽机和纺纱机的发明应用为标志,工业革命的结果是造就了世界上第一个工业强国——英国。尽管第一次工业革命起源于英国,但在18世纪末,开始向欧洲大陆和北美扩散传播,乃至延伸到世界上的其他国家和地区,因此,第一次工业革命推动了人类社会进入蒸汽时代。第一次工业革命涉及的领域有纺织、钢铁、机械、煤炭、造船、铁路等产业,工业革命使这些产业部门得到快速和极大的发展,为大机器工业体系奠定了基础。毫无疑问,第一次工业革命使资本主义实现了由工场手工业向机器大工业的飞跃,引起产业结构在两方面的突出变化:一是大工业冲击了传统产业中农业的主导地位,农业领域被资本占领,农业实现了工业化,农村人口成为农业工人。由此,经济中心也从农业转向了工业。二是大工业冲击了传统的家庭手工业和工场手工业,机器普遍替代了手工劳动,最终促使以机器和机器体系为核心的工厂制度在工业中逐渐占据统治地位。

2.第二次工业革命

第二次工业革命发生于 19 世纪 40 年代至 20 世纪初,历经半个多世纪,主要标志是电力的广泛应用,电力的广泛应用又促进了铁路网的建设和近代炼钢技术的形成。此次工业革命直接引发了产业结构由初级阶段向高级阶段演变。第二次工业革命首先导致了电力、化工等新技术和新产业群的形成和发展,以电的广泛应用为核心,以内燃机、石油、化学、钢铁等新兴工业为特征,大大促进了社会生产力的发展,产生了一批新的产业部门,资本密集型工业成为经济中的主导部门。产生于第一次工业革命基础上的第二次工业革命除继续推进了工业化外,同时也改变了工业领域的内部结构,主要表现在两个方面:一是电力、钢铁、化工等部门的形成使重工业在工业生产中占据了主导地位,由棉纺织时代进入电力时代和钢铁时代;二是形成了新兴产业部门,生产和资本集中形成了大型企业,企业生产规模越来越大,垄断部门开始形成。同时,传统的以轻工业为主的劳动密集型工业开始向资本密集型工业转变,生产领域中技术的发挥作用也越来越大。

3.第三次工业革命

第三次工业革命发生于 20 世纪 40~70 年代,它以原子能、电子计算机、空间技术和生物工程的发明和应用为主要标志。第三次工业革命发生的推动力是第二次世界大战前科学理论的发展和战时军需的推动,直接引发了一系列科技领域出现重大的突破。原子能利用、电子计算机、航空和空间技术、高分子化合物等,这些科技领域的相继突破宣告了第三次工业革命的到来,信息技术的产生和发展掀起了第三次工业革命的高潮,带动了全球产业结构的调整。第三次工业革命可谓是科技革命,其在规模、涉及领域和影响力方面都是前两次工业革命所无法比拟的。第三次工业革命的结果:一是电子、宇航、原子能、高分子等产业迅速发展并使现代工业发达国家和地区的产业结构实现了高度化,各种高加工度、高附加值的产业迅速发展。二是技术和知识密集型产业逐渐形成为经济中的主导部门。新技术改造了旧技术产业部门,导致整个物质生产领域的根本性变革。科学技术在这一过程中的贡献越来越大,促进了劳动生产率的极大提高。三是产业结构内部基本上都经历了农业比重的持续下降和工业比重的先上升后下降,以及服务业所占比重上升的发展过程。东南亚地区迅速产生了一批新兴工业国家和地区,如新加坡、韩国、泰国等,这些国家迅速实现了由进口替代型经济向出口导向型经济的转变。从整体上看,第三次工业革命加强了产业结构非物质化和生产过程智能化的趋势,而且引起各国经济布局和世界经济结构的变化。同时,第三次工业革命以其丰富的内容使管理发展为一门真正的科学,并实现了现代化。

4.第四次工业革命

第四次工业革命是以信息技术的广泛应用为标志的信息化阶段。20世纪90年代以美国的新经济为代表,美国克林顿政府的"信息高速公路"战略催生了信息技术革命,在一定程度上也可以称为互联网革命。美国政府计划用20时间,耗资2000亿～4000亿美元,建设美国国家信息基础结构,这无疑创造了巨大的经济效益和社会效益,推动美国经济长时间的高增长、低通胀、低失业等,被称为新经济。在互联网的推动下,这场新经济席卷全球。随之而来的则是全球产业结构发生了巨大变化,各个国家都把加快以信息技术为核心的高新技术产业的发展作为产业结构调整的主要方向,以推进产业结构高级化。信息产业的迅速发展带动了微电子、半导体、激光、超导等技术的发展,并带动了新材料、新能源、生物技术、海洋技术等高新技术的迅速成长;同时,以信息技术为核心的高新技术向传统产业领域广泛渗透,使传统技术发生了质的变化;而且也使知识产业一跃成为许多发达国家的主导产业。主要发达国家开始向后工业社会过渡。美国、日本等发达国家产业结构重心向高技术化、信息化和服务化方向发展。发达国家和发展中国家之间的地区分工向纵深发展,产业结构垂直型梯度分布更为明显。从总体上看,美国站在当今国际分工的顶尖,主要从事高附加值产品的生产,日本和西欧等发达国家以知识、技术密集型产业为主,主要从事一般高附加值产品的生产,以亚洲"四小龙"及巴西为代表的新兴工业化国家和地区以资本、技术密集型产业为主,基本完成了工业化,以东盟及中国为代表的发展中国家以劳动密集型产业为主,拥有廉价的劳动力资源,在纺织、轻工等劳动密集型产业上具有竞争优势。[①]

信息技术革命推动了人类社会进入信息时代,2009年IBM首席执行官彭明盛首次提出"智慧的地球"这一概念,阐明了其短期效益和长期效益,建议美国奥巴马新政府投资新一代的智慧型基础设施。奥巴马对此给予积极回应:"经济刺激资金将会投入宽带网络等新兴技术中去,毫无疑问,这就是美国在21世纪保持和夺回竞争优势的方式。"该战略是把新一代IT技术充分运用在各行各业之中,即把感应

---

①陈晓涛.产业演进论.四川大学博士论文,2007.

器嵌入和装备到电网、铁路、桥梁、隧道、公路、建筑、供水系统、大坝、油气管道等各种物体中，并且被普遍连接，形成"物联网"，然后将"物联网"与现有的互联网整合起来，实现人类社会与物理系统的整合，在这个整合的网络当中，存在能力超级强大的中心计算机群，能够对整合网络内的人员、机器、设备和基础设施实施实时的管理和控制，在此基础上，人类可以以更加精细和动态的方式管理生产和生活，达到"智慧"状态，提高资源利用率和生产力水平，改善人与自然间的关系。[①] 在智慧的地球之后又有人提出了智慧的星球，等等。总之，是把物联网与互联网进行对接，依托于信息技术和互联网技术实现的一场变革。这无疑会从根本上改变相关产业的连接方式和内部结构，引起企业间、产业间甚至国家间竞争格局的重大动荡和变化。

除了上述四次工业革命之外，美国学者里夫金提出了"第三次产业革命"，其内涵与前述的第三次工业革命不同，是网络通信技术与可再生能源技术相融合。他认为第一次工业革命造就了密集的城市核心区、拔地而起的工厂；第二次工业革命催生了城郊大片房地产业及工业区的繁荣；第三次工业革命将会把每一栋楼房转变成住房和微型发电厂。里夫金认为，这样的第三次产业革命的实施需要五大支柱，这五大支柱成为可再生能源循环利用的链条——"寻找绿色能源—住房和发电厂—存储介质（氢）—能源互联网—运输系统"，具体而言五大支柱为：一是向可再生能源转型；二是将每一大洲的建筑转化为微型发电厂，以便就地收集可再生能源；三是在一栋建筑物以及基础设施中使用氢和其他存储技术，以存储间歇式能源；四是利用互联网技术将每一大洲的电力网转化为能源共享网络，这一共享网络的工作原理类似于互联网；五是将运输工具转向插电式以及燃料电池动力车，这种动力车所需要的电可以通过洲与洲之间共享的电网平台进行买卖。[②] 里夫金提出的第三次产业革命是一场系能源革命与互联网革命的融合，也就是前述的几次工业革命的融合发展。里夫金指出他所预言的第三次产业革命并不是虚拟的，而是正在欧洲等地实践着。

二、国外产业的发展趋势

随着世界经济的发展和经济全球化的加速，世界产业结构的演进出现了一系

---

①杨科杰.从互联网时代到"物联网"时代——解析美国"智慧的地球"科技战略.光明日报,2009-2-23.

②〔美〕杰里米·里夫金.第三次产业革命——新经济模式如何改变世界.张体伟,孙豫宁译,中信出版社,2012.

列新的趋势,这些趋势对各国产业发展和产业结构的调整与优化产生了重要影响。从产业内部构成看,世界各国国内生产总值结构变化的总趋势是农业比重下降,而服务业的比重上升。这一趋势在发达国家与发展中国家都相同,不同的是发达国家的工业和制造业在下降,而发展中国家的这两个指标在上升。20 世纪 80 年代以来,在信息技术革命的推动下,产业结构不断呈现出高级化和合理化演进的趋势。到 2012 年前后,世界主要国家第三产业所占比重都超过 60%。

同时,从世界产业发展的总体趋势看,国外产业发展实践也呈现出五大趋势,其发展和演变体现在产业结构、产业内企业间关系、产业的边界变动以及产业发展的约束力量等方面。[1]

1. 产业发展的信息化与网络化

以信息技术和生命科学为先导的科技革命迅猛发展,发达国家产业升级换代出现了非物质化趋势。发达国家出现了社会服务产业化,高技术服务业发展迅速。与此同时,在一些发达国家中还出现了企业资产无形化,有形资产退居次要地位。2006 年,托马斯·弗里德曼提出"世界是平的",引发诸多思考与争论,这其中蕴涵着产业发展的扁平化、网络化趋势。"世界是平的",不仅是指国家层面的世界不再只有发达国家一极,新兴市场不断崛起并与发达国家形成一种力量制衡,世界出现多极化趋势,而且是指微观层面的企业链接出现扁平化趋势,大公司、大企业垄断的情形开始减弱。由于网络化链接与技术的普及,大批中小企业借助于信息技术、网络兴起,并不断探索利基市场,形成长尾经济,甚至是胖尾经济,冲击着大公司的垄断。由此,中小企业与大公司、大企业的抗衡在一定程度上也反映了世界的扁平化。

2. 产业发展的全球化

"世界是平的"还指全球经济在产业中观层面的配置与分布。产业链各环节的全球配置行为增多,随着产业结构扁平化与网络化,产业的全球化趋势明显。产业链在动态和开放的环境中向外不断扩散,产业链延伸的同时以碎片化的形式嵌入不同国家的产业发展进程中,从而形成产业的国际化。产业转移全球化,产业链在全球范围内延伸,形成了国际产业体系。发达国家开始向发展中国家转移资本和技术双密集型产业。国际产业转移规模迅速扩大,跨国公司成为产业转移的主体。

---

[1]赵秀丽.产业双重收敛与"产业思维"的局限性.科技进步与对策,2012(24).

发展中国家积极利用外资和国际产业转移来发展自己的高新技术产业,自觉地进行产业升级。事实上"国际化"远没有"全球化"更能体现产业在全球动态扩张的本质。

3.产业发展的簇群化

在信息技术革命推动和产业组织内部重组的背景下,产业内企业间关系出现了网络化链接的态势。这种网络化链接使企业间形成地方网络簇群或集群,即产业组织的集群化与簇群化发展。平台成为构筑企业网络的竞争与合作形式的新载体,依托"平台",企业间以及企业网络间形成平台与平台之间的竞争与合作,这是一种基于网络形成的集成化系统之间的竞争与合作。

4.产业发展的融合化

真正意义上的产业融合是 20 世纪 70 年代开始,首先出现在世界主要发达国家的信息技术和信息经济领域,继而向其他领域扩散,引发了一场新的产业革命并导致社会经济的深刻变化。[①] 在实践中,产业融合被认为开启于有线电视网、通信网络和互联网在高端业务层面上的"三网融合",通常认为"产业融合"是产业之间的相互渗透、改造与关联性的增强。事实上,它不仅是产业间的功能互补型相互渗透与跨越,也是高新技术、信息技术向其他产业的渗透,还是产业内部的重组融合衍生出新的产业业态(并非主流理论上的"一体化")。[②]

5.产业发展的生态化

产业在动态变迁过程中,不断与周围的环境发生冲击与互动,在全球气候变暖与环境恶化的外部环境约束下,产业的发展整体日益优化,以适应环境变量的约束并与环境形成良性互动,从而产生了产业生态化的理论和实践。总之,产业发展的网络化、簇群化、融合化、生态化和全球化是 21 世纪国际产业发展的新趋势,它们是产业发展对全球经济新特征和新变化的一种动态注释。

当然,产业发展的趋势远不只这些,有人将产业结构内部不同产业比重的变化,尤其是服务业所占比重的增大称为产业发展的"软化";产业结构随着技术进步而不断调整和升级,高附加值的新产业不断出现,这被归纳为产业发展的高端化。

---

①李美云.国外产业融合研究新进展.国外经济与管理,2005(12):12—27.

②厉无畏,王慧敏.产业发展的趋势研判与理性思考.中国工业经济,2002(4).

在互联网和信息技术的推动下,全球的产业呈现出日益同质化的发展趋势,只不过不同国家在不同的国际分工背景下承担了不同的角色,处于不同的位置。产业发展的智能化是伴随"智慧的地球"战略的实施而产生的必然结果,也是其在产业信息化推动下的又一发展。

第二节
世界典型国家产业的演进

全球产业的演进是以不同国家产业发展和产业革命为依托的,因此要了解全球产业的演进历程和产业革命的内容,需要对不同国家的产业发展和产业革命进行具体分析。这里以产业革命发生的典型地点和典型国家为例,具体阐述国外产业变革与发展的进程。

一、英国产业的演进

英国是世界上第一个实现工业化的国家,也是第一次工业革命和世界工业的发源地。因此,分析世界产业的发展和变革首先要从英国开始。英国产业的演进大致分为四个阶段。

第一个阶段是工业革命的发生阶段,也是工业化阶段,从18世纪70年代到第二次世界大战前这一时期,英国完成了第一产业和第二产业的革命,成为世界上第一个工业国家,轻纺工业、钢铁和化工等重化工业先后成为英国的主导产业。

第二个阶段是第二次世界大战后的重建阶段。这段时期属于英国的艰苦时期,对产业结构进行了全面恢复和调整,其产业结构也发生了重大变化:第一产业在整个国民经济中的比重迅速下降,到1950年,第一产业在国内生产总值中的比重为5.7%。

第三个阶段是英国工业的繁荣阶段。从20世纪50年代末至1973年石油危机前,英国经济经历了战后时期相对的高增长。在经济中居于重要地位的第二产业在不断下降,第三产业占GDP的比重不断上升。英国的耕地及农业劳动力减少,但生产率不断提高,农业的农场经营趋于大型化和专业化,有效地推动了农业

8

集约化和现代化。

第四个阶段是衰退阶段。1973年石油危机之后,英国经济的增长率低迷,经济增长与波动的同时也伴随了产业结构的不断演进。从20世纪70年代初开始,英国经济呈现明显的后工业化特征,制造业在该时期出现大幅衰退。第三产业占GDP的比重不断上升,重要性与日俱增。1950年第三产业占GDP的比重为46.6%,1984年上升为56.5%,英国三次产业结构的变化与美国相似,这说明三次产业结构的变化,在西方发达国家是一个普遍的规律。[1]

按行业划分,英国产业大体分为五大部门,即农业、渔业和林业;制造业;建筑业;能源和自然资源业;服务业。20世纪以来,服务业成为英国国民经济的支柱产业,农业占很小比重,钢铁、煤炭、纺织等传统制造业在英国产业结构中已逐步萎缩。各产业经济增加值在英国经济中的比重大致为:包括金融、批发及零售、房地产等部门在内的服务业占72%,制造业和建筑业占23%,能源和自然资源业占4%,农、渔、林业占1%。可见,英国经济已经进入"后工业社会"。

二、美国产业的演进

在英国成为世界工业强国乃至其走向衰落的过程中,美国的工业产业开始崛起,成为世界经济的领头羊。美国的产业发展经历了四个阶段,每个阶段呈现出不同的特点。

从1884年到第二次世界大战前美国经济的工业化阶段。在南北战争前夕,美国的农业产值占国民收入的比重为30.8%,制造业的产值占比为12.1%。显然,此时美国是以农业为主导,南北战争结束后,美国的工业发展驶入快车道,1884年,工业产值占国民收入的比重达到了52%,工业生产比重超过了农业生产,标志着美国工业化的完成。在工业化阶段,首先从棉纺织业开始,逐步发展到制铁业、食品加工业、木材业和机器制造业等,美国由农业国向工业国的过渡,到20世纪初,第一产业下降为28%左右,第二产业上升为主导产业,占53%左右,第三产业占19%。到1890年,美国工业生产总值就已经达到94.98亿美元,超过了英国、法国和德国,跃居世界第一位;1900年,钢产量达10万吨,生铁产量达1401万吨,石油产量达860万吨。美国产业结构经历了以农业为主(即工业化前的经济)转向以工业为主(即工业化经济),然后再转向以广义服务业为主(即后工业经济)的发展

---

①陈晓涛.产业演进论.四川大学博士论文,2007.

阶段。产业结构不断向现代化、高级化方向发展。①

从 20 世纪 20～50 年代的第三次工业革命,工业产值下降,但其内部出现了调整。到 1947 年,美国三次产业的产值占国内生产总值的比例是 10：30：60,这一阶段,美国的第一产业产值比重呈下降持续趋势,1952 年低于 9％,1959 年低于 6％。第二产业也出现下降趋势,其降幅大大高于第一产业。到 1957 年,第三产业产值比重超过 60％。据统计数据显示,在 20 世纪 50 年代以及 60 年代,美国第二产业的产值占 GDP 的比重一直在 30％～50％波动。当然,这并不代表美国工业的衰落,美国经济总量占世界 30％,而美国的制造业产值占美国 GDP 的 25％,这意味着美国的工业依然很强大,处于世界工厂的地位。

第三个阶段是工业化后期阶段,从 20 世纪 50 年代到 70 年代。产业结构开始重点转向技术密集型产业,重点发展通信、电子、计算机等产业,而将钢铁、纺织等传统产业逐步向日本、联邦德国等转移。该阶段第一产业的产值比重继续下降,第二产业的产值比重在 1970 年则降到 30％以下。第三产业的产值比重一直呈上升趋势,在 20 世纪 70 年代,第三产业在产值份额中就已占 65.5％,其中信息业已达 50％以上。劳动力在三次产业间的变化与国内生产总值的变化具有相同的趋势,即劳动力从第一产业部门和第二产业部门逐步地向第三产业部门转移。②

第四个阶段是非工业化阶段(去工业化阶段)。在此阶段,第一产业产值比重一直下降,到 1991 年已经低于 3％,此后各年基本在这一比例附近徘徊。第三产业的产值比重到 2001 年之后下降到 20％以下,目前大概在 17％附近徘徊。美国经济总量占世界 GDP 的比重也降到 20％,美国的制造业产值占 GDP 比重为 12％,这表明美国经济完成了去工业化的过程。同时,美国的第三产业发展迅猛,其产值比重在 1985 年超过 70％,2009 年则突破 80％,这表明美国经济的重心已经转移到第三产业上,美国经济开始了非物质化过程。制造业的低端环节和标准环节转移到了其他成本低廉、劳动力充足的地区,制造业的高端环节则向高技术工业转移,研发、品牌等环节掌控在美国本土,以尖端技术改造制造业的设备是美国制造业持续发展的一个突出表现。现代服务业中的金融产业成为美国的核心产业,美国成为全世界的金融中心,华尔街成为世界资本流动的风向标。在美国经济的非物质化阶段,美国劳动力的转移出现两个特征:一是劳动力开始向第三产业转移;二是向公共服务部门转移。1950～2001 年,三次产业产值占 GDP 的比重为:1.6％

①景跃军.战后美国产业结构演变研究,吉林大学博士论文,2004.
②陈晓涛.产业演进论.四川大学博士论文,2007.

（1950 年为 7.0％）、23％、75.3％。三次产业吸纳的就业人口比重分别为 2.4％（1950 年为 12.5％）、22.4％、75.2％（1950 年为 56.6％）。依据统计数据可知，在 1990 年美国经济出现新经济以来，美国的产业结构呈现出“软化”或“服务化”的特征，从三次产业的产值看，第一产业的产值小幅下降，第二次产业的产值大幅下降，这与美国制造业外移有关，第三产业的产值则迅速上升。从就业人口的比重看，服务业所吸纳的就业人口已经突破了 75％，可见，服务业已经成为美国经济的主导。到了 2010 年，美国三次产业之间的比例关系为 3∶17∶80。[①]

在美国经济的非工业化阶段，美国行业变迁大致是重工业、能源占比不断下降，金融、信息技术、医疗等领域占 GDP 的比重则逐渐上升。在 1929 年，美国初步完成工业化初期，占主导地位的是运输业，而第二次世界大战之后，进入重工化时期，从此石油成为主导产业。20 世纪 70 年代以来，美国经济依然走在世界前列，而占主导地位的产业是以信息技术、金融、医疗保健为主的新兴产业。由于信息技术和互联网革命，以及美国斥巨资修建的信息高速公路，直接推动了美国信息产业的发展。新能源、新材料等具有战略性地位的产业成为美国争夺和发展的对象。自 2008 年金融危机爆发以后，以金融为支柱产业的美国经济受创，开始意识到工业尤其是制造业的基础性作用，自此被转移到国外的标准化制造业生产环节开始出现了回流现象，并再次提出“再工业化”战略，美国政府鼓励制造业回迁，以此来增加就业，提振美国经济。

三、德国产业的演进

第二次世界大战后，德国很快走出战争导致的经济萧条有很多原因，主要包括市场经济模式、政府的作用等，但最重要的原因是德国借技术进步与升级的机会对产业结构、技术结构和产品结构进行了及时和持续的调整。由此带来了德国产业的不断演进和更替。总体看来，德国产业的演进大致分为四个阶段。19 世纪 30 年代，英国工业革命即将结束之时，德国才开始历史上第一次工业化产业转型。

第一阶段是战前的工业化阶段。德国是后起的资本主义国家，它在英国工业革命接近尾声之时才开始第一次工业化的产业转型。德国的工业化转型较晚，但发展速度很快，这得益于其从英国进口的最新机器、先进技术，发挥了其后发优势。还得益于德国对生产资料和重工业的重视，当然发展重工业源于其经济和军事的

---

①乔晓楠，张欣. 美国产业结构变迁及其启示——反思配第—克拉克定律. 高校理论战线，2012（12）：32-42.

需要。19世纪末到20世纪初,德国形成了较为完整的工业结构,成为欧洲最强大的国家,在一战之前就初具现代产业结构的特征。到第一次世界大战前,德国三次产业占GDP的比重分别为25%、40%、35%。到第二次世界大战前,德国的机械、化学和钢铁等重化工业就已经很发达。德国经济已经处于重化工阶段。

第二阶段是经济恢复阶段及其向重工业化主导转型(1948~1973年)。第二次世界大战后,德国展开大规模的恢复性建设,促成能源工业、钢铁工业、建筑业、机械工业、化学工业和汽车工业的迅速恢复和崛起,并带动了其他产业的迅速成长。期间,钢铁工业和建筑业起了主导作用。建筑业的发展带动了钢铁工业,建筑材料工业、设备制造业。机械制造业一直是德国最大的支柱产业,它不仅拥有国内最大的就业市场,而且拥有巨大的国内销售市场和国外销售市场。第二次世界大战以后,德国汽车工业迅速恢复并快速发展。1950年产量超过30万辆。50年代中期成为仅次于美国的世界第二大汽车生产国。1991年达到500万辆。

在经济恢复阶段德国完成了向以重工业为主导的转型。1950年,德国重工业占工业总产值的比重为60.8%,1960年为71.4%,1970年又上升到74%。同期化学工业的比重由1950年的9.2%,上升到1970年的10.6%。后来,由于石油危机以及国际重化工业市场的疲软,德国的重工业产业结构又面临新的转型压力和调整。[①]

在农业方面,德国大力发展农业,发挥农业在产业结构中的基础作用,农户经营规模变大,实现了农业现代化。农业就业人口的比重从1950年的24.6%下降到1975年的7.40%。农业的发展带动了食品工业和纺织等工业的发展,第三产业发展迅速。投资方向的调整也使基础工业的发展得到保障,工业部门失调的结构慢慢得到调整。

第三阶段是经济低速发展阶段(1973~1990年)。这一时期德国工业年均增长0.6%,德国经济呈现低速发展和调整的特征,德国开始了新一轮的产业转型。其最大的特征是在1975年第三产业的产值所占比重开始首次超过第二产业,并不断上升。尽管与美国、日本相比,德国的第三产业比重较低,但其发展速度却很快。这个阶段,德国三次产业发生变动的结果是:第一产业从3%下降到2.2%,第二产业由47.7%下降到42.6%,第三产业则由49.3%上升到55.3%。第三产业成为德国经济发展的重心,旅游、餐饮和修理等行业发展迅速,一些新兴的服务业开始随着技术的发展而出现,生产性服务业和社会公共服务事业发展较快。传统工业得到调整,尤其是具有高耗能、低附加值的重工业发展停滞,此前处于支柱地位的

---

① 张谷.德国经济开放与产业转型特点.欧洲,1997(3):87—89.

煤炭工业、钢铁工业、石油冶炼、建筑业等产业开始成为夕阳产业。[1] 而低能耗、高附加值的重化工业发展则较快，如飞机、电器机械、汽车和化学工业等。一些新兴产业则得到快速发展，比如电子工业、生物技术。电子工业成为除机械制造部门之外的第二大工业部门。德国的医疗电子、控制设备、电子测量仪器等，在世界市场具有竞争优势，微电子技术最重要的应用领域——汽车、机械制造、消费类电子、信息和通信技术方面在德国占有重要的地位，在国际市场上占有很大的出口份额。

第四阶段产业的调整升级阶段（20世纪90年代以来）。此阶段德国开始大力调整产业结构，对有巨大潜力的生物技术产业、环保技术产业、电子工业等给予了重视，对产业进行调整升级。为发展电子工业，强化其支柱产业的地位，德国制定了"未来信息技术计划"、"微系统技术计划"、"神经网络计算机计划"、东部地区"2000年通信技术长期计划"、"生产技术计划"等。发展计划确定的重点是微电子技术、计算机技术、光电子技术、神经网络技术、人工智能技术等，以促进电子工业的发展。政府不仅制定计划并给予一系列资助，如给予"未来信息技术计划"（1987～1996年）89亿多马克的资助，给予"东部地区长期通信技术计划"（2000年）500亿马克的资助，对"微系统技术计划"给予4亿马克的资助，给予"生产技术"4500万马克的资助等。德国研发领域的资金也迅速增长，进一步推动了新型产业的迅速成长。2003年，第一产业、第二产业和第三产业占国民生产总值的比重分别为1.2%、29.4%和69.4%。[2]

四、日本产业的演进

日本的产业发展和工业化过程经历了五个阶段，具体如下。

第一阶段是第二次世界大战前的工业化阶段。明治初期，日本还是一个农业国，有约80%的就业人口来自农业。随着明治政府实行殖产兴业政策，引进海外产业技术，工业化得到迅速发展。以纤维、纺织为中心的轻工业开始发展起来，食品业等也开始发展。在两次世界大战之间，以军工业为中心的重工业和化学工业也得到发展，日本的第二产业的比重不断增加，到1920年，第一产业的比重下降到34.0%，第二产业的比重为26.7%，第三产业的比重增加为39.3%。到20世纪30年代末，日本基本奠定了工业化的基础。1940年，第一产业的产值占GDP比重为

---

①韩永文.德国的产业结构变化、支柱产业和产业政策.经济改革与发展,1995(11):66-71.
②陈晓涛.产业演进论.四川大学博士论文,2007.

18.1％、第二产业、第三产业的产值占 GDP 的比重分别为 38％和 43.9％,从收入构成看,日本已经进入准工业化国家,但农业就业人口依然是 44.3％。从整个经济结构看,日本已从农业国转变为工业国。

第二阶段是恢复重建时期(1945～1955 年),经过战争的破坏,日本城乡经济遭到重创,工矿业急剧减少,第一产业的就业人口比重迅速增加,农业就业人口在 1947 年占总就业人口的 57.4％,农业产值占 GDP 的比重 38.8％。第二产业、第三产业的产值则均有不同程度的下降。从 20 世纪 50 年代初,日本开始大力推行产业合理化,逐步使产业结构由轻工业—农业主导型向重化工业主导型转化,农业、轻工业、煤炭和钢铁部门成为日本政府重点发展的部门。到 1955 年,日本农业就业人口的比重下降为 37.9％,农业产值占 GDP 的比重为 23.1％。第二产业得到恢复和发展,但基本达到战前的水平,其产值占 GDP 的比重由 1946 年的 26.3％上升到 1955 年的 28.6％,上升幅度不大。相比较而言,第三产业的产值比重出现了明显上升趋势。增速较快,由 1946 年的 34.9％上升到 1955 年的 48.3％。在工业内部开始大力发展民用工业。轻工业得到恢复和发展,其比重在不断上升。[①]

第三阶段是重化工业化阶段(1955～1970 年)。1955～1965 年是日本产业结构高级化的第一个阶段,第一产业的产值比重继续下降到 11.2％,第二产业的产值比重上升到 32.3％,第三产业的产值比重则突破了 50％的大关,到 1965 年高达 53％。重工业和化学工业成为日本制造业的中心。1965～1973 年是日本经济高速增长的第二个时期,1968 年,日本的国民经济总量在全世界排第二位,仅低于美国。日本的准封闭型产业开始走向国际市场,向海外扩张。这个时期的第一产业产值比重下降到 1970 年的 5.9％,第二产业的产值比重为 43.1％,第三产业的产值则由于第二产业的急剧增长稍有下降,为 51％。

经过两个时期的高速增长和发展,日本在重化工业阶段已经形成石油化学、汽车、家电、电力工业、钢铁、造船等以重型结构为特征的主导产业群。日本经济最终实现了重化工业化。制造业产值占 GDP 的比重由 1965 年的 56.6％,猛增到 1970 年的 62.2％,轻工业则由 1965 年的 43.4％下降到 1970 年的 37.8％。在 20 世纪 70 年代初,日本实现了工业结构的现代化和高级化,这成为其作为经济大国的重要标志。

第四阶段是知识密集型阶段(1970～1990 年)。由于 20 世纪 70 年代发生的石油危机、日本实施重化工业造成的公害以及在国际上产生的各种贸易摩擦等,使日本认识到以重化工业为主导的弊端,开始由资本密集型、重化工业为主导的工业结

---

① 赵凤彬,郑北雁.试析战后日本产业结构演变趋势.世界经济,1988:(4):56－64.

构向知识密集型为主导的工业结构转变,并加快了流通业和服务业的发展。这一时期,第一产业产值比重下降到1984年的3.1%,第二产业的发展开始放缓,其产值比重由1970年的43.1%下降到1975年的33.8%,之后稍有回升,到1984年为36.3%。这一时期第三产业增长迅速,产值比重增加到1984年的60.6%,吸纳的就业人数也接近60%(57.5%),这说明第三产业已经成为日本经济的新增长点。在这一时期内,日本的重化工业向电气机械、精密机械、运输机械等技术、知识密集型产业转变。以半导体、电子技术为核心的高技术产业得到快速发展。轻工业和化学工业的比重则缓慢下降。到2002年,三次产业占GDP的比重分别为:1.3%、30.4%、68.3%。特别是,到20世纪80年代,制造业的比重下降,资本和劳动力等生产要素向第三产业转移,制造业产业受到了侵蚀;同时随着生产的国际化,日本制造业向海外转移,这直接导致了日本产业空心化现象的出现。

第五阶段是培育新兴成长型产业(20世纪90年代后期以来)。日本经济在20世纪90年代由于泡沫经济的产生,使经济进入萧条阶段,被称为"逝去的十年"。到20世纪90年代后期,日本开始了以培育新兴成长型产业为核心的大规模的产业结构调整。经过调整之后的日本产业结构发生了明显的变化:一是第三产业占GDP的比重不断上升,从1995年的67.5%提高到2009年的73%左右,其中生产者服务业和教育、医疗、社会保障等相关服务业的增长最为迅速。服务业、运输通信、金融保险等行业作为重要服务产业,具有持续增长的潜力,在国民经济中的地位明显上升。二是就业结构"软化"的趋势更为明显。2009年,日本制造业增加值占GDP的比重约为22%。而制造业就业人口占总就业人口的比重大约是17%,两者之间的差距既表明日本制造业的劳动生产率很高,也说明就业结构"软化"在日本已经实现。三是电气机械制造业"一枝独秀"的状况没有发生根本性改变。电气机械、运输设备、普通机械作为制造业中支柱产业的地位进一步加强,也是这一时期最具成长性的行业,对制造业保持国民经济支柱产业地位发挥了重要作用。[①]

日本制造业占GDP的比重一直保持在20%左右,但其对经济发展的贡献度却远高于这一水平。从企业经营的视角看,2001~2007年,整个制造业的经常收益增长了25.2万亿日元,其中四大核心制造业,即运输机械、电气机械、钢铁和一般机械分别增长2.1万亿日元、3.2万亿日元、1.8万亿日元和1.9万亿日元,合计占整个产业增量的36%。再从GDP的增长来看,2000~2007年,日本的名义GDP约增长2.5%,其中仅汽车产业的贡献率就达1.1%。对日本而言,产业结构调整不是调整三次产业之间

①赵晋平.20世纪90年代以来日本产业结构的演变及其启示.国际贸易,1997(9):39—45.

的比例，而是对产业质量，特别是制造业的发展模式进行深入变革。

21 世纪以来，新技术产业竞争已经在各国展开，特别是围绕新能源、新材料、生物、信息、航天与太空开发等产业的竞争尤为激烈，日本也积极参与其中。对制造业的支柱性地位，日本也没有忽视，日本通产省对制造业的改革定位是：未来的产业结构调整是要变传统的金字塔形产业结构为沙漏形产业结构。未来的新产业培育要突破"四个边界"来展开，即资源与环境边界、生命边界、时间与空间边界以及知识边界。[①]

第二节
中国产业的发展和演进

历史上中国是一个典型的农业大国，经济基本上是单一的农业经济、畜牧业经济。到 1860 年，中国近代工业才开始得到发展。但直到新中国成立，近百年的时间内工业化进程以及与之相联系的产业结构变化进程却非常缓慢。从 1953 年开始中国启动工业化，产业结构演变的进程加快。

一、中国产业发展演变的阶段

按照英国著名经济史学家安格斯·麦迪森的计算，1890 年，中国第一产业、第二产业、第三产业占国内生产总值的比重分别为 68.5％、9.8％（其中工业和建筑业依次分别为 8.1％和 1.7％）和 21.7％。到 1952 年三者分别为 59.7％、10.0％（其中工业和建筑业依次分别为 8.3％和 1.7％）和 30.3％。[②] 1952 年的中国国民经济水平大体上就是新中国成立时的水平，部分超过了新中国成立前的水平。因此，从 1890 年到 1952 年，中国的产业结构变化非常小。经济史学家巫宝三的研究结果也证明了这一点，按照他的计算，新中国成立前经济发展水平最高的年份是1933 年，当时中国的三次产业占国民收入的比重分别为 61.0％、11.4％（其中工业

---

①白雪洁.塑造沙漏形产业结构：日本新一轮产业结构调整的特征与趋势.日本学刊,2011(2):81-95.

②〔英〕安格斯·麦迪森.中国经济的长期表现(公元 960～2030)(中译本).上海人民出版社,2008:56.转引自汪海波.对新中国产业结构演进的历史考察——兼及产业结构调整的对策思考.中共党史研究,2010(6):27-36.

为 10.3%。建筑业为 1.1%)和 27.6%。①

新中国成立后,产业结构发生了重大变化,呈现出由低级到高级、由严重失衡到基本合理、由低层次向高层次发展的趋势。本书把新中国成立后的产业发展与产业结构的演变归纳为如下几个阶段:

第一阶段,新中国成立后的国民经济恢复时期(1949～1952 年)。新中国基本上是建立在一穷二白的基础之上的,国民经济经过抗日战争和解放战争遭到极大的破坏。新中国成立后,实行了新民主主义三大纲领,调动了社会各阶层生产和生活的积极性,国民经济得到恢复和发展,三次产业的结构发生了显著变化。三年中,三次产业占国民收入总额的比重分别由 68.4% 下降到 57.7%、由 12.9% 上升到 23.1%(其中工业由 12.6% 上升到 19.5%,建筑业由 0.3% 上升到 3.6%)、运输业和商业由 18.7% 上升到 19.2%(其中运输业由 3.3% 上升到 4.3%,商业由 15.4% 下降到 14.9%)。② 显然,相比旧中国的经济结构而言,这一时期的产业结构和经济结构已经得到了优化,工业落后的失衡状态得到了一定程度的调整。

第二阶段,"一五"计划的实施和工业化的开始(1953～1978 年)。中国政府于 1953 年提出了社会主义工业化,标志着工业化的开始。这一期间我国产业结构经历了由"一、三、二"到"二、一、三"的转变。鉴于国际与国内形势,中国的工业化开始于重工业。从"一五"计划开始,以苏联帮助设计的 156 项工程为中心的工业建设全面展开,主要涉及石油、钢铁、冶金设备等重化工业。在 1953～1979 年长达 20 多年中,经历"大跃进,大炼钢铁"和备战时期的"大三线、小三线"建设,国家产业政策和工业结构的重型化趋势不断加强,重化工业在这一时期完成并得到长足的发展。1978 年,三次产业的产值比重分别为 28.1%、48.2% 和 23.7%。这一阶段中国工业跳跃了早期以轻纺工业为主导的阶段,使这一时期的轻重工业比例失调,轻工业,运输业等严重萎缩,人民生活日用品匮乏。在此期间,"大跃进"、"文化大革命"等对中国经济都产生了深远影响。

第三阶段,实施改革开放战略对经济结构全面调整的阶段(1978～2000 年)。经过调整,三次产业结构变为"二、三、一"的结构。1984 年以前农业、轻工业迅速发展,1985 年以后非农产业迅速发展时期。到 1992 年,三次产业的比重分别约为 23%、48%、29%。到 2000 年,这一比重分别为 15.1%、45.9%、39.4%。

---

①巫宝三主编. 中国国民所得(上). 中华书局,1947:12. 转引自汪海波. 对新中国产业结构演进的历史考察——兼及产业结构调整的对策思考. 中共党史研究,2010(6):27－36.

②汪海波. 对新中国产业结构演进的历史考察——兼及产业结构调整的对策思考. 中共党史研究,2010(6):27－36.

第四阶段，2000年至今，产业结构转型升级速度加快。进入21世纪，我国迎来了快速发展的新机遇，加入WTO、实施西部大开发战略、振兴东北老工业基地、中部崛起等一系列举措，同时提出工业化、信息化、城镇化同步推进，大力发展战略性新兴产业，产业结构层次和产业技术水平迅速提升。到2012年，全国GDP总量为519322亿元，比上年增长7.8％。其中，第一产业增加值52377亿元，比上一年增长4.5％；第二产业增加值235319亿元，比上一年增长8.1％；第三产业增加值231626亿元，比上一年增长8.1％。第一产业增加值占国内生产总值的比重为10.1％，第二产业增加值占国内生产总值的比重为45.3％，第三产业增加值占国内生产总值的比重为44.6％。

总体来看，2000年以来，我国经济结构调整步伐加快，取得了突破性进展。政府相继出台了发展现代服务业、战略性新兴产业等指导性文件，并针对具体的产业出台了详细的发展规划。在进一步加强农业基础地位发挥基础作用的同时，发展工业尤其是具有战略性意义的行业，如七大战略性新兴产业。加快现代服务业的发展也是我国进行经济转型、提高经济质量的重要举措。

二、中国产业结构演变的特点和变动趋向

（一）中国产业结构调整的特点

近年来我国产业结构的调整，体现出以下显著的特点：

一是坚持走中国特色新型工业化道路，大力推进产业转型升级。工业化与信息化同步推进，以信息化提升和推动工业化效果显著。

二是农业比重大幅度下降，我国制造业规模跃居全球首位，近五年高技术制造业增加值年均增长13.4％，成为国民经济重要先导性、支柱性产业。

三是清洁能源、节能环保、新一代信息技术、生物医药、高端装备制造等一批战略性新兴产业快速发展。产品质量整体水平不断提高。服务业增加值占国内生产总值比重提高2.7％，成为吸纳就业最多的产业。

（二）中国经济发展的不利因素

应该看到，制约经济发展的不利因素仍然突出。国内长期积累的结构性矛盾以及经济周期性减速问题相互交织，使经济运行中的一些突出问题短期内难以根本解决，主要表现在以下几个方面：

1.国内工业企业经营困难

2012年以来,劳动力成本和融资成本上升,环境保护压力加大,企业生产和经营成本上升。近年来我国钢铁、有色、建材、化工、汽车、造船、光伏等产业投资增加较多,形成的产能已陆续进入释放期。随着世界经济放缓和我国实施房地产调控,这些行业出现了严重的产能过剩。面临着"去库存化"和"去产能化"的双重压力,产业转型升级进入前所未有的阵痛期。工业企业效益出现较大幅度下滑,2003年1～10月规模以上工业企业利润同比增长0.5%,增幅同比减缓25%,部分企业出现亏损,规模以上工业企业亏损额同比增长60%多。

2.制造业缺乏新增长点

高新技术产业和部分战略性新兴产业投资增速有所加快,但总体上仍处在技术突破的孕育期,尚无法替代传统产业对经济增长的支撑作用。

3.农业基础仍然十分薄弱

农业发展远远落后于工业,实现农业现代化要走的路还很长。

4.服务业发展落后

服务业发展还不能适应经济社会发展的需要,特别是生产性服务业还较为落后,需要大力发展代服务业,构建现代服务体系。

继续加强农业基础,推动农业现代化,大力发展战略性新兴产业和现代服务业,构建现代产业体系,工业化、信息化、城镇化、现代化同步推进,将是我国今后一段时期推进产业经济发展的重点。但工业总量小,基础薄弱,结构不合理,企业规模小、层次低,市场开拓能力和竞争能力弱,整体工业发展水平低等问题还比较突出,成为制约经济发展的主要因素。工业是实体经济的主体,是保持经济增长的主要动力,也是转变经济发展方式、调整优化产业结构的主战场。

第四节
内蒙古自治区区域经济发展与产业结构演变的历程

内蒙古自治区成立之初,以小农经济和畜牧业经济为主体,工业基本上以传统工业和手工业为主。比如,新中国成立前内蒙古自治区就有了皮革、毛纺、畜产品加工等传统工业,只是总量很小,没有现代工业。自 1947 年以来,内蒙古自治区逐渐调整、改造了产业结构,逐渐形成了相对完整的、以工业为主导、农业畜牧业为特色的产业体系。[1] 内蒙古自治区产业的演进首先表现在产业结构的演变上,然后是各个产业内部的调整和优化等。对于如何划分特定地区经济结构和产业发展的阶段,不同的学者给出了不同的标准。有的以三次产业产值比例变动为划分依据,有的以经济社会发生的历史事件和政策为划分依据,还有学者根据三次产业的比例关系即结构进行了划分。这里综合学者们的阶段划分方法,将内蒙古自治区产业的演进分为四个阶段,[2][3] 如表 1-1 所示。

表 1-1　内蒙古自治区产业结构的变动阶段(1947~2012 年)

阶段/比例		国民生产总值构成(%)			劳动力构成(%)		
		第一产业	第二产业	第三产业	第一产业	第二产业	第三产业
第一阶段 (1947~ 1951 年)	经济恢复 阶段	71.0	11.3	17.7	87.6	3.8	8.6
第二阶段 (1952~ 1978 年)	稳定发展 (1952~ 1957 年)	53.1	23.7	23.2	86.72	5.27	8.01
	"大跃进" 与经济调 整(1958~ 1965 年)	43.0	34.1	22.9	79.64	9.50	10.86
	经济停滞 与再次调 整(1966~ 1978 年)	32.7	45.4	21.9	54.70	15.17	30.24
第三阶段 (1979~ 2003 年)	优化提高 阶段	17.6	40.1	41.9	51.66	19.72	28.62
第四阶段 (2004~ 2012 年)	转型升级 阶段	9.1	55.4	35.5	44.70	18.10	37.20

资料来源:内蒙古统计局.内蒙古统计年鉴 2013.统计出版社,2013.

---

[1]木耳.五十年来内蒙古产业结构发展演变的特点.内蒙古统计,1997(3):24-26.
[2][3]木耳.五十年来内蒙古产业结构发展演变的特点.内蒙古统计,1997(3):24-26.

第一阶段为经济恢复阶段（1947～1952）。内蒙古自治区成立之后，采取了一系列经济改革措施，促进了生产力的迅速发展，国民经济也得到较快的恢复。从1947年到1952年，农牧业生产发展方面，主要体现在粮食产品和牲畜存栏数的增长上，前者增长64.1%，后者增长66.7%。第二产业工业则是依托地区的资源、原有的传统产业优势，围绕煤炭、乳品、森林、皮毛、砖瓦、电力、纺织、粮油加工等形成了工业企业，这些行业得到较快发展，到1952年，工业产值1.62亿元，是1947年工业产值的3倍。第三产业主要是交通运输、邮电、商业以及文教卫生事业，都得到恢复和发展。这个阶段主要是经济恢复阶段，产业结构有一定的变化，工业领域吸纳的就业人数有所增加，从1947年的0.95万人增加到1952年的4.72万人，增幅较大。但第一产业吸纳的就业人数超过了90%，因此，内蒙古自治区的经济依然是以农牧业为主的产业结构。

第二阶段是内蒙古自治区产业结构的曲折变化阶段（1952～1978年）。此阶段发生了"大炼钢铁"、"大跃进"、"文化大革命"等事件，直接影响了内蒙古自治区地方经济的发展过程，使之同全国经济的发展一样在波动中前进。1952～1957年，是我国的"一五"计划实施阶段。在此阶段，内蒙古自治区的农牧业得到长足发展，粮食产量、牲畜头数均增长很快，不仅满足了地方建设和人民生活的需要，而且还支援了国家的经济建设。工业领域则是受国家政策的影响，得到国家的政策倾斜和重点基地建设支持，内蒙古自治区建成了内蒙古第一机械制造厂、内蒙古第二机械制造厂、包头钢铁集团（以下简称包钢）、包头第一热电厂和包头第二热电厂五大工程，还对大兴安岭工业基地进行了新建和扩建，同时在轻工业方面建成了包头糖厂、集宁绒毛加工厂、海拉尔和集宁肉联厂，这是当时全国最大的肉类联合加工厂。在国家投资的带动下，内蒙古自治区的建筑材料工业、服务业加工业等都得到一定程度的发展。传统的优势行业煤炭、皮革、乳品、农牧业机械制造、毛纺、电力等得到进一步的发展。

"一五"时期，第二产业的产值与吸纳的就业人口数都在快速增长，与第一产业的差距逐渐缩小。在上一阶段得到恢复的交通运输、邮电、卫生文化、教育等第三产业则是得到了飞速发展。从1958年开始，进入"大跃进"阶段，国民经济的各种比例关系受到破坏，比例失衡。工业得到快速和畸形发展，工业产值比例由1957年的23.7%一跃到1958年的34.3%，至1960年，该比例达到了46.8%，工业产业超过了第一产业和第三产业。第一产业产值和就业人口则是下降一半多，粮食生产多年连续下降。第三产业呈现缓慢增长势态。

由于"大跃进"导致的经济失衡，从1961年开始到1965年是国民经济调整阶段。主要是对工业进行了优化调整，继续加强农业的基础地位。经过调整，粮食生产和牲畜养殖扭转了下降的趋势，粮食产量和牲畜头数开始增加。到1965年，牲畜头数突破 4000 万,粮食总产量比 1962 年增长 17.4%,达到 76.4 亿斤。工业产值比例尽管有一定程度的下降,但其经济效益得到大幅度提高,这是工业发展的一种理性回归。到 1965 年,三次产业的产值比例为 43:34.1:22.9,在此阶段,第二产业的增加值基本接近于第一产业,能源、原材料和畜产品加工成为工业领域的主要行业。

在经过短暂的调整和发展之后,国民经济进入"文化大革命"的动乱阶段。经济发展的正常进程再次被打破,经济中的重大比例关系再次失衡。工业生产与之前取得的好成绩相比,几乎处于停滞不前阶段。农牧业地区则是盲目开垦草场和不宜耕种的土地,土地沙化、盐碱化严重。"文革"的十年,经济处于崩溃的边缘。从 1976 年到 1978 年,经济开始好转,第二产业的增加值首次超过了第一产业,工业产值的比例也超过第一产业的产值比例,工业成为了国民经济的主导产业,此时工业已经偏于重工业化。内蒙古自治区的产业结构在经济的波动发展中发生了根本性变化,由之前的第一产业、第二产业、第三产业的发展位序变成了第二产业、第一产业、第三产业的发展位序,由农牧业主导型经济向工业主导型经济的历史性转变。

第三阶段是内蒙古自治区产业结构的优化提高阶段(1979～2003 年)。经过此前阶段的波动和曲折,纠正错误方针之后,从 1979 年开始,内蒙古自治区的国民经济开始再次步入发展的轨道。在此阶段,第一产业的产值比例总体上仍然呈下降趋势,但偶尔会出现上升的波动现象,出现了 1980 年的 26.4% 的发展低谷之后,几经波动又在 1990 年达到峰值 35.5%,此后至今发展呈现出稳步下降的趋势。第二产业产值在 1980 年达到峰值 47.2% 之后,经过一个时期的小幅下降之后呈现稳步上升的趋势。第三产业产值则是平稳上升。此阶段最大的发展特色在于产业结构再次出现了根本性变化,在 1986～1990 年、1998～2003 年、1986 年第三产业产值首次超过第一产业、第二产业产值,之后的两个期间内第三产业产值均稳稳超过了第一产业、第二产业的产值,在产业结构呈现出第三产业、第二产业、第一产业的位序。第三产业除了发展迅速之外,出现了信息咨询、房地产业、旅游业等一些新兴行业,这与内蒙古自治区紧紧抓住 2000 年国家实施西部大开发战略有直接关系,积极响应国家"巩固农业基础地位,调整工业结构,发展特色旅游业"政策。第二产业产值则是强化了其主导地位,第一产业实现了商品化过渡。值得指出的是,从 2002 年开始,内蒙古自治区的经济增速全国第一,之后长达八年经济增速位居全国各省市之首,被称为内蒙古模式或内蒙古现象。

第四阶段进入转型升级和快速发展阶段(2004 年至今)。从 2004 年以来,内蒙古自治区的经济发展依然很快,工业生产稳步提高,不论是产值、比重,还是内部结构,抑或经济效益方面均呈现出大幅提高趋势。农牧业依托于不同地区的特征也形成区域特色和集群化发展,形成了六大主导农牧业产业、六大支柱和特色工业。形成了乳、绒、肉类、粮油、马铃薯、蔬菜瓜果产业这六大主导农牧业产业。形成六大特色工业和支柱工业,即能源、化工、冶金、农畜产品加工、装备制造和高新技术。① 内蒙古的装备制造业、煤炭深加工、有色金属行业、畜牧业等成为六大支柱产业,内蒙古自治区的经济也跻身于万亿元俱乐部。同时,内蒙古自治区的第三产业也发生了很大的变化,除了餐饮、房地产业发展较快之外,生产性服务业即现代服务业发展较为迅速。到2012年,内蒙古的三次产业的产值比例为9.1:55.4:35.5,工业的主导地位得到进一步强化,工业内部的产业进入调整和升级阶段。

2010年以来,内蒙古自治区产业又迎来新的发展契机。国务院在2010年确定了七大战略性新兴产业,并确定到2020年,节能环保、新一代信息技术、生物、高端装备制造产业将成为国民经济的支柱产业。新能源、新材料、新能源汽车产业将成为国民经济的先导产业。在这七大战略性新兴产业中,鉴于内蒙古地区北方生态屏障的战略性地位,发展节能环保产业势在必行,既有必要性又有实践支撑。"呼包鄂"地区在2008年10月7日就被国家工业和信息化部批准为国家级信息化和工业化融合创新试验区。2009年4月,开通了"信息化便民服务一体化工程",两化融合建设"六大工程"和"九大平台"的建设目标正在逐步推进,这构成建设新一代信息技术产业的物质基础。以太阳能、地热能为代表的新能源对于内蒙古自治区而言也同样具有区位优势。以包头第一机械制造集团为代表的内蒙古机械装备制造在技术积累、资金实力方面也有雄厚的基础。借助于国家政策的扶持,发展战略性新兴产业对内蒙古自治区经济社会乃至全国的经济发展都将产生重大引领带动作用。② 除此之外,内蒙古自治区的非资源型产业也得到了很快的发展。

尽管内蒙古自治区产业发展迅猛,但问题也很突出。整体上看,内蒙古自治区的第一产业不优,在特色、绿色和优质层面还有待提高。第二产业不强,尽管规模达到了,但在质量和层次上需要进一步优化,需要向产业链高端环节迈进。第三产业不大,从2012年的三次产业结构看,第三产业的产值比重占到35.5%,这与经济发达地区的差距很大,与发达国家第三产业发展水平时空差距则更大。同时,第三产业中传统服务业的比重较大,比如餐饮业、房地产业等,而体现质量、具有高附加值的生产性服务业发展相对落后。因此,"十一五"以来,"一产做优、二产做强、三产做大"成为内蒙古自治区产业结构转型升级的思路,"产业逐步调优、质量逐步调高"成为产业结构转型的路径,并体现在每个产业的具体发展实践中。

①万亿元背后的蜕变——内蒙古经济发展系列报道之一,新华社内蒙古分社,2011-1-10.
②赵秀丽.内蒙古区域经济空间规划与产业布局的联动分析,内蒙古师范大学学报,2011(6):67-70.

第 二 章

内蒙古自治区工业的发展历程及现状阐述

通过前文对国外产业的演进及其趋势、中国经济及内蒙古自治区地区经济发展的历程和演变阶段的阐述可知，无论国外发达国家还是中国，抑或是内蒙古自治区的区域经济在经济发展过程中，工业都是中坚力量，工业的发展层次与质量直接决定着区域经济发展的水平。当前信息化与网络化已经席卷全球，信息技术产业迅猛发展，似乎在侵蚀着工业的领域与地位，有人提出把信息技术产业作为第四产业，以示其发展的重要性，然而信息技术革命并非无本之木，它依然要扎根和服务于实体经济，才具有可持续的生命力。工业借助于信息技术革命的发展契机也将会得到更大程度的提升。

对于内蒙古自治区而言，从其经济的恢复、调整提高到优化升级，在每个过程中工业的支柱性作用都不可或缺，正是因为工业领域的成就造就了内蒙古现象或内蒙古模式的诞生。因此，本报告对内蒙古经济的探究首先从工业开始。这一章作为基础性内容，对内蒙古自治区的工业发展的历史进行了系统的回顾，进而对其现状进行分析总结，为下一章对内蒙古自治区工业发展所处阶段做出基本判断奠定研究基础。

第一节
内蒙古自治区工业的发展历程回顾

从历史上看,内蒙古自治区是以农牧业为主导产业的省区,在 1976 年之前,内蒙古自治区一直是农牧业主导型的经济,直到 1976 年开始,内蒙古自治区第二产业的增加值首次超过了第一产业的增加值,第二产业产值的比例超过了第一产业的产值比例,内蒙古自治区才完成从农牧业主导型经济向工业主导型经济的历史性转变。在这个转变的历史节点前后,内蒙古工业经历了漫长的起步、发展、优化转型乃至腾飞的过程,内蒙古三大产业的结构从 1952 年的 71.1:11.3:17.6 演变为 2012 年的 9.1:55.4:35.5 的结构。三大产业吸纳就业人数的比例也从 1952 年的 87.63:3.76:8.61 转变到 2012 年的 44.7:18.1:37.2。通过对内蒙古自治区工业发展历史的回顾,将内蒙古工业发展划分为如下几个阶段。

一、内蒙古自治区工业的起步和奠定基础阶段("一五"时期到 1980 年)

从第一个五年计划开始直到 1980 年,是内蒙古工业的起步阶段和奠定物质技术基础阶段,这一阶段又可以进一步细分为以下两个阶段。

(一)内蒙古自治区工业的起步阶段(1952~1965 年)

内蒙古自治区现代工业起源于"一五"时期,以及 20 世纪 60 年代沿海地区工业内迁和国防线建设。这一时期建设了包头钢铁公司、包头第一机械制造厂、包头第二机械制造厂、包头铝厂以及一大批毛纺厂,建设和开发了白云鄂博铁矿、吉兰太盐湖等重点矿区。到 1965 年,全区生产总值达到 35.41 亿元,其中第一产业 15.21 亿元,第二产业 12.08 亿元,第三产业 8.12 亿元,三次产业的产值比为:43.0:34.1:22.9。按照可比价格计算,1965 年内蒙古的工业产值是 1952 年的 7.95 倍。正是在这个时期,包头市和乌海市在冶金、机械、煤炭、化工等领域迅速突起,成为全国闻名的工业城市。在这一时期,有 4 个年份的工业产值同比下降,见表 2-1。

表 2-1　1953～1965 年内蒙古自治区生产总值指数

（按当年价计算，上年＝100）

年份	生产总值	第一产业	第二产业	第三产业
1953	116.3	107.5	159.9	127.4
1954	119.4	111.3	160.4	117.6
1955	90.7	83.7	97.5	107.4
1956	138.7	136.6	152.3	131.4
1957	110.9	117.5	98.3	106.2
1958	125.3	105.3	184.0	127.1
1959	122.9	112.6	139.2	125.2
1960	95.8	77.9	126.6	86.5
1961	65.3	80.7	39.3	95.5
1962	94.7	105.2	84.3	86.5
1963	119.7	108.9	148.6	115.0
1964	113.2	111.8	117.1	111.3
1965	109.8	105.9	113.6	112.6

资料来源：内蒙古统计局.内蒙古统计年鉴 2013.统计出版社,2013.

　　1965 年以前工业发展的主要特点十分明显：一是国家进行重点项目投资，国有经济占绝对优势，同时带动了地方投资，建立了一大批中小工业企业；二是轻重工业齐头并进，1965 年以前，轻工业比重大于重工业，直到 1965 年重工业才超过轻工业；三是重点在于利用当地资源，如钢铁、煤炭、农畜产品等；四是起伏波动大，特别是"大跃进"、三年自然灾害以及后来的调整时期，对工业的影响较大。

（二）内蒙古自治区工业的平稳缓慢增长阶段(1966～1980 年)

　　1966～1980 年期间，我国经历了"文化大革命"的动荡，社会生产受到严重的影响，工业增长缓慢。但总体来看，内蒙古自治区工业发展的步伐没有停止，生产总量有所增长，门类有所增加，见表 2-2。

表 2-2 1965～1980 年内蒙古自治区工业生产总值(含建筑业)及占比

(按当年价格计算)

年份	地区生产总值 (亿元)	工业生产总值 (亿元)	比上年增长(%)	在生产总值 中的比重(%)
1965	35.41	12.08	13.6	34.11
1970	39.17	12.94	40.2	33.03
1975	48.55	20.02	15.6	41.24
1980	68.40	32.26	13.3	47.16

资料来源:内蒙古统计局.内蒙古统计年鉴 2013.统计出版社,2013.

与前一时期相比,这一阶段的工业经济波动小,增长缓慢,投资结构、所有制结构变化不大。但重工业比重持续超过轻工业,保持在 58% 以上,见图 2-1。

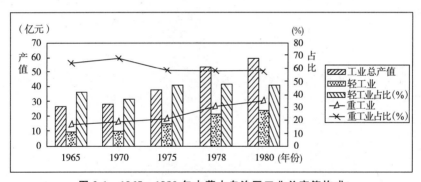

图 2-1 1965～1980 年内蒙古自治区工业总产值构成

二、内蒙古自治区工业从平稳发展到重大改革与调整阶段(1981～2000 年)

这个时期也可以分为两个阶段:一个是内蒙古工业平稳发展但增长缓慢,地位不突出的阶段;一个是开始实施重大改革与调整的阶段。

(一)工业增长缓慢、平稳发展阶段(1981～1990 年)

20 世纪 80 年代,内蒙古自治区仍然是一个农牧业大区,工业的地位不突出。1990 年以前,第一产业对 GDP 的增长贡献最大,其次是第三产业,第二产业对GDP 的贡献最小,见表 2-3。

在1981~1990的十年中,有两年工业出现负增长,其中1981年增长率为-3.7%,1990年为-0.6%。其余年份工业增长率在5%以上,最高的是1982年增长17%。虽然工业总体上是增长的,但产值在地区生产总值中的比重却大幅度下降。在1981~1990年期间,第二产业在GDP中的比重从47.6%下降到32.08%,降低了近15个百分点。第一产业从26.6%上升到35.3%,第三产业从26.4%上升到32.6%。这说明第二产业总体上增长速度不快,工业的地位不突出。到1990年第一产业、第二产业、第三产业的比重分别为35.5%、32.1%、32.6%。农业产值在GDP中所占的比重最大。

表2-3　1981~1990年内蒙古自治区工业生产总值(含建筑业)及占比

(按当年价格计算)

年份	地区生产总值(亿元)	工业生产总值(亿元)	比上年增长(%)	在生产总值中的比重(%)
1981	77.91	32.04	-3.7	41.10
1985	163.83	56.95	8.2	34.76
1990	319.31	102.43	-0.6	32.08

资料来源:内蒙古统计局.内蒙古统计年鉴2013.统计出版社,2013.

按照可比价格指数计算,1990年内蒙古生产总值是1980年的2.75倍,第一产业、第二产业、第三产业的生产指数分别是1980年的3.11倍、1.94倍和3.83倍。这说明,这一期间对经济增长贡献最大的是第一产业,第二产业的贡献最小,见表2-4。

表2-4　1980~1990年内蒙古自治区生产总值指数

(按可比价格计算,1952年＝100)

年份	生产总值	第一产业	第二产业	第三产业	人均GDP
1952	100	100	100	100	100
1980	504.6	190.5	2295.8	761.5	186.7
1985	989.8	436.3	3399.5	1896.5	342.7
1990	1385.2	593.2	4444.5	2919.0	449.5

资料来源:内蒙古统计局.内蒙古统计年鉴2013.统计出版社,2013.

在统计资料中,第二产业包括工业和建筑业。按照1952年指数为100计算,工业指数在1980年达到2682.5,1990年为5095.8,是1980年的1.90倍。1990

年建筑业指数是 2733.6,是 1980 年的 2.14 倍,说明工业指数增长落后于建筑业指数增长。

(二)内蒙古自治区工业的重大改革与调整阶段(1991～2000 年)

随着改革开放,内蒙古自治区的工业与前一阶段相比出现了显著变化,工业门类逐渐增多,增长加快。工业投资主体逐渐趋向多元化,工业生产总增长速度快于前一个时期,"八五"期间,工业增加值年均增长 11.7%,初步建立起门类较齐全,结构较合理,具有地区特色和民族特色的工业体系。到 1995 年,内蒙古自治区拥有各类工业企业 99865 个,资产合计达到 1369 亿元,完成工业产值 679 亿元,其中工业增加值 255 亿元,工业企业全员劳动生产率达到 11399 元/人·年。

"八五"期间,内蒙古自治区工业对 GDP 的增长贡献不突出,原因在于这一时期内蒙古自治区工业主要是由国有企业支撑,多年积累的矛盾和问题严重困扰国有企业的发展,主要包括债务问题严重、企业办社会、分配的平均主义、人浮于事等问题,特别是 1985 年进行"拨改贷"改革后,政府不再直接用财政拨款对企业投资,企业投资积极性不高。在这一时期最为困难的是煤炭企业,由于需求不足,煤炭价格下降,经营十分困难。

"九五"期间,经过改革和重组,逐渐形成了煤炭、电力、冶金、机械、纺织、化工、建材、森工等重点产业,成为国家重点能源原材料基地。但是整体上看,这十年是内蒙古工业最为艰难、变动最大的阶段。

1996 年是我国"九五"计划的开端之年。这一时期我国经济由过去的总量不足转向总量过剩与结构性短缺并存,同时又面临全球性市场供给过剩,亚洲金融危机等不利的外部环境。内蒙古自治区工业经济以能源、原材料工业和国有企业为主体,几乎所有工业行业和产品都受到了"过剩性冲击",工业经济一度低迷,国有企业深层次矛盾更加显现,处境艰难,内蒙古自治区工业发展面临着更加严峻的考验。

面对这种困局,根据建立社会主义市场经济体制的要求,内蒙古自治区国有工业企业加快了国企改制的步伐,主动调整经济结构,通过改革促进发展,同时利用国家积极的经济政策,调整优化了工业经济结构,按照有进有退、有所为有所不为的思路,加快国企改制和产业重组的步伐。一大批国有企业退出毛纺、制糖等行业,同时重点发展的基础设施和基础工业,推进了农牧业产业化,培育壮大支柱产业。

"九五"期间,内蒙古工业改革和调整,重点在以下三个方面:

1.以产权制度改革为重点,加快国有企业改组、改制的步伐

全区 70 家大中型骨干企业完成了公司制改造,91.2%的国有小企业进行改制,退出了国有序列;80 家国有大中型亏损企业完成了脱困任务;36 家重点企业成为工业发展的主要力量,其中有 14 家进入全国 500 强企业行列。137 个列入国家重点兼并破产企业计划的企业先后实施破产兼并,冲销银行呆坏账准备金 62 亿元,盘活凝滞资产 138 亿元,分流安置职工 11.65 万人。

2.适应市场需求的变化调整产业结构,取得重大进展

全区 15 家较大的毛纺企业改组,压缩落后毛纺生产能力 2.2 万锭,毛条能力 4800 吨;7 家制糖企业关闭破产,压缩日处理甜菜能力 8250 吨;关停煤炭、冶金、建材、电力、石化等"五小企业"落后生产线 2471 家(条),压缩生产能力 2426 万吨。

3.优化产业资本结构取得重大进展

内蒙古自治区 19 家企业成功上市,融资近 100 亿元;17 家企业债转股,涉及转股资金 126 亿元,资产负债率下降了 29.1 个百分点,每年减少利息支出 3.54 亿元。

通过上述改革、重组等措施,逐渐扭转了工业经济的被动局面,钢铁行业走出困境,煤炭行业资源配置趋于合理,工业经济运行质量和效益有所改善。以煤炭、电力为主的能源工业,以钢铁、有色金属为主的冶金工业,以水泥、玻璃为主的建材工业、以盐碱硝为主的化学工业,以纺织、乳肉为主的农畜产品加工业等产业的支柱地位开始显现。经过上述改革和调整,既利用了内蒙古自治区的资源优势,适应国内外市场的变化,也使工业走出了困境,为 21 世纪内蒙古自治区工业化发展奠定了坚实的基础。这一时期,内蒙古产业结构发生了较大的变化,工业对经济增长的拉动作用加强,见表 2-5。

在 20 世纪 90 年代的十年间,工业产值比重上升了 5%,农业产值比重大幅下降,从 35.3%下降到的 22.8%,下降了 12.5%。服务业比重从 35.8%上升到 39.3%,提高了 3.5%。2000 年内蒙古自治区第一产业、第二产业、第三产业的产值比重为:22.8∶37.9∶39.3。由上个阶段末的"一、三、二"格局调整为"三、二、一"格局。这说明第二产业、第三产业对 GDP 增长的贡献越来越大。

表 2-5　1991～2000 年内蒙古自治区工业生产总值(含建筑业)及占比

(当年价格计算)

年份	地区生产总值 （亿元）	第二产业生产总值 （亿元）	比上年增长 （％）	在生产总值 中的比重（％）
1990	319.31	102.43	-0.6	32.08
1995	857.06	308.78	11.0	36.03
2000	1539.12	582.57	12.1	37.9

资料来源:内蒙古统计局.内蒙古统计年鉴 2013.统计出版社,2013.

"九五"期间,内蒙古工业增加值平均增长速度达到 12.6％,比"八五"时期上升 0.9 个百分点。据统计,2000 年全区共拥有各类工业企业 147769 个,比"八五"期末增长 48％;拥有资产合计 1821 亿元,增长 33％;完成工业总产值 1266 亿元,增长 65％,其中完成工业增加值 455 亿元,增长 78％;工业企业全员劳动生产率达到 21989 元/人·年,增长 93％。

三、内蒙古自治区工业的高速增长与做大做强阶段(2001～2010 年)

从 2000 年开始我国实施西部大开发战略,内蒙古自治区抓住有利时机,充分发挥本地区的资源、区位、政策、环境、后发等多种优势,及时提出把工业化作为全区经济发展的重中之重,作为经济结构战略性调整的主攻方向。工业化发展进入了前所未有的高速增长期,2002～2009 年,连续八年增长速度等主要指标持续位于全国首位,工业成为拉动全区国民经济高速增长的主导力量。规模以上工业企业工业增加值大幅增加,增速超过四川省、重庆市和陕西省,跃升西部第一位,见表 2-6。

表 2-6　2001～2010 年内蒙古自治区生产总值及增长指数

(按当年价格计算,增长指数按可比价格计算　上年＝100)

年份	地区生产总值(亿元)	增长指数	第一产业产值(亿元)	增长指数	第二产业产值(亿元)	增长指数	第三产业产值(亿元)	增长指数
2000	1539.12	10.8	350.80	2.6	582.57	11.7	605.74	14.5
2001	1713.81	10.7	358.89	2.0	655.68	10.9	699.24	15.5
2002	1940.94	13.2	347.69	4.4	754.78	15.7	811.47	15.3

续表

年份	地区生产总值(亿元)	增长指数	第一产业产值(亿元)	增长指数	第二产业产值(亿元)	增长指数	第三产业产值(亿元)	增长指数
2003	2388.38	17.9	420.10	5.9	967.49	27.7	1000.79	14.5
2004	3040.07	20.5	522.80	11.7	1248.27	22.8	1270.00	22.0
2005	3905.03	23.8	589.56	9.1	1773.21	34.9	1542.26	18.1
2006	4944.25	19.1	634.94	3.2	2374.96	27.1	1934.35	15.9
2007	6423.18	19.2	762.10	3.9	3193.67	26.0	2467.41	16.0
2008	8496.20	17.8	907.95	7.5	4376.19	21.6	3212.06	15.8
2009	9740.25	16.9	929.60	2.3	5114.00	21.1	3696.65	15.0
2010	11672.00	15.0	1095.28	6.1	6367.69	18.2	4209.02	12.4

资料来源:内蒙古统计局.内蒙古统计年鉴2013.统计出版社,2013.

上述变化通过图 2-2 能够更加直观地反映出来。

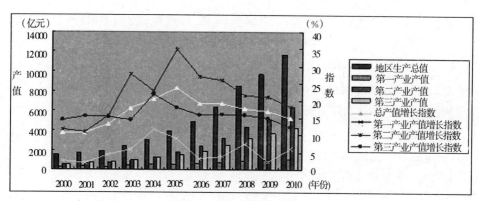

图 2-2　2000～2010 年内蒙古自治区生产总值及增长指数

从表 2-6 和图 2-2 可以看出,21 世纪的前十年,内蒙古自治区工业生产呈现出前所未有的快速增长势头。2001～2010 年间,内蒙古自治区工业生产总值年均增长率为 22.6%,最低的是 2001 年,增长率为 10.9%,最高的 2005 年增长率为 34.9%。连续十年的高增长,使第二产业生产总量迅速扩大。按照可比价格计算,2010 年第二产业的产值是 2000 年的 7.53 倍。工业成为拉动全区国民经济高速增长的主导力量。第二产业规模迅速扩大,使其在 GDP 中的比重大幅增长。三大产业结构发生重大的变化,见表2-7。

表 2-7　2000～2010 年生产总值构成的变化

（按当年价格计算,%）

年份	生产总值	第一产业	第二产业	第三产业
2000	100	22.8	37.9	39.3
2001	100	20.9	38.3	40.8
2003	100	17.6	40.5	41.9
2005	100	15.1	45.4	39.5
2007	100	11.9	49.7	38.4
2009	100	9.5	52.5	38.8
2010	100	9.4	54.5	36.1

资料来源:内蒙古统计局.内蒙古统计年鉴2013.统计出版社,2013.

从表2-7可以看出,在21世纪的前十年中,内蒙古自治区三大产业结构发生了重大的变化,第一产业增加下降到10%以下,下降了13%,第二产业比重攀升到54.5%,比2000年增加了16.6%。第三产业比重有所下降。这说明第二产业对经济增长的贡献率超过50%,发挥了主导作用。三大产业排序由2000年的第一产业、第二产业、第三产业,转变为2010年的第二产业、第三产业、第一产业。

2001～2010年,内蒙古自治区工业企业单位数和工业总产值都有大幅度的增加,见表2-8。

表 2-8　2001～2010 年内蒙古自治区工业企业单位数和工业总产值

项目　　　年份	2000	2005	2010	2012
企业单位数(个)	147769	130898	122718	126057
在总计中:国有及国有控股企业	757	525	517	608
在总计中:				
轻工业	97464	81391	75631	77651
重工业	50305	49507	47087	48406
在总计中:				

项 目 年 份	2000	2005	2010	2012
国有企业	545	353	228	251
集体企业	3874	1207	1933	1037
个体企业	133421	119446	104305	108685
其他经济类型企业	9929	9892	16252	16084
♯股份制经济	371	2382	2762	3836
外商及港澳台商投资企业	90	245	221	183
工业总产值(亿元)	1202.85	3861.58	16020	21933.29
在总计中:国有及国有控股企业	636.95	1684.26	4455.52	6102.94
在总计中:				
轻工业	464.26	1171.7	4645.8	6579.99
重工业	738.59	2689.88	11374.2	15353.3
在总计中:				
国有企业	245.68	415.17	1393.64	1716.91
集体企业	65.64	60.94	206.59	285.13
个体企业	245.29	405.69	1269.1	1591.13
其他经济类型企业	646.24	2979.78	13150.67	18340.12
♯股份制经济	410.35	1927.37	9264.92	13670.8
外商及港澳台商投资企业	58.1	358.39	1180.7	1156.67

资料来源:内蒙古统计局.内蒙古统计年鉴2013.统计出版社,2013.

从表2-8可以看出,2000~2010年,内蒙古自治区工业企业单位数从147769个减少到122718个,减少了16.95%,其中国有企业从545个减少到228个,集体企业从3874个减少到1933个,个体经济和其他类型的企业数目从143350个减少到124769个。但工业总产值从1202.85亿元增加到16020亿元。按可比价格计算是2000年的7.78倍。这说明内蒙古自治区企业的生产规模扩大了,规模效益在提高。其中是国有和国有控股企业的生产总值从636.95亿元增加到4455.52亿元,增长了将近6倍。个体和其他经济类型的产值从891.53亿元增加到

14419.77,增长了将近 15 倍,这说明非公有经济对内蒙古自治区工业发展贡献巨大。

2005 年,内蒙古自治区工业企业全员劳动生产率达到 135616 元/人·年,比 2000 年增长 517%。2010 年第二产业就业人数 206.2 万人,生产总值 6367.69 亿元,人均年产值 308811 元。

1.内蒙古自治区工业发展的突出表现

在 2001～2010 期间,内蒙古自治区工业中最突出的发展表现在以下几方面:

(1)在"十五"期间围绕加快工业化发展进程、重点推进六大优势特色产业发展,并将其作为支柱产业加以扶持,工业经济规模迅速扩大。全区重点抓了以煤、电、天然气为主的能源工业,以煤、天然气、氯碱化工为主的化学工业,以钢、铝、硅铁和有色金属为主的冶金工业,以工程机械、运输机械为主的装备制造业,以乳、肉、绒、粮等加工为主的农畜产品加工业,以稀土、生物制药、信息产业为主的高新技术产业。全区各级各类工业开发区加快建设步伐,特别是重点开发区发展势头强劲,规模不断扩大,成为聚集工业重点项目、优势企业和培育人才的重要载体,成为工业经济发展的要素聚集基地。在发展资源型产业的过程中,注重发挥好资源优势,把特色产业进一步做大做强。2010 年,能源、冶金、化工、装备制造、农畜产品加工和高新技术六大优势特色产业的增加值占全区规模以上工业增加值比例达到 90%,成为拉动工业快速增长的主要动力。

(2)"十一五"期间按照科学发展观和可持续发展的要求,落实国家节能减排和推动战略性新兴产业的政策要求,加快对传统产业整合、改造、提升的力度,积极推进工业产业多元化,构建多极支撑的工业体系。统计显示,内蒙古煤炭产业通过整顿关闭、资源整合和技术改造,"十一五"期间,全区煤矿平均单井产能由 2005 年的不足 14 万吨提高到 140 万吨,资源回收率由 2005 年的 20% 提高到 60% 以上,30 万吨以下小煤矿已被全部淘汰。

(3)在延伸产业链,发展循环经济,在深加工、精加工上做文章。建设和发展了稀土深加工、煤化工、煤电铝等资源深加工产业链。

(4)近年来采取多种途径和措施改变对资源性产业的依赖,大力发展非资源性产业。将物流和服务业、农畜产品加工业、旅游文化产业,特别是装备制造业列为重点产业。内蒙古自治区非资源型产业凭借良好的开端和基础,近年来在汽车制造、工程机械、风电设备、化工机械、轻工机械等方面展现出了较好势头。

"十一五"期间,内蒙古自治区以装备制造业为主的非资源型产业加快发展,装备制造业增加值年均增长 23% 以上,30 多项技术、工艺和设备处于国内外领先水平,产业发展水平进一步提高。依托能源、基础原材料而发展的延伸加工水平不断提高,铝轮毂、电子化成箔、电线电缆等有色延伸加工和 PVC 深加工产品产量大幅增长。

(5)注重培育战略性新兴产业,取得成效。"十一五"期间,内蒙古自治区战略性新型产业发展迅速。新能源产业、新型煤化工产业、以稀土应用为主的新材料工业、新型装备制造业以及生物医药产业、新一代信息技术产业、节能环保产业等从无到有,蓬勃发展,新能源产业走在全国的前列。

2.内蒙古自治区工业快速发展的原因

进入 21 世纪以后,内蒙古自治区工业能够快速发展,取得举世瞩目的成绩,主要原因在于:

(1)经过 20 世纪 90 年代的改革和调整,原有的工业企业走出了困境,宽松的政策环境,为新企业的建立和发展创造了条件。进入 21 世纪后,企业能够轻装进入市场。因此,是改革带来了工业的快速发展,工业的发展得益于改革的红利。

(2)政府主导工业化进程,与利用市场机制结合起来。从国内外工业化发展的历史看,推动工业化的方式有以下类型:一是完全由市场主导,由私人投资来实现,以英美为代表。二是完全在国家主导下,并由政府投资实现工业化,以前苏联为典型,我国改革开放前也采取这种方式。三是国家主导与市场力量结合、政府投资于私人投资结合,但以后者为主。如第二次世界大战后到 20 世纪 70 年代日本工业化过程就采取这种方式。四是政府和市场两种力量共同推动,但以前者为主。我国改革开放以来的工业化就采取这种方式。2001 年以来内蒙古自治区工业化也采取了这样的一种有效方式。

2001 年召开的自治区第七次党代会明确提出"加快工业化发展进程",把工业化发展作为全区经济建设的首要任务。自治区党委、政府于 2002 年底出台了《关于加快工业经济发展推进工业化进程的意见》(以下简称《意见》)。明确了全区工业经济发展现状、指导思想和奋斗目标、产业发展方向和重点与主要措施,要求各级党委、政府、有关部门进一步强化工业强区意识,加强对工业经济的领导。2003年,为了进一步落实《意见》,自治区党委、政府又出台了《关于发挥优势突出重点推动工业经济快速发展的意见》。进一步明确提出要发挥优势,突出重点,加快内蒙古自治区工业化进程;要明确重点,确定目标,实现内蒙古自治区工业经济超常规发展;要整合优势,集中力量,全力推动内蒙古自治区工业化进程;要明确政策,强化服务,把加快工业化进程的各项措施落到实处。同时大力招商引资和增加固定资产投资,营造良好的投资环境,企业成为主要的投资主体。

(3)实施以优势特色产业为主的工业化发展战略和重点区域发展战略。据统计,2005年全区全部工业增加值完成1391亿元,比"九五"期末增长2.1倍,其中规模以上工业完成1136亿元,增长3.1倍;六大优势特色产业完成978亿元,增长3倍,约占全区规模以上工业增加值的86%;全区工业开发区完成496亿元,同比增长50%,约占全区规模以上工业增加值的44%。"十五"期间,全区全部工业固定资产累计投资完成3219亿元,年均增长78%以上。投资最多的产业是六大优势特色产业,累计投资完成1845亿元,约占全区工业重点项目累计投资的91%,约占全区全部工业累计投资的57%;投资最多的盟市是呼和浩特市、包头市、鄂尔多斯市,累计完成投资1059亿元,约占全区工业重点项目累计投资的52%。

(4)内蒙古自治区紧紧抓住西部大开发的历史发展机遇,积极优化投资环境,认真完善基础设施,大力招商引资和增加固定资产投资,工业投资规模和质量都创下了历史最好水平。

2005年,全区全部工业固定资产投资完成1449亿元,比"九五"期末增长12.3倍;当年实施工业重点项目417项并完成固定资产投资996亿元,分别比2001年增长2倍和12倍。到2010年,内蒙古第二产业固定资产投资总额(不含住宅投资)增加到4427.67亿元。企业投资在全区全部工业固定资产投资中的比重达到90%以上。

3.内蒙古自治区工业发展中存在的问题

2001～2010年,内蒙古自治区工业在超高速发展中,实现了规模迅速扩大、门类不断增多、结构逐步优化、技术显著提升的良好态势。但也暴露出一些突出的问题。主要有:

(1)工业对资源依赖程度高,采矿业占比重大。按现价计算,2009年规模以上工业总产值10699.44亿元,2010年达到13406.11亿元,增长了25.3%。2009年煤炭开采和洗选业总产值1785.72亿元,2010年达到了2543.74亿元,增长了42.45%,高于规模以上工业总产值平均增速17个百分点。石油和天然气、金属和非金属以及其他采矿业的总产值从671.48亿元增加到2010年的943.79亿元,增长了40.55%,比平均增速高出15个百分点。2010年规模以上工业总产值中,采矿业占26.01%,其中煤炭采选业占到18.97%,"一煤独大"的工业结构特征十分显著。

(2)轻、重工业比例不协调。2000～2005年以前,内蒙古自治区轻工业比重在

33%～43%之间,重工业比重在57%～60%之间,从2006年开始,重工业比重一直保持在70%以上,轻工业则降低到30%以下,见表2-9。

表2-9 内蒙古自治区工业总产值构成

（按当年价计算）

年份	工业总产值 （亿元）	轻工业 （亿元）	占比（%）	重工业 （亿元）	占比（%）
2000	1202.85	464.26	38.60	738.57	59.09
2001	1347.19	536.76	39.84	810.43	60.16
2002	1535.80	614.38	40.00	921.42	59.99
2003	1935.11	754.71	39.00	1108.40	57.28
2004	2805.21	893.21	31.84	1912.00	68.16
2005	3861.58	1171.70	30.34	2689.88	69.66
2006	5201.12	1506.72	28.97	3694.40	71.02
2007	7143.37	2069.37	28.97	5074.00	71.03
2008	9894.76	2869.48	29.00	7025.28	71.00
2009	12707.52	3685.18	29.00	9022.34	71.00
2010	16020.00	4645.80	29.00	11374.20	71.00
2011	20472.95	6141.89	30.00	14331.06	70.00
2012	21933.29	6580	30.00	15353.3	30.00

资料来源:内蒙古统计局.内蒙古统计年鉴2013.统计出版社,2013.

(3)机械制造业比重小。按现价计算,2009年内蒙古自治区规模以上工业企业中,机械制造业的产值7916149万元,2010年达到9114633万元,增长了15.14%,低于规模以上工业总产值平均增速10%。在规模以上工业总产值中的占比只有6.8%。

(4)能源原材料工业的产品技术含量不高,初级产品占比重大,附加值低,对资源环境的影响较大。煤炭资源转换率只有10%,90%的煤炭直接销售外运,不仅浪费严重,而且对交通运输造成较大的压力。

总体上看,发展方式不够科学,工业产业结构不尽合理,发展水平和质量还不高。需要加快工业结构转型升级的步伐。

四、内蒙古自治区工业的全面转型升级阶段(2011年至今)

作为资源大区,内蒙古自治区的发展不可能脱离资源开发,但在大规模开发资源的过程,一直在探索转变经济发展方式的路径,谋划推动经济转型。"十一五"期间全区产业结构调整取得了重大进展。"十二五"时期,内蒙古自治区工业步入全面转型升级的新时期。近年来,先后出台了《内蒙古自治区"十二五"工业和信息化发展规划》、《内蒙古自治区人民关于承接产业转移发展非资源型产业构建多元发展多级支撑工业体系》、《内蒙古自治区人民政府关于加快培育和发展战略性新兴产业的实施意见》等一系列加快推进产业升级的文件。2011年国务院颁布了《关于进一步促进内蒙古经济社会又好又快发展的若干意见》。在政策的引导和推动下,以能源、基础原材料为主的单一产业结构逐步被打破,资源型产业和非资源型产业并举,多元发展、多级支撑的现代产业体系处于加紧构建之中。

进入"十二五"以后,内蒙古自治区工业继续保持较快的增长势头,转型升级的步伐加快,持续多年的轻工业增长率低于重工业的状况有所改变。2010年轻工业增速低于重工业2.7%,2011年扩大到8%,2012年轻工业发展步伐加快,轻、重工业的增速只相差0.5%,见图2-3。

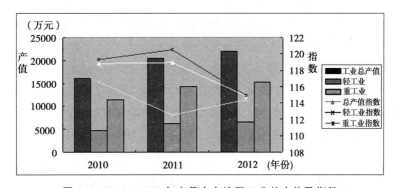

图 2-3 2011~2012 年内蒙古自治区工业总产值及指数

2010年工业总产值中,轻工业的比例占29%,重工业占71%,2012年轻工业占30%,重工业70%。如果从规模以上工业企业总产值的构成看,2012年轻工业为33753692万元,占18.55%,重工业为148166631万元,占81.45%。这说明大中型企业在重工业中占有绝对的优势。从规模以上工业企业工业总产值的构成看,采矿业的比重仍然在扩大,见表2-10。

表 2-10　2011～2012 年规模以上工业企业工业总产值及增长率

（按现价计算　上年＝100）

年份	总　计（万元）	指　数	采矿业（万元）	指　数	制造业（万元）	指数	电力、燃气、水生产供应（万元）	指数
2011	173175954	129.18	49692544	142.49	102982347	125.21	20501063	121.03
2012	181920323	105.05	57034329	114.74	106385535	103.30	18500495	90.24

资料来源:内蒙古统计局.内蒙古统计年鉴2013.统计出版社,2013.

通过表2-10可以发现,2011年和2012年两年中,内蒙古自治区规模以上工业企业总产值的增长指数,采矿业增长最快,分别是142.49和114.74,比上年增长42.49％和14.74％,制造业指数是125.21和103.3,比上年增长25％和3.3％,而电力、燃气、水的生产供应指数分别是121.03和90.24。同时看出,2012年规模以上工业企业增长指数从上年的129.18大幅度下降到105.05,下降了24.13。其中电力、燃气和供水是负增长,这表明2012年度内蒙古自治区工业经济下行压力较大,增长动力不足。

2011年规模以上工业企业总产值中采矿业、制造业、电气水三大行业比例分别为28.69％、59.47％和11.84％。2012年分别为31.35％、58.47％和10.18％,制造业的比重比2011年降低了1％,电力、燃气、水的比重降低了1.66％,而采矿业增长了2.66％。这说明采矿业仍然是内蒙古经济发展了重要拉动力量。

第一节

内蒙古自治区工业发展的现状阐述

经过多年努力,内蒙古自治区已经形成了以能源工业、冶金建材工业等为主的六大支柱产业,内蒙古自治区工业经济在近十年来得到快速发展和优化升级。截至 2013 年底,全区规模以上工业增加值同比增长 12%,在全国居第 14 位,全部工业增加值超过 8300 亿元。工业固定资产投资同比增长 12%,达到 7900 亿元,占全社会固定资产投资的 51%。工业同比税收增长 6%,突破 1000 亿元。全区非公有制工业企业户数由几万户增加到十几万户,规模以上非公有制工业企业创造的利润占全区规模以上工业利润总量的 3/5。全区县域工业增加值已突破 5500 亿元,是"九五"末的 30 多倍,县域工业经济总量占全区工业经济总量的比重提升了 20 多个百分点。2013 年,全区工业企业创造的经济总量占到了全区 GDP 的一半,工业对内蒙古自治区经济发展的贡献率超过了 60%。

目前,内蒙古自治区工业主导产业每年创造 2/5 以上的 GDP 总量,拥有 30 多个中国驰名商标,拥有五大类国家重要的煤化工战略储备项目,掌握 100 多项煤炭深加工和工业制造专利技术,完全具备大规模产业化发展的基础。内蒙古自治区促进传统产业新型化、支柱产业多元化的时机已经成熟。全区拥有 27 户工业循环经济示范企业和 25 座工业循环经济示范园区,涵盖现代煤化工、风电、电子信息、装备制造、稀土制造等多项新兴产业,风电装机容量位居全国第一,重型机械制造、稀土制造、羊绒与乳品制造在国内领先。

一、内蒙古自治区工业发展取得的成就

"十一五"时期,内蒙古自治区抓住国家西部大开发的战略机遇,坚定不移地加快推进新型工业化进程,使工业经济进入了持续快速发展期,工业总量、投资规模、经济效益、园区建设、工业结构、工业质量、技术与品牌建设、战略性新兴产业、发展后劲九个方面上取得了令人瞩目的成就。

(一)工业经济总量平稳增长

"十一五"时期,内蒙古自治区规模以上工业年均增长 25.4%,工业占经济总量的比重由 37.8% 提高到 48.2%,实现利润由 226 亿元增加到 1200 亿元,成为推动内蒙古自治区经济较快增长的主力军。内蒙古自治区原煤产量由 2.6 亿吨增加到 7.9 亿吨,电力装机由 1989 万千瓦增加到 6500 万千瓦,外送电量居全国首位。

从工业产品产量来看,2012 年,内蒙古自治区原煤产量达 10.62 亿吨,同比增长 12.3%;发电量达到 3116.88 亿千瓦时,同比增长 6.1%,其中,风力发电量 286.48 亿千瓦时,同比增长 4.2%;钢材产量为 1661.82 万吨,同比增长 15.5%;载货汽车为 20908 辆,同比下降 32.4%。全年规模以上工业品出口交货值达

245.25亿元,同比增长26.1%。2013年,全区稳定了150万千瓦负荷未降、新增185万千瓦工业用电负荷,拉动工业用电量增加165亿千瓦时、煤炭就地转化量增加700万吨。

(二)工业投资较快增长

截至2013年,内蒙古自治区围绕能源、煤化工、有色装备、农畜产品加工等工业发展,增加工业投资。争取了13个项目、投资总规模2200多亿元。全区开复工亿元以上工业项目1238个、10亿元以上项目346个。其中,120亿立方米煤制气、玉柴10万台发动机等34个投资50亿元以上特大型项目开工。投资10亿元以上项目投产50多个,新增煤炭4000万吨、电力装机294万千瓦、稀土钢550万吨、氧化铝80万吨、电解铝56.2万吨、焦炭510万吨等一批新产能。

(三)经济效益明显提升

内蒙古自治区工业企业通过技术创新和设备、生产工艺改造,实施节能减排,创名牌战略等措施,使内蒙古自治区工业经济效益明显提升。2012年,内蒙古自治区工业增加值为7966.61亿元,增长14.2%。其中,规模以上工业企业增加值增长14.8%,高于全国平均增速4.8%。在规模以上工业企业中,国有及国有控股企业增加值增长10.9%,集体企业增加值增长20%,股份合作企业增加值增长5.7%,股份制企业增加值增长15.7%,外商及港澳台投资企业增加值增长3.7%,私营工业企业增加值增长21.3%,高于国有企业11.2%的增速。其他经济类型企业增加值增长16.7%。在规模以上工业企业中,轻工业增加值增长14.4%;重工业增加值增长14.9%。内蒙古东部盟市工业发展快于西部盟市,东部盟市规模以上工业增加值增速达19.8%,比西部盟市增速高4.2%,高于全区平均增速5%。

2012年,全区规模以上工业企业主营业务收入17898.46亿元,增长11.7%;实现利润1754.23亿元,增长4%,其中,国有及国有控股企业实现利润583.55亿元,比上年下降0.8%;规模以上工业亏损企业亏损额165.85亿元,增长92.2%。全年规模以上工业企业产品销售率97.2%,产成品库存563.62亿元,增长16.3%。

据内蒙古统计局公布的数据显示,2013年1~10月,全区规模以上工业增加值同比增长12.3%,十个主要工业行业均呈升势,农副食品加工业、黑色金属矿采选业和有色金属冶炼及压延加工业增长较快,增加值分别增长19.5%、18.7%和17.1%,比2012年分别增加1.6%、18.2%和1.0%。同时,非公有工业增加值增长 12.7%,高于全区平均水平 0.4%,分别高于国有企业、国有控股企业、集体企业 3.6%、2.8% 和 0.3%。从产品产量看,水泥增长 5.1%,钢材增长 8.1%,发电量增长 8.9%,电解铝增长 3.4%。全区工业产品销售率为 97.1%,比上年同期增长 0.1%。12 个盟市规模以上工业增加值增速均在 12% 以上,其中呼和浩特市增速最快,达到 16.8%,高于全区平均水平 4.5%。

(四)中小企业与工业园区建设取得进展

在内蒙古自治区工业经济发展过程中,民营经济和中小企业发挥了不可或缺的作用,已成为推动内蒙古自治区经济增长、促进就业、富民强区、加快工业化和城镇化进程的重要力量。截至 2012 年 10 月底,全区中小企业和个体工商户达 108.6 万户,占全区市场主体的 95%。其中,中小企业 17.5 万户,占企业总数的 99%。全区中小企业增加值占全部规模以上工业的 71.2%,同比增长 16.0%。内蒙古自治区私营企业增加值增长 21.3%,非公有工业增加值增长 16.9%,均高于全部规模以上工业增速。2013 年全区中小企业和个体工商户达到 128.7 万户,增长 12%,高于全国 2.6%,带动新增就业 26 万人。

"十一五"以来,内蒙古自治区政府高度重视中小企业的发展,积极引导中小企业围绕优势特色产业搞延伸、围绕重点项目和重点企业搞协作、围绕大型基地建设搞配套,加快推进"一个园区带动百户中小企业工程"和"一个产业带动百户中小企业工程",促进中小企业园区化、特色化、集约化、集群化发展。为适应新型工业化发展的新要求,内蒙古自治区确立了加快推进"八条产业链建设"的富民强区的战略部署,即煤-电-网产业链,煤的气化、液化等产业链,聚氯乙烯及其深加工的氯碱化工产业链,多晶硅-单晶硅-光伏发电及风电机械设备制造-风电场新能源产业链,有色金属采选-冶炼-加工一体化产业链,乳、肉、绒、薯、玉米等农畜产品深加工产业链,稀土及稀土新材料应用产业链,煤炭、化工、运输、工程等机械装备制造产业链。这些产业链工业园区已成为内蒙古自治区集聚产业和生产要素的重要载体。

截至 2013 年,内蒙古自治区营业收入百亿元以上园区达到 45 个,仅用 3 年时间比 2010 年新增百亿元园区 26 个、百亿元企业 31 个、千亿元园区 2 个。百亿元以上园区创造的工业总量占全部工业园区的 80% 以上,占全区工业总量的 50% 以上。自治区重点推进 35 个自治区工业集中区(园区)建设(西部沿黄沿线 22 个、东部经济带 13 个),已经形成二、三产业群和产业链,成为就业、人才、创新集聚区,成为拉动内蒙古经济发展的民动机和火车头。2012 年 1~11 月,全区各级各类工业开发区(园区)完成工业总产值 1.24 万亿元,比 2011 年同期增长 18.2%,其中 55 个自治区级以上工业开发区(园区)完成工业总产值 9738.5 亿元,增长 15.4%。22 个沿黄沿线工业集中区(园区)完成工业总产值 6706.8 亿元,占西部地区园区的 81.7%,增长 12.6%。列入 2012 年超百亿元培育计划的 6 个开发区(园区)实现营业收入 581.9 亿元,增长 67.9%。

(五)工业经济结构调整显著进展

"十一五"以来,内蒙古自治区工业经济逐步由能源、基础原材料为主的单一结构,向产业多元发展、多元支撑迈进,构筑起了以能源、化工、冶金建材、农畜产品加工为主的传统优势产业,以装备制造业为主的非资源型产业,以新能源、新材料为主的战略性新兴产业多元并举发展的新格局。2011 年 6 月出台的《国务院关于进一步促进内蒙古自治区经济社会又好又快发展的若干意见》确定了内蒙古自治区发展战略和产业定位,要把内蒙古自治区建设成为国家重要的能源基地、新型化工基地、有色金属生产加工基地和绿色农畜产品生产加工基地,构建多元化现代产业体系,大力发展资源深加工、装备制造业和战略性新兴产业。如今,内蒙古自治区已成为国家重要的能源、农畜产品深加工和重化工业基地。工业布局和结构不断优化,产业集中度进一步提高,现代化产业体系基本形成。

"十一五"期间,内蒙古自治区以新能源、现代煤化工等为主的战略性新兴产业和非资源型产业快速发展。机械装备制造业年均增长 30% 以上。风电装机达到 1444 万千瓦,居全国第一。已形成煤基油产能 142 万吨、煤基乙二醇产能 20 万吨、煤基烯烃产能 106 万吨。东部盟市规模以上工业占全区比重由 2007 年的 26.4% 提高到 30% 以上。2008~2011 年,全区累计完成工业固定资产投资 1.6 万亿元,年均递增 20.4%,为"十二五"工业经济继续保持较快发展奠定了基础。

2012 年,内蒙古自治区六大优势特色产业增加值占规模以上工业的 90% 以上,非煤产业增加值增速为 14.4%,非煤产业增加值占规模以上工业的 60.7%。高新技术产业增加值同比增长 35.9%。装备制造业同比增长 14.5%。作为内蒙古自治区特色的稀土产业增加值同比增长 11.5%。

(六)工业经济发展质量显著提升

近年来,内蒙古自治区高起点、高标准地建设了一批国际国内领先项目,能源、化工、冶金、农畜产品加工等主要产业水平高于全国平均水平。建成了 2 个世界先进的千万吨级现代化矿井,10 个煤矿进入全国安全高效矿井行列;一批大型火电机组投产,全区 30 万千瓦以上机组占全部装机的 70%,其中 60 万千瓦以上机组占到 35%;机械装备制造业年均增长 30% 以上;风电装机达到 1444 万千瓦,居全国第一;已形成煤基油产能 142 万吨、煤基乙二醇产能 20 万吨、煤基烯烃产能 106 万吨;大型乳业、羊绒加工业的工艺、设备达到世界领先水平;一批大型煤化工、氯碱化工、天然气化工项目的规模与技术装备达到世界先进水平;重点钢铁、有色冶炼企业的技术水平达到国内先进。

与此同时,内蒙古自治区淘汰了一大批钢铁、火电、电石、铁合金、水泥等落后产能,有效提升了产业层次。2006～2012 年,全区累计淘汰小火电机组容量近 240 万千瓦,煤炭产能 2500 万吨,钢铁产能 1317 万吨,有色冶炼产能 27.5 万吨,水泥产能 1575.8 万吨,焦炭产能 1221 万吨,铁合金产能 131.8 万吨,电石产能 178.5 万吨,平板玻璃产能 413 万重量箱。内蒙古自治区规模以上工业万元 GDP 能耗降低率逐年提高,2006 年下降 2.5%,2007 年下降 4.5%,2008 年下降 6.34%,2009 年下降 6.91%,在增速较快、总量扩大的同时,实现了效益提高、单位 GDP 能耗下降。2011 年万元 GDP 能耗下降 4.39%,2012 年再降 3.7%,预计在“十二五”期间,单位 GDP 能耗将下降 15%,为内蒙古自治区提升产业层次和产业发展水平做出了重大贡献。

（七）工业发展后劲显著增强

“十一五”以来,内蒙古自治区不断加大全部工业固定资产投资力度,增强工业发展后劲,积极培育新的经济增长点。企业投资主体地位更加突出,引进国外和区外投资占全部工业投资的 70% 以上,工业自主增长机制初步形成。工业单个项目平均投资规模大幅度增加,投资结构不断优化,逐步转向化工、装备制造和高新技术产业,促进了产业结构的优化升级。2012 年 1～11 月份,全区完成工业固定资产投资 6343.7 亿元,同比增长 29.6%,比 2011 年同期加快 13.4%,高于全国平均水平 8.5%。2012 年 1～11 月份,在 150 个自治区工业重点项目中,75 个计划新开工项目已开工 66 个,开工率达到 88%;75 个续建项目全部复工,高于 2011 年同期 4%。重点调度的投资 10 亿元以上新开工项目,已有呼和浩特创维 300 万台液晶电视改扩建项目、包头北奔 5 万台重卡总装项目、鄂尔多斯新兴重工天然气储运设备和煤化工设备制造项目、呼和浩特和鄂尔多斯 IDC(互联网数据中心)项目等 234 项开工。投资 10 亿元以上项目完成投资 3140.5 亿元,占全区工业完成投资额的 49.5%。

(八)技术和品牌创新显著突破

内蒙古自治区把提高自主创新能力与发展新兴产业有机结合,加大创新型人才培养和高层次人才引进力度,加快实施产业技术示范工程,为新兴产业发展和企业技术改造升级提供有力支撑,最终促使企业技术创新和自主创新能力得到明显提升。加强企业技术创新平台建设,进一步做好国家级、自治区级企业技术中心认定和建设工作,以企业技术中心为核心推进技术创新体系建设。目前,内蒙古拥有国家级企业技术中心9个。在能源、冶金、煤化工等领域拥有30多项国际国内领先水平的工艺、技术和装备。全区工业企业申请国家发明专利840件,增长20%。在现代煤化工、光伏材料自主创新及产业化等领域,核心技术和关键技术攻关以及自主创新成果产业化进程明显加快。粉煤灰提取氧化铝、多晶硅冷氢化等关键技术实现产业化。包头稀土高新区、青山装备制造园区、科尔沁工业园区等一批发展势头较好的工业园区被国家确定为新型工业化产业示范基地。

为了促进内蒙古自治区工业经济又好又快发展,自治区政府注重推进信息化与工业化的深度融合,即两化融合,效果明显。如积极推进"呼-包-鄂-乌(海)"两化融合创新试验区建设,以抓企业信息化建设为重点,加快创新试验区建设步伐,150户两化融合重点龙头示范企业的生产装备自动化、智能化水平得到了有效提升。信息化基础设施建设进展较快,内蒙古自治区电子政务外网建设工程项目已通过国家立项批准,并开工建设。积极推进旗县信息服务中心、乡镇信息服务站、行政村服务室、自然村信息点建设。重点推进企业信息化建设,率先引导煤炭、冶金、乳制品等生产企业应用信息技术,改造生产工艺和设备。目前,全区90%以上规模以上工业企业不同程度采用了信息技术,其中30%以上企业应用信息技术的水平及程度进入较高阶段。2012年1~9月,全区信息产业,包括通信业、软件业和电子信息产品制造业实现销售收入275.5亿元,同比增长19%。

内蒙古自治区注重推动实施品牌带动战略,把自主知名品牌建设作为工业自主创新的重要环节,坚持以企业为主体、市场为导向、政府积极推动的原则,健全和完善自治区品牌培育体系。截至2011年底,内蒙古自治区拥有中国驰名商标41个,中国名牌产品11个,地理标志证明商标12件,自治区著名商标279件,驰名商标数量和比例均走在西部12省区前列。

(九)战略性新兴产业不断成长

内蒙古自治区在"十二五"规划中提出,把推进非资源型产业、战略新兴产业发展作为今后一个时期转变发展方式、优化调整经济结构的战略选择。稀土、装备制造、电子信息、云计算、光伏制造、生物制药、新能源、环保产业、核电燃料等战略性新兴产业成为内蒙古自治区工业经济发展重点领域。内蒙古自治区政府提出，"到'十二五'末期，全区原煤产量控制在 10 亿吨，其中 120 万吨及以上井工矿、300 万吨及以上露天矿产能占总产能的 70%。"相比"十一五"期间，由 2005 年的 2.6 亿吨增至 2010 年的 7.87 亿吨，再至 2011 年的 9.79 亿吨，未来 4 年内蒙古自治区的煤炭产量增长速度将放缓。内蒙古自治区将增加非资源型和战略性新兴产业投资比重。例如，2011 年，内蒙古自治区能源工业投资占规模以上工业投资的比重已由上年的近 50% 下降到不足 40%，规模以上工业中非资源型和战略性新兴产业的投资比重由 47.5% 上升到了 59.2%。全区传统产业新型化取得积极进展，有色金属、电石延伸加工率分别达到 60%、80%，比上年提高 10%、20%。霍林河地区有色金属延伸加工率达到 100%，蒙牛、伊利婴幼儿奶粉、锡林郭勒盟羊肉质量追溯体系建设被国家工信部确定为全国试点。稀土、风力发电、生物发酵、云计算、单硅晶全产业链制造全国第一。

根据《内蒙古自治区人民政府关于承接产业转移发展非资源型产业 构建多元发展多极支撑工业体系的指导意见》，发展非资源型产业将要重点培育 60 个主导产业突出、承接产业转移目标明确、产业规模较大、产业链条较长、产业关联度较强、协作配套水平较高的产业集群，到 2015 年实现销售收入 2 万亿元以上，对全区工业经济的贡献率达到 50% 以上，带动新增就业 45 万人左右。作为内蒙古自治区转型升级发展的代表之一，鄂尔多斯市主动承接非资源型产业转移，依托 18 个工业园区，培育十大战略性新兴产业集群，预计到 2017 年，非煤产业增加值占工业增加值的比重将提高到 50% 左右。2011 年上半年，内蒙古自治区非资源型产业产值占全区工业生产总值的比重已由 2010 年的 17% 提高到 30%。非资源型的制造业经济增势明显，家具制造、化学原料及化学制品制造业、医药制造业、通用设备制造业等同比增速均在 22% 以上，明显高于采选业。

二、内蒙古自治区工业发展中存在的主要问题

如前所述，内蒙古自治区工业取得了令人瞩目的成就，数量增长和质量提升并进。但与全国平均水平相比，工业的发展压力仍然较大，长期积累的结构性矛盾比较突出，主要表现在以下方面。

（一）工业总量小、工业投资效益下降、结构单一，资源型产业偏重

内蒙古自治区工业总量偏小，产业发展不充分，水平不高。工业增加值占全国的比重仅为3%。产业结构不合理，资源型产业偏重。

内蒙古自治区以煤炭、电力、农畜产品加工业、化工、冶金等为代表的资源型工业的各项效益指标远高于全国平均水平，资源型工业仍旧是带动经济增长的主要工业部门。尽管资源型产业在资本初期积累中为内蒙古自治区经济发展做出了重大贡献，但是，煤炭工业、火电工业在整个经济体系中所占比重过高，"一业独大"、煤炭工业"一煤独大"的工业结构仍然占主导，致使内蒙古自治区产业发展不充分和欠发达。2013年，能源、化工、冶金建材等三大产业占全区规模以上工业产值的80%以上，非资源型产业和新兴产业在工业中比重不足10%。在蒙西、蒙东一些盟市，煤炭和火电这两大工业行业所创造的经济总量一度占到当地经济总量的60%以上，煤炭工业企业上缴的税收占到当地财政收入的一半以上。内蒙古自治区六大支柱产业中，只有能源工业、冶金建材工业和农畜产品加工业形成了集群化、规模化发展态势，化工、装备制造、高新技术等产业还未形成规模，内蒙古自治区工业呈现出粗放型和低端化特征。

（二）市场需求不旺，竞争加剧

2009年为加快产业结构调整步伐，国务院出台了相关政策，严格限制对钢铁、水泥、平板玻璃、煤化工、多晶硅、风电设备、电解铝等行业产能过剩和重复建设项目提供政策支持，这对内蒙古自治区工业的较快增长产生了较大影响。2013年，全区28种主要工业产品除农畜加工、生物制药外，其他产品产量增幅回落、价格下跌。优势特色产业产能利用率均低于84%的合理水平。2013年工业亿元以上开工项目比上年减少200个。据专家预测，2014年煤炭需求增长不超过1.5%、钢铁不超过3%、电解铝不超过5%、乙烯等化工产品不超过4%，总需求进一步放缓。加之国家大力加快治理大气污染、化解过剩产能，内蒙古自治区优势特色产业面临更加严峻的竞争压力。

（三）工业经济竞争力较低

内蒙古自治区工业经济的竞争力和全国平均水平相比，较为薄弱，竞争力不强。虽然内蒙古自治区煤炭、电力、冶金等领域的工业企业集中度较高，但由于下游配套产业跟进速度慢，内蒙古自治区工业经济发展依然竞争力不强。尽管内蒙古自治区已有多年的循环经济发展历史,但由于再生资源开发、工业"三废"利用未形成规模效益,内蒙古自治区工业集约化程度依然不高。尽管内蒙古自治区风电、装备制造、电子信息等新兴工业发展势头较好,但新兴工业企业又均处于起步阶段,内蒙古自治区还未真正形成新的工业增长点,导致内蒙古自治区工业整体竞争能力不强。内蒙古自治区高新技术产业和新兴产业发展较慢,规模以上工业企业新产品产值的比重仅占5%。受全球经济低迷、原材料订单锐减等因素影响,内蒙古自治区能源产品、冶金产品价格持续下跌,全区工业经济持续在低位运行。2012年,全区工业企业利润下降10%左右(全国增长13%左右),特别是煤炭行业利润下降30%、税收下降12%,直接影响自治区的财政收支。

(四)工业发展质量不高

内蒙古自治区的工业经济总量增长快,但发展质量不高,这在很大程度上制约了经济发展。

为了节约利用资源和改善生态环境,内蒙古自治区通过淘汰落后产能来调整工业结构,但是,单纯依靠淘汰落后产能已无法应对当前国内外严峻复杂的经济形势。内蒙古自治区工业经济的高速增长主要是靠能源原材料工业等资源型产业和能源重工业拉动,而煤炭、钢铁、电力等上游工业产能过剩,从而导致很多企业效益低下和竞争压力大。同时,也使得全区工业企业生产成本上升,效益低下。内蒙古自治区工业经济主要依靠投资驱动,技术创新和高新技术产业是工业企业发展的弱项,全区旗县以上国有独立自然科学与技术领域及转制科研机构仅有110家。技术创新能力不强,导致产品档次低,附加值和科技含量不高。

总体上讲,内蒙古自治区工业发展过程中存在着诸如主要产业基础原材料产品多,延伸加工的高端产品、终端产品少;产品附加值低、产业链条短等深层次结构性矛盾和问题。如内蒙古自治区冶金工业大多还是钢材、铝锭、铜板等初级产品,煤化工尚停留在甲醇、烯烃、二甲醚等初级产品层面上。

(五)技术装备水平较低,企业自主创新能力较弱

工业经济总体水平受技术装备总体水平落后的影响。内蒙古自治区知识产权数量少,发展指数低,排在全国第26位。全区工业技术装备达到国际先进水平的不到5%,达到国内先进水平的也仅为10%左右,大部分设备为国内落后水平,亟待淘汰、更新。如内蒙古自治区稀土业自20世纪90年代以来,稀土精矿处理能力、单一稀土分离能力以及稀土金属生产能力大幅增加,但由于缺乏先进的生产装

备、控制设备和分析检测手段,自动化程度低,致使资源利用率低、能源消耗大、生产成本高等问题难以解决,直接影响了稀土企业的生产效益。内蒙古自治区冶金业的很多中小企业技术装备水平较低,仍使用国家限期淘汰的工艺装备。

内蒙古自治区的工业企业普遍以初级产品为主,深加工不足,产业链短或者产业链不完整。一方面是由于工业技术装备水平不足,另一方面是企业的自主创新能力普遍较弱。较弱的自主创新能力导致加工种类少,产品品质难以满足市场需求,企业经济效益提高较慢,竞争力低下。

(六)节能环保仍有较大差距

目前,内蒙古自治区仍然处于资源大规模开发和加工转化的快速发展时期,是我国重要的能源、重化工以及冶金、建材等原材料生产和输出基地。在短期内,内蒙古自治区以能源、化工、冶金为主体的重型化产业结构难以根本改变,工业整体上能源原材料消耗高、污染物及碳排放高,在节能环保方面仍有较严重问题和差距。如"十一五"以来,全区钢铁行业注重可持续发展,在清洁生产、污染治理、节能降耗等方面取得了较大进步,但仍低于国内平均水平,与世界先进水平相比差距非常明显。在二次能源的回收、污染治理及"三废"的综合利用等方面也有很大差距。稀土产业发展也存在着节能降耗和保护环境的关键瓶颈。许多稀土企业环境保护意识依然不强,同时目前稀土行业污染问题治理技术和治理设备投入成本较高,稀土企业不愿在环保设施上多投入,造成治理污染措施不力,一些企业缺乏清洁生产设施,生产中不能达到达标排放。

(七)中小企业数量少、尚未形成集群效应

近年来,内蒙古自治区中小企业快速发展,但是总体上看数量仍然较少,且尚未形成集群化发展效应。2012年,全区中小工业企业1.74万户。其中规模以上4158户,与发达地区差距较大。辽宁省工业总量大约是内蒙古自治区的1.5倍,但是规模以上工业中小企业数量大约是内蒙古的4倍。同时,工业园区建设散、乱、低、缺、债等问题显现。全区114个工业园区普遍存在一区多园,若含园中园就有200多个园区,布局分散,缺乏与城镇化发展的有效关联,园区债重,基础设施建设与项目不衔接,资源利用效率低、效益差。工业园区建成面积每平方公里产出仅8亿元左右,不到周边省区的1/3,与发达省区相比差距更大。

由此可见,内蒙古自治区的工业发展在最近十余年取得了巨大的成就,引起了外界的广泛关注。但由于内蒙古自治区工业起步晚,基础薄弱,与国内外相同工业

部门发展程度及水平相比,在很多方面依然存在差距,有着这样那样的问题。那么,与国内外工业相比,内蒙古自治区的工业到底发展到哪个阶段?如何实现内蒙古自治区工业的进一步转型升级?这是第三章研究的主题。

第三章

内蒙古自治区工业化发展阶段的判断及工业转型升级的路径

新中国成立前的内蒙古自治区几乎没有现代工业，经过 60 余年的发展，已经基本建成门类较多、规模较大、结构较合理，层次不断提升的现代工业体系。但是，近年来在对内蒙古自治区工业化发展阶段的认识上，存在着较大的分歧。有的观点认为，内蒙古自治区仍然处于工业化的初期，但也有人持中期前段、后期前段等不同的观点。正确判断工业化发展阶段，是确定发展战略、目标和路径的最基本依据。

第一节
内蒙古自治区工业化发展阶段的基本判断

对工业化水平和发展阶段的判断,在国外已经形成了较为丰富和成熟的理论及判断标准,这里在回顾已有工业化阶段理论的基础上,将其应用于对内蒙古自治区工业的评判之中,并对已有标准的合理性做出简单评价。

一、传统的工业化阶段理论

20 世纪 30～80 年代,H. 钱纳里(Hollis B. Chenery)、西蒙·库兹涅茨(Simon Kuznets)等西方经济学家通过对众多国家产业结构变动过程中的经验数据进行分析概括,形成了判断工业化发展阶段的经典理论。主要包括:

(一)按人均收入、产业结构、就业结构、城市化率等指标判断

经典理论多数从人均收入水平、三大产业结构、就业结构、城市化水平,分析工业化各个阶段的主要标志。概括如下:

进入工业化初期的主要标志是:第一产业比重小于 33.7%,第二产业比重大于 28.6%;

进入工业化中期的主要标志是:第一产业比重小于 15%,第二产业比重升至40%～51%;

进入工业化后期的标志一般是:第一产业的比重小于 10%,但第二产业的比重仍然大于第三产业,农业就业人口比重为 10%～30%,城市化水平为60%～75%;

完成工业化进入后工业化阶段的主要标志是:人均 GDP 超过 11170 万美元(按 2005 年美元的购买力平价折算);农业产值比重小于 10%,第三产业的比重高于第二产业;农业就业人口比重小于 10%;城市化水平超过 75%。

按照上述标准,美国完成工业化并进入后工业化阶段的时间是 1955 年,当年工业(不包括建筑业)比重为 39.1%,达到最高值。日本、韩国进入相同阶段的时

间分别为 1973 年、1995 年,工业比重的最高值分别为 36.6%、41.9%。

(二)从工业内部结构的变化判断

从工业内部结构的变化来判断工业化发展阶段,也是学者们常用的方法之一,其中最重要的衡量指标是霍夫曼比率和制造业增加值比重。

1.霍夫曼比率

霍夫曼比率是德国学者霍夫曼(W. G. Hoffmann)在 1931 年提出的,用来解释一个国家或区域的工业化进程中工业结构演变的规律,也就是用消费品工业的净产值与资本品工业净产值之比衡量工业化。在工业化初期,比率大于 1,纺织、食品等轻工业比重较高;进入工业化中期,比率小于 1,呈现出重化工业加速发展的阶段性特征,钢铁、水泥、电力等能源原材料工业比重较大;在工业化后期,高加工度的制造业快速发展,机械装备制造业比重上升。

2.制造业增加值比重

约翰·科迪(John Cody)等学者用制造业增加值在总商品生产部门增值额中所占比重来划分工业化阶段。工业化初期为 20%~40%,中期为 40%~50%,后期为 50%~60%,大于 60%进入后工业化阶段。

产业结构变化的根本原因在于生产力和科技发展,引起需求结构、供应结构和比较优势的变化。各种因素综合作用,使工业化经历由轻工业→以能源原材料工业为主的重化工业→以制造业为主的高加工度工业→后工业时期的演变过程。工业资源结构的重心经历从劳动密集型→资本密集型→技术密集型转变的转变过程。

二、时代变化对工业结构演变的影响

20 世纪 80 年代以来,在经济发展中出现了一些新的特征,影响了工业结构演变的轨迹。

(1)经济全球化过程中,国际间的产业分工转变为产业链的垂直分工,影响了各国的产业结构。当前发达国家处于产业链的高端,主要从事研发、设计、品牌以及管理组织的环节;以新兴经济体为代表的发展中国家主要从事加工和组装,这些环节多属于制造业。因此,发达国家的服务业比重高,而新兴经济体国家的制造业比重较高。

(2)产业内部分工越来越细化,服务业的门类增加,内涵拓展。一方面服务职能不断地从制造业分离出来,产生了新门类,如独立设计、研发、创意公司、第三方物流、商务咨询等;另一方面还出现了制造业服务化的特点。

(3)伴随着新技术革命和可持续发展观的提出,自然资源产业、环境产业、高新技术产业逐渐形成并独立出来,这也影响了产业结构演变的轨迹。

(4)后发国家工业化进程的时间缩短。后发国家工业化起步晚,可选择的产业发展技术起点高,同时城镇化、信息化、生态化和消费结构的变化等多种因素共同作用,使主导产业越来越现代化、新型化,工业化进程所需时间大大压缩。英国、美国完成工业化分别经历了 200 年和 135 年,而日本、韩国分别用了 65 年和 33 年。

工业化阶段理论是以国家为单元分析的,但也适用于人口多、面积大的国家内部区域工业化过程的分析。所不同的是,区域工业化进程受国家战略和政策的影响较大。

三、内蒙古自治区工业化进程的基本判断

判断区域工业化阶段,虽然不能完全照搬经典理论,但也可以作为参照指标,将其与时代特征和区域特点结合起来进行综合分析。

(一)基于钱纳里的人均 GDP 指标衡量

如果应用几何平均数法折算汇率,2010 年度钱纳里工业化阶段划分指标如表 3-1 所示。

表 3-1　钱纳里人均 GDP 与工业化阶段　　　　　单位:美元

GDP 水平(按 2010 年汇率折算)	工业化阶段
559~1118	工业化准备阶段
1118~2235	工业化初期
2235~4470	工业化中期
4470~8382	工业化后期
8382 以上	后工业时期

按当年价格和当期汇率计算,2010 年内蒙古自治区人均生产总值为 6994 美元,2011 年人均生产总值为 8558.76 美元,按 2010 年汇率折算为 8547.58 美元。2012 年按当年汇率人均 GDP 为 10189 美元,按 2010 年汇率折算为 9501 美元。根据这一指标内蒙古自治区已经处于钱纳里模型中的后工业化阶段。

(二)按城镇化指标衡量

衡量城市化率的指标较多,其中最重要、最常用的是人口指标,城镇化率＝城

镇人口/总人口(按常住人口计算,不是户籍人口)。

一般认为,在工业化的准备期,城镇化率在 30% 以下;工业化初期在 30%~40% 之间,中期在 40%~60% 之间,工业化后期在 60%~75% 之间,当进入后工业化时期,城镇化率在 75% 以上。

在 2011 年和 2012 年,内蒙古自治区的城镇化分别为 56.6% 和 57.7%,均高于我国城镇化率 51.27% 和 51.57% 的水平。处于工业化中期后段向后期转变的过程中。

(三)按三次产业结构判断

库兹涅茨按照三次产业产值比重划分工业化阶段,见表 3-2。

表 3-2　库兹涅茨三次产业结构与工业化阶段

第一产业	第二产业	第三产业	工业化阶段
大于 33.7%	小于 28.6%	小于 37.7%	工业化准备期
小于 33.7%	大于 28.6%	大于 37.7%	工业化初期
小于 15.1%	大于 39.4%	小于 45.5%	工业化中期
小于 14%	大于 50.9%	大于 35.1%	工业化成熟期
小于 10.0%	小于 50.0%	大于 40.0%	后工业化时期

根据上述的划分,在工业化过程中农业比重持续下降,降到 10% 以下速度减缓,保持相对稳定;工业比重呈先升后降;服务业比重呈现出的趋势则是上升→下降→上升。内蒙古自治区三次产业产值比重变动如图 3-1 所示。

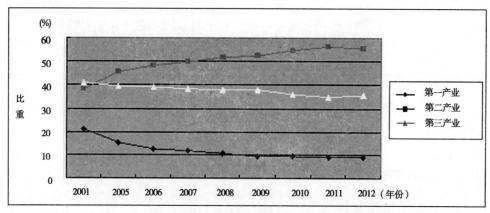

图 3-1　2001~2012 年内蒙古自治区三次产业产值比重变化

资料来源:内蒙古统计局.内蒙古统计年鉴(2013).统计出版社,2013.

1991 年开始内蒙古自治区三次产业的产值比重进入库兹涅茨工业化初期阶段。三次产业比值分别为：32.6、34.5、32.9，之后第一产业比值稳定在 32% 以下，第二产业稳定在 30% 以上。

对比分析看出：2005 年内蒙古自治区三次产业产值比重进入库兹涅茨工业化中期阶段。从 2009 年以后，第一产业的比重稳定在 10% 以下，第二产业在 51% 以上，进入库兹涅茨工业化阶段的后期，即成熟期，产业比值：9.1：56.5：34.4。

（四）依据制造业增加值比重来判断

这里用约翰·科迪提出的制造业增加值比重判断内蒙古的工业化阶段，见表 3-3。

表 3-3　约翰·科迪的制造业增加值占比与工业化阶段

制造业增加值/总商品增加值	工业化阶段
小于 20%	工业化准备期
20%～40%	工业化初期
40%～50%	工业化中期
50%～60%	工业化后期
大于 60%	后工业化阶段

由于统计资料中缺乏工农业增加值方面的数据，我们在这里采取规模以上制造业产值在工农业总产值和工业总产值中的比重来分析，见表 3-4。

表 3-4　2006～2012 年内蒙古自治区规模以上制造业企业的产值占比

年份	2006	2007	2008	2009	2010	2011	2012
A：工农业生产总值（亿元）	6259.62	8419.81	11420.5	14278.1	17863.57	22677.46	24382.7
B：工业总产值（亿元）	5201.12	7143.37	9894.76	12707.52	16020.00	20472.95	21933.29
C：规模以上制造业企业总产值	2755.9	3803.15	5522.95	6912.75	8224.67	10298.23	10638.55
A（%）	44.03	45.17	48.36	48.42	46.04	45.41	43.63
B（%）	52.98	53.24	55.81	54.40	51.34	50.30	48.50

资料来源：内蒙古统计局.内蒙古统计年鉴 2013.统计出版社,2013.

从表 3-4 看出,从 2007 年开始内蒙古自治区制造业规模以上企业产值在工农业总产值中的比例保持在 45％以上,在工业总产值中占 50％以上。

2011 年内蒙古自治区小微工业企业产值总量占工业总产值 37％。制造业中也有小微企业,如果它们的产值能占到 10％～20％的比例,制造业总产值就达到 11442 亿～12872 亿元,在工农业总产值中的占比在 50.45％～56.76％之间,在工业总产值中的占比在 55.89％～62.87％之间。可见,从这一指标看,内蒙古自治区已经进入工业化的后期。

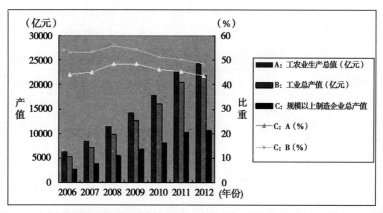

图 3-2　2006～2012 年内蒙古自治区规模以上制造业企业的产值占比

资料来源:内蒙古统计局.内蒙古统计年鉴(2013).统计出版社,2013.

工业内部结构还可从轻、重工业比例来衡量。但内蒙古自治区工业起步于重工业,在 20 世纪 60 年代中期重工业产值就超过轻工业,因此,霍夫曼比率对内蒙古不适用。

(五)从就业结构来判断

配第一克拉克定理揭示了就业结构与工业化阶段的关系,将其与内蒙古自治区就业结构比较可以发现一些问题,见表 3-5、表 3-6。

表 3-5 配第一克拉克的三次产业就业结构与工业化阶段

工业化阶段	第一产业比重	第二产业比重	第三产业比重
工业化准备期	63%以上	17%以下	20%以下
工业化初期	小于46%	大于27%	大于27%
工业化中期	小于31%	大于36%	大于33%
工业化后期	小于24%	大于40%	大于35%
后工业化时期	小于17%	大于45%	大于37%

表 3-6 2006~2012年内蒙古自治区三次产业就业比重　　　单位:%

年份 产业	2006	2007	2008	2009	2010	2011	2012
第一产业	53.78	52.64	50.45	48.84	48.20	45.87	44.70
第二产业	15.98	16.98	16.88	16.92	17.41	17.73	18.10
第三产业	30.23	30.38	32.67	34.24	34.39	36.40	37.20

注:上述统计中,不包括社会自由就业人员。

资料来源:内蒙古统计局.内蒙古统计年鉴2013.统计出版社,2013.

按配第一克拉克指标衡量,2010年内蒙古自治区还处于工业化的准备阶段,2011年三次产业就业比重为45.87:17.73:36.40,才刚刚进入工业化的初期前段,显然这严重低估了内蒙古自治区的工业化水平。

一般来说,城镇化水平越高,第二产业、第三产业就业的比例越大。但内蒙古自治区三次产业的就业结构与城镇化率有较大的偏离。近年来内蒙古自治区城镇化水平高于全国平均水平5%~6%,但第二产业、第三产业就业率低于全国10%左右(2011年第二产业、第三产业就业比重合计为54.13%,全国平均水平为65.2%)。城镇人口比例高,第二产业、第三产业却没有提供足够的就业岗位,这意味着转移出来的农村人口在城镇滞留现象严重,城镇化的质量还不高。

四、内蒙古自治区当前工业化发展阶段和工业转型升级的目标

工业化发展阶段既是区域经济发展总体水平集中反映,也是正确评价区情、确

定下一步发展方向、目标和重点的基本依据之一。

(一)对内蒙古自治区工业化阶段的基本判断

从人均GDP指标衡量,内蒙古自治区已处于工业化后期阶段,但采用购买力平价的人均GDP高估了工业化发展水平;从三次产业产值结构判断,内蒙古自治区处于工业化后期的起步阶段;从城镇化水平看,符合工业化中期后段向后期过渡的特征;从制造业产值在总商品生产部门的占比看,内蒙古自治区已经迈入工业化后期的门槛;从就业结构看,内蒙古自治区刚刚迈入工业化初期,显然这严重低估了工业化发展水平。

综合来看,内蒙古自治区工业化处于中期后段,呈现出快速向工业化后期转变的明显特征,"十二五"末将迈入工业化后期。

(二)构建新型的高加工度化工业体系——工业转型升级的近期目标

按照产业结构演进的规律,重化工业之后将进入高加工度化工业为重心的发展阶段。在工业化中期,经济发展主要依靠资本和资源的投入,在工业化后期主要依靠技术进步。内蒙古即将步入工业化新阶段,但不能走传统的加工组装工业老路,要顺应第三次工业革命和需求结构的变化,构建新型的高加工度化工业体系。即以新兴加工制造业为重心、以更多地利用新能源和进行清洁生产为特征的高加工度化工业体系。

在信息化时代,工业化进程所需时间大大缩短。内蒙古自治区要在重点发展新型加工制造工业的同时,继续稳固农业基础地位,努力提升服务业比重,加快构建区域性现代产业体系的步伐。及早布局和规划现代服务业,特别是生产性服务业,不仅能为后工业时代奠定产业基础,而且对当前增强工业实力、吸纳劳动力、强国富民有直接的作用。

内蒙古自治区构建以利用新能源和进行清洁生产为特征的高加工度化工业体系作为工业转型升级的目标,既是工业化发展阶段规律的客观要求,也是受我国产能过剩现实的严重制约。

在2009年和2010年,为了应对危机,我国投资"四万亿"刺激经济。企业盈利改善,企业固定资产投资热情攀升;而2011～2012年是行业前期投资下产能释放的高峰时期,然而随着经济总需求的逐渐下降,产能过剩问题也越来越突出。

就传统行业而言,根据中国工业和信息化部在其发布的《2012年中国工业经济运行上半年报告》中指出,中国钢铁行业产能过剩1.6亿吨以上,水泥产能过剩超过 3 亿吨,电解铝、钢铁、水泥、平板玻璃等都出现较为严重的"产能过剩"。新兴产业方面产能过剩也有不少案例,如光伏太阳能和风电,以及造船和钢铁业中高端产品的硅钢,有关资料显示,风力发电机组制造业目前产能闲置逾 40%;光伏产业产能也严重过剩,据工信部下属的光伏产业联盟对所属 160 多家企业的统计,产能已经达到了 35 吉瓦,全国光伏企业总产能在 40 吉瓦上下,比世界其他国家的总装机量还多。

煤炭行业在需求的拉动下,走过 10 年的黄金期,当前也被需求下降、产能过剩、价格下跌、运营困难等诸多问题所困扰。同时由于煤炭消费成为大气环境的杀手,也就成为国家限制发展的产业。按照国家能源格局调整目标,到 2017 年,煤炭占能源消费总量的比例,将从目前的 70% 降到 65% 以下,控煤、退煤大势所趋,难以逆转。这种状况迫使内蒙古自治区煤炭产业转型升级,发展新型煤化工产业,特别是煤制天然气将是可行的选择。

(三)实现工业转型升级的思路

一是要启动新一轮的企业兼并重组,力争用 3～5 年时间,将全区地方煤炭企业由现有的 353 户压减到 80～100 户之间,煤炭企业最低生产规模提升到 120 万吨,装备水平全部实现机械化开采。进一步优化煤炭工业结构、转变经济发展方式,同时要加快对稀土上游企业的整合淘汰。

二是要把工业发展重点从资源型产业转变到非资源型产业上来,培育产业集群,使资源型产业对全区工业经济的贡献率达到 50% 以上。重点推进稀土新材料的开发及其应用、硅化工及光伏、绿色特色农畜产品加工等循环产业链集约发展。全面落实《内蒙古自治区人民政府关于承接产业转移发展非资源型产业构建多元发展多极支撑工业体系的指导意见》。力争在"十二五"期末重点培育建设 60 个主导产业突出、承接产业转移目标明确、产业规模较大、产业链条较长、产业关联度较强、协作配套水平较高的产业集群。

三是要全力推动战略性新兴产业上规模,见效益,推动传统产业新型化、高度化,继续坚持走煤炭、矿产等资源的深加工、精加工,延长产业链的道路,培育低碳工业、生态工业。利用优质煤炭资源,发展煤制天然气,走循环经济之路。

四是要继续坚持走节能环保绿色可持续的发展道路,使工业化、信息化、城镇化、生态化、现代化同步推进。

五是要发挥市场和政府双重作用,新型工业化的发展既要有统一的规划,明确工业化的发展目标方向和战略重点,并制定和实施相关的政策保障规划的实现,又要充分利用市场机制的作用,引导资金投向重点领域。

第一节

内蒙古自治区工业转型升级的宏观方向:
转变资源开发方式

内蒙古自治区的工业以资源型为主,并在积极发展非资源型工业,实现二者并重发展。那么,要实现内蒙古自治区工业进一步的发展与转型升级,首先需要改变资源型工业的发展路径,其次是开辟非资源型工业的发展路径。因此,内蒙古自治区工业的转型升级首先是转变资源的开发方式。

一、转变资源开发方式的重要意义

内蒙古自治区工业依托本地丰富的资源而发展壮大,在未来的发展中,充分利用自然资源仍然十分重要,因此,资源开发方式转变是工业转型升级的重中之重。西部大开发战略实施以来,我国自然资源富集地区,通过深化改革,扩大开放,经济实力明显增强,基础设施有了较大的改善,人民生活水平普遍提高。当前西部资源富集地区进入新的发展阶段,通过大规模地开发利用自然资源推动经济增长的时代已经过去,要实现新的飞跃,需要切实推进资源开发方式转变,走低碳、绿色、可持续的科学发展之路。

资源富庶而不美丽、经济增长快而不富裕,是资源富集区较为普遍的问题。究其原因主要在于长期采取要素投入驱动型的经济增长方式,即主要依靠增大投资开采和冶炼煤炭、金属矿产等地下资源实现经济增长。而资源利用方式又以"高投入、高排放、高污染"为特征,重速度轻效益、重数量增长轻结构调整、重资源开发轻科技创新、重经济效应轻社会效应、重资源开发轻环境保护、重 GDP 增长轻民生改善。这种开发方式不仅造成自然资源的严重浪费、能源和交通运输的巨大压力,还使得环境问题越来越突出,土壤污染或荒漠化、大气污染、水系受损等,使得本来就脆弱的生态环境更加不堪重负。当前,走低碳、绿色、环保、可持续发展之路已经成为不可逆转的大趋势。传统的经济发展方式,不仅与这一趋势背道而驰,而且成为地区经济永续发展的严重障碍,因此,资源富集区转变经济发展方式,是重要而紧迫的任务。

二、转变资源开发方式的途径

源富集区转变发展方式,最关键的是要转变资源开发方式。转变资源开发方式是内蒙古自治区实现可持续发展的必然要求,也是落实科学发展观,实现富民强区的现实选择。实现资源开发方式转变既要从总体上对区域经济进行统筹和规划,又要在微观上抓好落实。

(一)多管齐下推动资源开发方式转变

转变资源开发方式,要切实走科学开发、合理利用、深度加工的发展道路,由一次性开发自然资源向循环开发利用转变;由生产销售原材料和初级产品为主向深加工、精加工产品转变;由主要依赖资源型产业向更加注重开发非资源型产业、实现产业多元化转变。实现上述转变不能完全依靠市场机制,要应用法律的、行政的、经济的多种手段,调控与管制并举,多管齐下推进资源开发方式的转变。

第一,要在对自然资源进行普查摸底的基础上,分类进行规划,明确哪些资源可以有计划地开发,哪些不能开发,哪些限制开发,哪些渐次开发。进一步明确国家和地方各级政府在资源开发方面的审批和管理权限及范围、资源种类、数量甚至地域。对于战略性资源的开发,要由国家统管。资源开发规划和审批、管理权限的确定和变更都要通过立法程序,不能随意改变。同时要强化法律监督,建立健全科学、合理、有效地开发利用资源的执法和监督机制。

第二,根据资源的不同特点,制定可开发利用的规模、技术和生态保护标准;进一步完善资源税法(包括绝对税费和级差税费),尽快开征碳税,以限制企业大量使用高碳能源,推动节能减排,鼓励发展新能源等低碳产业。

第三,制定和实行国家产业政策和直接管制的政策。将资源开发利用纳入国家产业政策规定的产业发展序列中。凡是国家产业政策支持和鼓励的要积极开发,国家产业政策限制或淘汰的必须限制开发或杜绝开发,政策要向资源深度加工利用型产业倾斜。对于资源型产业的发展,国家可以采用直接管制的政策。直接管制政策通常是指政府针对公共生产部门和某些具体产业而制定和实施的带有分类指导性质的具体规范和制约措施。政府机构借助于法律赋予的权限,通过许可或认可等手段,对公共生产部门和资源型产业实行直接管制政策是发达国家经常采取的做法。

直接管制可以从以下方面进行：一是进入限制。根据产业发展的状况，必要时可以限制新企业的进入，或者对进入企业规定更高的进入条件，如在投资数量、环境保护等方面提出更高的要求，防止因某种资源的过度开发而引起资源浪费、价格波动和过度竞争。二是价格限制。对资源价格水平进行规范和制约，必要时进行价格干预。从资源有效配置和维护消费者权益出发，对资源型产品，特别是煤、电、油，以及其他重要矿产品的价格体系和价格水平进行规范和制约。三是技术限制。包括设备限制和资源循环利用技术限制，如规定开发资源的生产设备的性能标准、循环利用资源及废弃物处理的技术要求。四是基础设施和服务条件限制。对新开发资源的项目区要提出基础设施和服务应达到的最低标准要求。

资源富集区转变经济发展方式，要坚持科学规划、合理布局和"上大、压小、引新"的发展战略，杜绝重复建设。

资源富集是相对的，重复建设、盲目开发、乱采乱开，资源就会加快耗竭，富集会变成贫瘠。因此，资源开发要科学规划，项目建设要合理布局，杜绝重复建设。为此要坚持走"上大、压小、引新"的发展思路和生态优先的原则，不断提升产业层次和环境质量。"上大"就是着力培育和发展大项目、大企业、大集团，走大产业的发展路子。"压小"就是严格按照国家产业政策的要求，坚决淘汰高耗能、高污染、低水平的小煤矿、小电厂、小水泥厂、小电石厂、小焦炭厂等落后生产能力。"引新"就是立足高起点，加大技术创新、技术引进力度，使新上项目的技术和装备水平努力达到国际国内同行业先进水平。生态优先就是在确定某种资源能否开发时，优先考虑对生态环境的影响，优先采取保护生态环境的措施；在没有把握保障生态安全时，宁可不开发或者推迟开发，决不能再走先开发后治理的老路。

（二）对资源进行深加工，做足延伸产业链这篇大文章

转变资源开发方式要求由片面追求经济发展速度和经济总量指标的外延型开发向外延、内涵并举开发转变；由主要追求经济效益向追求经济、社会、生态全面协调发展的综合效应转变；由主要开发地下资源向综合开发利用地下、地面和气候等多种资源转变；转变资源开发方式不仅要改变资源开采方式，更重要的在于科学合理利用资源，延长产业链。矿产资源（包括煤炭）中一般都含有多种元素，有多种用途。延伸矿产资源产业链，不仅能够使资源得到充分利用，将宝贵的资源"吃干榨净"，减少浪费和污染，缓解运力紧张状况，而且通过产品深加工、精加工，能够有效提升产品层次，增加附加值，使资源优势真正转换成为经济优势、竞争优势。以内

蒙古自治区鄂尔多斯市煤炭资源为例,如果延伸开发,可以形成多种产业链条:如煤—电—铝—水泥、砖等建筑材料;煤—天然气或汽油—烯烃粒料(PP、PE)—硫黄和其他高分子产品—食品级干冰、石膏装饰板、灰渣水泥、粉煤灰建筑材料等多种链条。

(三)综合利用多种资源,重点开发非资源型产业

资源有可再生和不可再生之分,资源开发不能只是在矿产资源上做文章。西部地区农林牧草等可再生资源以及太阳能、风能、沙漠等自然资源丰富,开发潜力巨大:其一,充分利用丰富的农林牧资源,开发绿色食品,发展农副产品加工业,建设绿色农产品加工输出基地,以适应人们消费需求的变化。其二,开发沙漠资源,发展沙草产业。内蒙古自治区是全国防沙治沙重点区域,境内分布有巴丹吉林、腾格里、乌兰布和、库布齐、巴音温都尔五大沙漠和毛乌素、浑善达克、科尔沁、呼伦贝尔、乌珠穆沁五大沙地。据第三次荒漠化监测结果显示,到 2009 年,内蒙古自治区的荒漠化土地约占全区总土地面积的 52.6%,发展沙草产业的前景广阔,潜力巨大。沙草产业既能够治理沙漠,防止沙化,使沙海变绿洲,又能够为当地居民开辟新的增收渠道。其三,开发太阳能、风能资源,大力发展新能源。越来越多地利用来自大自然的风能、太阳能以及可再生的生物质能等绿色新源,取代碳基黑色能源是低碳社会的必然要求和重要标志。西部属于风能、太阳能富集区,发展新能源具有独特优势。其四,内蒙古自治区地域辽阔,各地的优势和特色分明,要根据各地的实际,有选择地发展文化、信息、物流服务、生物医药、旅游业等非资源型产业,工业基础较好的地区,要积极发展新兴装备制造业。资源富集区要通过产业结构的调整、延伸和多元化发展实现转型升级,推动发展方式转变。

(四)体现"五位一体"的要求,着重处理好几个关系

经济、政治、文化、社会和生态"五位一体"建设社会主义,是确保我国实现全面建成小康社会目标的强有力保障。生态文明作为一种新的文明形态,是对以耗费大量自然资源和造成环境严重污染的工业文明的超越,建设生态文明对资源富集区是一个巨大的挑战。"五位一体"建设的新布局强调均衡、可持续和以人为本的发展,要求"从源头上扭转生态环境恶化趋势,为人民创造良好生产生活环境",这是落实科学发展观的具体体现。只有不断推进生态文明建设,着力绿色发展、循环发展、低碳发展,为人民创造良好生产生活环境,才会更加顺利地推进和谐社会建设。我国发展中存在的高耗能、高污染、高成本问题,需要通过加快发展方式转变

和生态文明建设来解决,只有实现生产方式和生活方式的根本变革,才能从根本上解决三高的问题。按照"五位一体"的要求建设社会主义,在资源开发方式的转变过程中,就必须处理好以下几个关系:

一是市场与政府的关系。转变资源开发方式既要加强政府宏观管理和调控,避免资源开发中的盲目性、自发性和过度竞争,引导企业合理开发、科学开发,把重点转向延伸产业链和发展非资源性产业上来,又要发挥企业市场主体的作用,鼓励和支持企业整合重组,提高规模经济效益,进行技术创新,提高竞争力。要形成政府与市场互补、互动的良性关系,培育多元性市场主体,建立能够支撑起西部资源富集区经济又好又快且能够持续发展的基本动力机制。

二是开发与保护的关系。在符合国家发展战略和各项政策法规的前提下,合理开发利用自然资源,既是资源富集区自身发展的需要,也是整个国民经济发展的需要。但是开发地下资源,必然要影响到生态环境。能否坚持生态环境优先的原则,就成为一个突出的问题。

自然环境、自然资源内在地作用于生产过程,是经济发展本身必需的、内在的力量。任何自然资源都是在特定的环境、地质地理状态下,经过自然力长期作用而形成的,它本身构成自然的一部分,同时与自然环境相互作用,共同构成生态系统。自然物质在没有被利用之前,不具有抽象的、无差别的人类劳动凝结的属性,但它们具有巨大无比的使用价值,任何一种资源被破坏,不仅自身使用价值受损害,而且周围环境中其他各种使用价值都要受损害,包括空气、水源等。如果自然资源、自然环境被破坏,就会直接或间接地影响有形商品的使用价值和价值的构成,人们维持正常的生产和生活就要付出更大的代价。因此,环境是生产力,保护生态环境就是保护生产力。自然环境、自然资源是有价的,破坏要付出代价,利用要支付成本,保护它则能够增加社会财富和社会价值。在开发中保护资源和环境,要保护和培育可再生资源的再生性,不可掠夺性开发,更不能"绝根性"开发;对不可再生的资源,要保护性开发,渐次开发,分阶段开发,不能只顾现在不管将来;对已经开发出来的资源要保护好、利用好,避免浪费、损耗;对开发区域及周边的草原、土地、河流水质、大气等资源和环境要进行保护和修复。要通过建立资源开发生态补偿机制和多种补偿基金,保障生态资金投入数量和使用效益。

开发新兴的替代产业,是保护生态环境的重要途径。当前最主要的是发展符合低碳经济要求的无重量经济、绿色经济、循环经济,形成低碳资源型产业和非资源型产业群。低碳资源型产业是指以开发利用自然资源为基础的低耗能、低排放、低污染产业,也就是与资源利用高能耗、高排放、高污染产业相反的产业。低碳非资源型产业群则是指不以消耗自然资源为主的低耗能、低排放、低污染（甚至无污染）的产业，如沙草产业、新能源产业、生物医药产业、文化旅游产业、绿色农牧业、新兴装备制造业等。这些产业的发展，既需要创新技术和产品，重构生产组织体系，也需要进行制度创新，观念更新，特别是要转变人类生存发展的传统方式。

三是政府、开发商和原住地居民之间的利益关系。在开发自然资源的过程中，涉及政府、开发商和原住地居民之间的利益调整问题。内蒙古自治区的矿产资源大多分布在草场、沙地和戈壁滩上，改革开放以后，原住地居民依据国家的法律政策，通过承包取得了对草原、沙地、戈壁滩等的长期使用权。20世纪90年代以来，不少地方政府为了促进地方经济发展，开始实施招商引资政策，大力开发地下地上资源，并收取资源费、土地使用费和其他费用，原住地居民承包的草场、沙地和戈壁滩等被占用和开发。在经济利益的驱动下，滥采、乱挖行为，对当地居民的生产生活和生存环境造成了巨大的影响，而他们只能获得少量的补偿。

在资源开发过程中出现的国家法律与地方发展政策不一致、政府利益和当地居民利益的不一致，国家、当地政府、外来开发者和原住地居民的利益矛盾，特别是原住地居民利益受到侵害以及自然资源开发引起生态环境破坏的问题等，与采取不当的资源开发方式有直接的关系。

转变资源开发方式，统筹各方利益，实现共生共赢，关系到经济能否持续协调发展和地区的社会和谐稳定。统筹资源开发利益，建立利益共享机制是十分重要而紧迫的。

资源开发利益共享是指资源开发成果使投资者和资源所在地绝大多数社会成员都能够共享，使项目所在地的政治、经济、生活水平全面的提升。资源开发利益共享涉及国家、当地政府、外来开发者和原住地居民的产权、收益分享权和利益补偿等问题。要通过建立一种有效的资源开发管理机制和公平的利益分配方式，使各方面的利益主体在资源合作开发中都能够共生共赢，避免过分地向某一利益主体倾斜而损害其他主体利益的行为。

建立资源开发利益共享机制，一是要完善有关的法律法规和政策，进一步明确涉及的资源开发各主体的权益和责任，同时要加大法律监督，既要保障各方面的合法权利，又必须使其真正承担起应有的责任。二是完善区域经济合作的政策法规和实施细则，实现区域发展政策的法律化，以法规保障资源开发的利益共享。在资源开发过程中，如何体现地方利益，如何保障原住地居民的生产和生活，如何对生态环境进行补偿，这些都需要从实际出发，制定实施细则，以作为法律的补充。三是以国家引导和区域互利互惠为原则，完善财政转移支付制度。包括完善国家财政转移支付和区域财政转移支付制度。资源受益地要向资源输出地提供一定的资源可持续发展基金,如水资源、电力资源、矿产资源等受益地向资源输出地实行财政性的转移支付。四是各级政府要增加对资源开发区域的公共设施投资,建设好资源开发的硬环境,保障公共产品的供给。五是切实采取有效的措施,保障原住地居民的利益,使他们有长期的生产门路和生活保障,真正能够成为资源开发的持续受益者。

第二节
实现内蒙古自治区工业转型升级的微观举措

为了提升工业经济总体发展水平,实现内蒙古自治区工业的转型升级,实现工业发展方式的转变,需要从以下几个具体方面实施改革,以提高资源精深加工比重,加快推进工业向资源节约型和环境友好型转型升级,全面优化产业结构、产品结构、布局结构。

一、改造提升传统优势特色产业与培育新兴产业相结合

要坚持用先进、适用的技术改造提升内蒙古自治区传统产业,实现传统产业新型化。煤炭工业、电力工业、冶金业、钢铁业等传统产业要紧紧围绕绿色、安全、高效发展等目标,实现规模化、集约化、机械化、信息化发展,延伸产业链,提高资源精深加工度,提高产业附加值,构建现代产业发展新体系。

同时,还要处理好改造提升传统优势特色产业和大力培育战略性新兴产业的关系,在用高新技术改造提升传统优势特色产业的同时,还要大力培育和发展战略性新兴产业,实现新兴产业规模化。即要做大做强战略性新兴产业,重点培育新能源、新材料工业,培育知名工业品牌。着力在延伸加工制造业、机械装备制造业、战略性新兴产业、现代生产性服务业上加大投资力度,努力构建传统产业新型化、新兴产业规模化、支柱产业多元化的产业发展新格局。

二、构建循环化产业竞争优势，提升工业经济发展质量

内蒙古自治区要坚持循环经济发展的根本战略目标，要进一步加强环境污染综合治理和淘汰落后、节能减排，建立优势特色产业与产能过剩行业更严格的准入、淘汰标准，并在此基础上，要通过技术设备升级和技术改造，积极推动循环经济发展。调整政府节能专项资金使用方向，集中用于重点共性节能减排技术推广、技术改造的奖励。注重循环利用煤、电、煤化等上游工业废弃物，以企业内部微循环、企业之间中循环推进园区之间大循环，推动清洁生产、节约生产、节能生产和低碳生产，加快清洁生产新技术的研发、推广应用。积极建设循环经济深加工产业示范工程，使内蒙古自治区工业经济向资源节约型、环境友好型、创新驱动型、质量效益型转变。

三、实施工业经济集群化和高端化发展

要合理制定特色产业链、产业群发展规划，引导产业集中、集约、集聚发展成长。加大内蒙古自治区能源基地、新型化工基地、有色金属生产加工基地和绿色农畜产品生产加工基地建设，继续延伸新型煤化工和新型盐碱化工产业链，继续延伸钢铁深加工和有色金属深加工产业链，大力扶持现代煤化工、装备制造、生物科技、电子信息等产业集群式发展，培育内蒙古自治区工业经济产业链延伸发展的配套产业体系，改善工业经济领域大、中、小企业集群化发展的制度环境，为促进内蒙古自治区工业经济规模化创造条件。要在对资源精深加工与循环利用过程中，重点培育并延长以"资源—产品—再生资源—再生产品"为特征的生态循环产业链条，保持特色产业装备领先地位，促进内蒙古自治区工业的高端化发展，提升工业经济整体素质。

四、调整优化工业结构

调整优化工业产品结构，让市场前景黯淡、不符合产业发展政策的产品彻底退出竞争领域。调整优化工业投资结构，进一步扶持工业循环产业发展。调整优化工业企业结构，大力扶持非公有制工业企业发展。调整优化工业主导产业结构，延伸发展煤、电等资源型产业的配套产业和下游产业。调整优化工业区域布局结构，

蒙西沿黄沿线工业集中区重点发展高端产业、新兴产业,蒙东地区重点扶植与当地资源禀赋相适宜的特色产业。调整优化工业产能结构,改进煤炭、冶金等工业领域普遍存在的产能过剩,不断延伸产业链条。

五、重点支持科技创新和产品创新,实现工业创新驱动

强化企业技术创新主体地位,引导企业以市场需求为导向,研究开发并投产附加值和有竞争力的新产品。鼓励企业通过原始创新、集成创新、引进消化吸收和再创新,加快核心技术和关键技术攻关以及自主创新成果产业化进程。鼓励企业以自主品牌建设带动技术创新和产品创新。加强企业技术创新服务平台建设,依托重点工业园区和大企业培育国家级和自治区级技术创新中心,充分发挥科技在节能减排、低碳经济和循环经济发展中的支撑和引领作用,实现绿色制造和高端制造。鼓励内蒙古自治区企业与国内外工业企业开展技术创新协作配套,推动企业到境外建立生产基地和研发机构,使内蒙古自治区工业企业向产业链高端提升。

六、大力扶持中小企业和民营经济

政府部门要树立和强化为中小企业和民营经济服务意识,简化办事程序,制止乱收费、乱罚款和乱摊派,减轻企业负担,为企业发展营造优良和宽松的发展环境。增加中小企业专项资金力度并充分发挥其导向作用,积极引导中小企业围绕优势特色产业进行延伸,围绕重点项目和重点企业进行协作和配套,扶持其更好地进行"专、精、特、新"和集群化发展,重点扶持培育具有地域优势和资源优势的支柱产业和龙头企业。要加快调整所有制结构调整,形成各种所有制经济相互促进,共同发展的新格局。

第四章

内蒙古自治区农畜产品加工业发展报告

　　作为我国农牧业大区，内蒙古自治区有着丰富的农牧业资源，其农畜产品加工产业在全国和自治区经济发展中都占据着重要的地位。本书在把握国内外农畜产品加工产业总体发展趋势的基础上，对内蒙古自治区农畜产品加工产业发展现状及今后产业升级的措施做出尝试性的探讨。

第一节

国内外农畜产品加工产业的发展趋势和特征

把内蒙古自治区建设成为我国绿色农畜产品生产和加工基地是中央政府对内蒙古自治区农业发展地位的定位,也是内蒙古自治区农业发展的主要目标之一。吸收和借鉴国内外农畜产品加工产业发展的经验,把握总体发展趋势,对内蒙古自治区建设农畜产品生产和加工基地有重要的启迪。

一、消费需求发展趋势对农畜产品加工产业的影响

消费者的需求趋势影响着农畜产品加工产业的产品结构、产品品质及产业链模式等加工业的发展趋势。随着居民收入提高和对生活质量要求的提高,消费者对农畜加工产品的需求呈如下趋势:

其一,由于人们越来越追求营养均衡的质量型消费,预计未来对猪肉加工产品的消费会进一步下降,相应地对牛羊肉、禽肉的消费比重将上升,奶类、蛋类的消费比重也会有较大幅度的增长;小米、莜面等粗粮加工产品的需求量也将上升。

其二,由于人们追求高品质的生活,对农畜加工产品质量安全的重视程度也会越来越高,同时对深加工的高品质农畜加工产品的需求量也会越来越大,因此符合现代生态消费、绿色消费的农畜加工产品将成为主流产品。

其三,对每种农畜加工产品的需求亚种类也将呈现多样化,比如对功能性农畜加工产品的需求。

二、农畜产品加工业及相关产业链的发展趋势

为了适应消费者的消费趋势要求,加之农畜产品加工业自身的发展规律要求,农畜产品加工业及与之相关产业链的发展趋势呈现以下 5 个主要特征:

一是农畜产品加工业产业集中度较高。较高的产业集中度也意味着每个大企

业的加工、销售和营业规模也较大,大企业也趋向于集团化和跨地区、跨国的方向发展。如美国屠宰业中,前10家最大规模的公司占全国屠宰能力的80%;同时,像瑞士雀巢、美国菲利浦—英里斯、英国—荷兰的联合利华、美国的可口可乐、德国的贝特尔斯曼等著名的在农产品加工行业规模巨大的跨国公司,2000年营业额就分别达到482.25亿美元、632.76亿美元、439.74亿美元、204.58亿美元、165.58亿美元。[①]

二是加工技术与设备科技含量较高,产品精深加工能力也较强。农产品加工业的规模化、集约化和自动化使发达国家的农产品深加工程度、副产品利用水平较高,美国的玉米深加工技术,日本的稻谷加工技术与装备,欧美的油脂精炼及副产物精细化工产品制取技术等均处于世界领先水平,具有很强的竞争力。目前发达国家农畜产品的产后加工能力达到70%以上。企业的加工技术与设备科技含量也较高。如美国FMC公司利用膜分离技术,把橙汁浓缩到60°Bx以上,既降低了能耗,又保证了产品的色、香、味,在国际上拥有着广大的消费市场。

三是产品质量标准体系、实施和监管完善,产品质量安全水平高。在加工生产中严格真正实施HACCP规范及ISO9000族系规范,遵守ISO14000系列的环境管理标准已经成为发达国家农产品加工企业的共识。世界卫生组织(World-HealthOrganization,WHO)、联合国粮农组织(The Food and Agriculture Organization of the United Nations,FAO)为食品的营养、卫生等制定的严格标准也成为发达国家农畜产品加工业的硬约束。如世界著名的快餐连锁店麦当劳曾经制定和完善了1000多项企业标准。

四是发达国家农畜产品的产、加、销一体化水平高。加工企业与原料生产供应者保持稳定长期的合同契约关系。原料生产者按着加工企业的合同质量要求进行生产,加工企业按合同约定的协议进行收购。

五是相关及支持性产业发展水平较高,专业化社会分工越来越细,产业呈现地区集群式发展。比如乳业发达的荷兰,其拥有十分健全而发达的商业化网络服务机构向奶农提供各种服务,包括奶牛育种、奶牛繁殖技术服务、兽医服务、饲养技术指导服务、饲料等,从而为加工企业提供优质的原料奶。在国内乳业中,光明乳业就以集团化的组织形式,提供了如种植业、畜牧业、检测、保鲜、消毒、包装、流通等相关产业的专业化服务。加工业、相关及支持性产业在一个地区的规模化、专业化发展就会形成产业集群。我国山东寿光蔬菜产业集群就是一个典型的以蔬菜生产

---

①张润清.江汉平原农产品加工业发展战略研究.华中农业大学博士论文,2005.

和加工为主导农业产业集群。寿光凭借其良好的区位、市场、技术创新及政府支持等优越的条件,以蔬菜产业为龙头,带动了良种产业、食品加工业、物流产业等多个产业的发展;促进了上游的化肥、农药等生产资料市场,形成了以蔬菜为吸聚产业的产业集群。

第一节

内蒙古自治区农畜产品加工产业发展的总体形势判断

内蒙古自治区农畜产品加工业起步早,基础好,在数量和质量上都具有一定的优势,产品在国内外具有一定的知名度。适应社会消费需求层次不断提高的需要,充分利用自身基础和优势,走绿色发展之路,内蒙古自治区农畜产品加工业将迎来新的发展机遇期。

一、内蒙古自治区农畜产品加工产业的发展基础

内蒙古发展农畜产品加工产业具有得天独厚的自然条件、"草原生态品牌"的整体声誉以及多年形成的加工能力和经验积累。

(一)加工原料的数量基础

农畜产品加工产业是以农畜产品为加工原料,丰富的农牧业资源和农畜产品的数量是保障农畜产品加工产业持续发展的基础。内蒙古自治区农畜产品的数量为内蒙古自治区农畜产品加工产业的发展奠定了足够的原料基础。目前内蒙古自治区具备了年产500亿斤粮食、250万吨肉类、900万吨牛奶、12万吨绒毛、50万吨禽蛋和10万吨水产品的综合生产能力。"十一五"期间内蒙古自治区奶牛存栏、人均占有鲜奶量均居全国首位;牛奶、羊肉、细羊毛、山羊绒等主要农畜产品产量均居全国第一位,产量分别占到全国的25%、16%、36%、43%。

(二)加工原料的"草原生态品牌"质量优势

内蒙古自治区独特的自然禀赋和工业发展状况使内蒙古自治区农畜产品具备

了"草原生态品牌"的整体声誉。内蒙古自治区排污工业相对较少,大气、水源、土壤等要素构成的生态环境和资源被污染和破坏程度较轻。加之四季气候多样、日照充足,内蒙古自治区的光、热资源丰富,冬暖夏凉,夏季昼夜温差大;动、植物种类繁多;夏季作物生育期短,病虫害相对较少,农药污染较轻,这些独特的气候、生物环境资源有利于发展无公害、生态型绿色农畜产品的生产。无污染的天然草原资源和特定的气候使得内蒙古自治区的羊肉肉质鲜美。

(三)农畜产品加工产业自身的品牌优势

产业存量是产业优化升级的基础,内蒙古自治区农畜产品加工产业目前的产业存量为内蒙古自治区农畜产品加工产业的产业升级打下了良好的存量基础。目前内蒙古自治区拥有国家级农业产业化重点龙头企业29家,33个农畜产品加工品牌被认定为中国驰名商标。并且许多企业的产品都获得了有机、绿色食品认证资格,认证资格获得范围几乎包含了内蒙古自治区的主要农副产品,如乳制品、面粉、食用油、牛羊肉等。截至2011年,内蒙古自治区经中国绿色食品发展中心认证的绿色食品生产企业达145家,有效使用绿色食品标志的产品有353个,认证产品规模达到226.86万吨,年销售额实现77.58亿元。经农业部中绿华夏有机食品认证中心认证审核的有机食品企业75家,产品432个,总产量实现46.47万吨,年销售额完成22.3亿元。①

部分农畜产品加工企业品牌在全国、区内甚至国外产生了独特的生态草原品牌效应。像乳制品行业中的两大乳品企业伊利和蒙牛;畜肉加工业的小肥羊肉业集团和科尔沁牛业;粮油业中的包头市呱呱叫食业集团和恒丰面粉集团,食用油中的红井源;羊绒加工产业中的鄂尔多斯、鹿王等。比如安全优质的"草原品牌"科尔沁牛肉已经得到了国内外供应商和消费者的认可。科尔沁牛业公司现已获得多项国际贸易认可和国家级有关认证,包括俄罗斯、中东地区伊斯兰国家、印度尼西亚、马来西亚和中国香港等的出口权;并由中国绿色食品发展中心颁发了绿色食品证书及被伊斯兰协会注册为清真食品;2010年8月,公司肉牛养殖及牛肉产品加工通过中国质量认证中心审核,成为中国首家有机牛肉认证企业。2003年,公司"牛肉冷鲜肉"在中国肉博会上被评为最受消费者喜爱的产品;2005年"科尔沁牌牛肉"荣获第三届中国国际农产品交易会畅销产品奖;2008年,公司被指定为北京奥

---

① 内蒙古农牧业信息网,2012-9-25.

运会供应商;2010 年公司被指定为第十六届广州亚运会供应商。[①]

单个企业的品牌声誉不仅给品牌企业自身今后的跨地区经营与兼并带来了竞争力、影响力与知名度基础,也为其他新兴内蒙古自治区产地品牌打下了内蒙古农畜加工产品具有"整体绿色生态品牌"特征的"同一生态圈"意义上的消费者认知与认可基础。

(四)农畜产品加工产业目前自身的加工能力优势

截至 2012 年,全区销售收入 500 万元以上农畜产品加工企业达到 1849 家,实现销售收入 3017 亿元,实现增加值 908.4 亿元;有 212.6 万户农牧民进入产业化经营链条,占全区农牧户总数的 59%以上。国家级农牧业产业化重点龙头企业 38家,自治区级 403 家,产业化龙头企业上市公司有 9 家。全区形成年加工转化粮油1400 万吨、牛奶 880 万吨、肉类 150 万吨、羊绒 2 万多吨、马铃薯 360 万吨的生产能力,农畜产品加工率达 54.8%。

二、内蒙古自治区农畜产品加工产业存在的主要问题

尽管内蒙古自治区在发展农畜产品加工产业方面具有上述优势,但也存在以下诸多问题,需要在发展中解决。

一是产业集中度较低,企业品牌和内蒙古整体产地生态品牌的规模效应并未得到完全实现。内蒙古农畜产品加工业中除了乳品和禽肉加工外,其他如羊肉牛肉屠宰加工业、面粉、食用油、马铃薯加工业等几乎都表现为进入过度的非有效同业竞争结构。就内蒙古羊绒加工业而言,生产加工企业就超过 600 多家,规模较大的知名企业也达十几家。鄂尔多斯、鹿王、盘古、维信、东达、雪原、萨日郎、戎王等八家企业的生产能力仅占到内蒙古自治区整体生产能力的 40%左右,属于原子型过度竞争市场。加工业的小企业过多,产业集中低,品牌企业的市场份额较低,不能实现规模效应,导致品牌企业的产品生产成本和价格较高,竞争优势不明显,品牌企业的规模效应远未实现,从而抑制了供给者的获利及纵向扩张和质量控制能力,不利于优质供给者的成长。内蒙古自治区牛、羊肉产业就面临着大型屠宰加工企业开工严重不足,产品价高销售不畅;而个体屠宰户的牛羊肉以价低、质低、安全性差,产品"符合"居民消费习惯而畅销的尴尬境地;具体地讲,科尔沁牛业集团就

---

①科尔沁牛业网站。

处于品牌知名度高而市场占有份额低的不利局面。

二是加工企业与原料生产者之间的关系松散,未实现真正的产业化经营,即产业化真实水平低。内蒙古自治区农畜加工企业与原料供应者之间的关系表现为两个极端,一个极端是纯粹的一体化关系(且这种关系所提供的原料比例较低),即加工企业通过入资、参股、承租等方式把原料生产纳入加工企业的"生产车间",如伊利和蒙牛"示范型"大型牧场的建设,恒丰集团承租委托经营的小麦生产基地等。另一个极端是二者表现为简单的"市场型"原料买卖关系,二者的原料买卖行为是典型的一次性博弈,未形成长期、共生的关系性契约,二者没有法律意义上的合同契约关系,加工企业对原料生产者的种养行为没有约束力,并几乎对原料生产者不提供任何相关技术服务。而有效关系,即长期、共生的关系性契约,两个极端中间的准一体化关系,也还未形成。

三是加工产业链各环节发展不均衡,加工企业相对较强,而原料生产、相关及支持性产业相对较弱。总体来讲,在加工产业链各环节中,加工企业在厂商规模、技术水平、组织管理结构等方面都处于相对强势地位,而上游原料生产基地建设及相关服务产业处于相对滞后的状态,在乳制品、牛羊肉等主导加工产业链上表现得更加强烈。具体来说,主要包括包装业、奶牛养殖技术等相关产业发展相对滞后是内蒙古自治区乳制品进一步提升国际竞争力的最大障碍;由于舍养、半舍养将成为肉羊和肉牛的主要饲养方式,因此对适合舍养的品种繁育和饲料开发将是内蒙古肉羊和肉牛加工相关产业的重点;在种植业中,产前和产中的相关服务都比较落后或者缺乏,只有马铃薯种薯是当地培育的种薯,其他(如玉米)都没有进行针对内蒙古自治区环境特点的区域化改良和培育。在其他地区已经实施的测土配方施肥技术在内蒙古自治区还很少被利用,其他技术服务如病虫害处理、农药的科学施用更是较为缺乏。

四是农畜产品加工业自主创新能力不强、产品供给结构不合理。品牌企业间的产品种类相同,同质化现象严重,并且缺乏符合消费者消费意愿的产品种类和产品品质层次。在乳品行业中,两大乳品加工企业就存在明显的产品同质化过度竞争现象,同时二者乳制品的产品结构也不尽合理,国际乳制品产品结构正朝着奶酪等干乳制品占主导的趋势发展,但内蒙古自治区目前干乳制品所占的比重过低,而液态乳制品的比重过大,而在液态乳制品中营养保留较好的低温消毒巴氏奶又占较少的比例,两大乳品企业70%以上原料奶都用于加工液态乳制品。另外,两大企业缺少具有绿色食品认证标识的乳制品供给。同时由于两大乳品企业自主创新能力不强,导致与国外乳业发达国家同品质的高端婴幼儿奶粉有效供给不足,进而致使两大企业的婴幼儿奶粉市场占有份额较低。同时由于奶酪等干乳制品的供给不足导致我国每年需要大量进口乳清粉。在牛羊肉屠宰加工产业中，缺少经过排酸等科学处理后营养保护较好、品质较高，又符合消费者消费习惯的冷鲜肉，目前品牌企业几乎都生产同质的冷冻分割肉。马铃薯加工业也缺少具有品牌标识的初级加工产品。

另外，大型屠宰加工企业的地区布局也不合理，内蒙古自治区西部地区锡林郭勒盟、乌兰察布市和"呼包"二市至今还没有现代化的肉牛屠宰加工企业。

五是产品质量安全标准、检测和监管滞后。内蒙古自治区无论是在种植业（如农药使用）、养殖业（抗生素等兽药使用）还是加工业（卫生条件、食品添加剂的使用）都缺乏统一、科学的生产、加工条件及技术标准，进而导致终端产品缺乏科学的、统一的质量安全标准。同时，检测技术和水平也较低。另外，政府对农畜产品质量安全的监管也缺乏实效性。政府对某一农业产业发展的推动更热衷于对龙头企业、某一项目等具体生产性活动进行支持，而对这一产业整体的规范性、强制性管理投入欠缺，如牛羊肉屠宰加工业。现有政府监管方式过分依赖"运动式"和"事后性"，缺乏日常化的、含食品安全技术服务的、对生产过程即事前的可持续治理手段，造成食品安全监管过程中出现"食品安全事件泛滥—打击—缓解—再泛滥—再打击"的现象。

第三节

内蒙古自治区农畜产品加工产业调整突破的总体思路及宏观对策

农畜产品加工是内蒙古自治区的传统优势特色产业，党的十八大以后，内蒙古自治区政府提出加快建设国家绿色农畜产品生产、加工和输出基地的发展思路，明确了下一步发展的思路和方向。

一、总体思路

充分发挥内蒙古自治区农业资源和产业存量优势，以提升、扩大和培育品牌加工企业为突破口,以建设规模化、标准化、循环生态化生产基地为基础,以改善政府产业作用、为加工企业创造一个能显现产品质量信息的良好竞争秩序的产业发展环境为条件;以改进产品供给结构、使产品结构符合消费者需求意愿为导向,以改善加工业与原料生产者的利益关系进而形成"种、养、加"准一体化的产业链关系为核心,来实现内蒙古自治区农畜加工产品的标准化、安全化、生态化和高端化,把内蒙古自治区建设成具有"整体产地绿色品牌"声誉的我国重要的绿色农畜产品生产和加工和输出基地。

二、内蒙古自治区发展农畜产品加工产业的宏观对策

农畜产品加工产业作为内蒙古自治区的传统优势特色产业,要走新型的发展道路,实现标准化、安全化、生态化和高端化的目标,需要政府制定和实施有效的政策和措施来推动。

一是改善政府职能,强化政府提供公共产品的职能。政府以往把大部分资源用于对某一具体项目、某一龙头企业等具体生产性活动进行支持,而对着力提高整个农畜产品加工业的整体竞争力的公共产品提供的却偏少。政府应采取项目支持与公共产品提供并举的方式为加工业发展提供一个良好的基础性产业发展环境。其中主要包括:完善农畜产品种、养和加工质量生产和标准体系。根据国内外有关农产品加工基本标准,如食品质量标准、绿色食品标准、ISO9000等有关环保、质量、安全与卫生管理要求,从产前、产中和产后全过程制定完善的符合国际惯例的、科学可行的农产品生产和加工质量标准体系和技术操作规程;提供与农产品加工业相关的基础设施建设,主要包括卫生防疫与检测、市场信息网络、科学研究等设施建设的投入;政府也要提高检测机构的检测技术、水平和检测频率,以及违规的惩罚力度,以提高监管的实效性,保障产品质量信息的可信性和权威性;政府应加大支持科研机构通过产业化方式提供节水、节肥、节药、良种等基础性技术服务。

二是培育专业大户、家庭农场、农民合作社等新型农牧业生产经营主体,提高农牧民组织化程度。土地规模经营和农牧民合作组织的建立是农牧业技术研发、推广,农牧业生产标准化和循环生态化,以及加工业产业化的组织基础。因此,必须通过政府的引导和支持,以及企业的推动来建立新型农牧业生产经营主体和农牧民合作组织。

三是推进农牧业产业化真实水平,使加工企业与农牧民形成长期稳定的利益共享关系。推进农牧业产业化水平有其宏观的市场环境要求,即要求为加工企业

创造一个能显现其产品质量信息的良好竞争秩序的产业发展环境。在这样的市场条件下，加工企业用激励机制把在销售市场获得的更多收益分享给原料提供者农牧民，从而与农牧民形成长期稳定的共生关系。

四是改善加工企业的同业竞争环境，鼓励品牌企业进行产品和加工技术的自主创新及跨地区经营，进而实现品牌的规模效应。改善同业竞争环境主要有两种方式：一种方式是政府通过加强检验检疫工作、加工卫生条件要求、强制性行业要求及食品质量安全宣传来设置进入壁垒以抑制过度进入；另一种方式是较大的屠宰、加工企业通过产品结构改变和产品质量升级，比如肉牛屠宰加工企业可以从生产冷冻肉改变为生产符合居民消费习惯和品质得到更好保护的冷鲜肉，创立具有品牌的活牛屠宰企业，提供具有商标、品牌的质量标识型鲜牛肉；鼓励具有一定规模和区域知名度的加工企业通过当地和跨地区兼并扩张等方式来实现产业集中。

五是通过加工、研发和生产一体化的方式来推进相关及支持性产业的发展。具体主要有下面两种方式：政府可以支持和鼓励科研推广机构和生产企业通过相关服务供给产业化的方式来实现；也可以通过加工龙头企业带动的方式，即采取"加工龙头企业＋科研推广机构＋农户专业合作组织＋农户"的方式来实现相关技术研发和推广应用。

第四节

内蒙古自治区主要农畜加工业调整突破的具体对策建议

内蒙古自治区要建设成为国家重要的绿色农畜产品生产、加工和输出基地，不仅要有宏观上的规划设计、政策扶持等，还需要根据不同类型加工业的特点，采取一些具体的措施对策，以促进其发展。

一、乳品加工业

内蒙古自治区乳业在规模和市场份额上已处于全国首位，产业化程度比较高。仅仅在整体奶源地建设和高端产品的开发上与国内，如北京、上海，以及国外发达国家有一定的差距。内蒙古自治区乳业想要继续高速前进，就必须向全产业链的生态、循环经济转变。奶牛养殖规模化已慢慢在内蒙古自治区成为主导,在质量标准及检测体系完善的条件下,牛奶优质优价完全可以实现,因此要实现乳业的循环经济转变,乳业发展的支点应该由单一大型加工企业向以加工和养殖两个环节,特别是养殖环节转变。加工企业重点在于加工环节,像实现加工的低温处理、加工用水的循环利用、终水的净化处理、实现包装的可降解和循环使用等方面实现企业的循环经济。养殖环节应该实现"种养"结合,"养加科"结合。小规模散养阶段可以在家庭的内部实现低水平的种养结合,农户将奶牛的粪便经过简单处理投放到饲料玉米种植中。养殖形成规模化后种植和养殖相分离,需要养殖企业或养殖合作社在更高一层把二者结合起来。即养殖企业通过与周边各个农户签订种植优质饲料的合同,把排泄的粪便经过科学化加工处理,成为有机肥出售给种植户用于饲料的种植,同时养殖企业在病虫害防治等其他种植环节也应该给予无公害的技术服务,来实现种养的生态一体化。现阶段制约内蒙古自治区乳业发展的唯一障碍是各种专业化奶牛养殖缺少技术服务。因此,养殖企业还必须与添加剂生产企业、精饲料加工企业及育种公司、兽药研发企业等科研机构合作进行产业化生产、服务,来为养殖企业提供安全、绿色的投入品和服务。在政府、养殖企业和乳制品加工企业的合作和积极投资下,尽快形成完善的社会化奶牛养殖服务体系。

二、肉牛加工业

内蒙古自治区牛肉产业链的产业化程度还是比较低。70%以上的牛肉是通过单纯的市场交易来实现的,即农户不规范散养—小商贩收购—个体屠宰户屠宰销售到农贸市场,以这种产业链方式在内蒙古自治区占据主导。这种产业链方式会导致病害肉、注水肉、劣质肉频频上市。与此同时,内蒙古自治区牛肉产业的大型屠宰加工企业开工严重不足,价格比较高,导致人们很少去购买。而那些个体屠宰户虽然生产的牛肉质量不过关,但是以价格低的优势获得了人们的青睐。大型屠宰加工企业的地区分布也不合理,内蒙古西部地区"锡盟"、"呼包"二市和乌兰察布市至今还没有现代化的肉牛屠宰加工企业。由于屠宰加工是肉牛产业链的重要环节,因此内蒙古自治区牛肉产业升级需要屠宰加工企业的引领和带动。鼓励大型屠宰加工企业通过产品结构的改变,从原来的生产冷冻肉,转变为生产符合人们消费习惯,并且品质能得到更好保护的冷鲜肉。创立具有品牌效应的活牛屠宰企业,提供具有品牌、商标的质量标识型鲜牛肉;进行跨地区兼并来增大市场份额进而获得规模效应,同时降低成本和价格等横向策略来占有市场份额。因为肉牛养殖对土地和资金等资源的标准比较高,所以大型的肉牛养殖场不可能占据主导地位。因此,大型屠宰加工企业就要组建以饲料生产、肉牛饲养技术、良种繁育等涵盖产前和产中关键环节为一体的企业集团,进而采取纵向联合的"超市场"契约,再通过养殖环节的"投入控制",实现在上游控制质量安全。具体可以采用"公司集团+农牧民专业组织+专业养殖户"的组织形式实现。

三、肉羊加工业

内蒙古自治区羊肉产业链的产业化程度同样比较低,60%以上的羊肉是通过单纯的市场交易来进行的,鲜羊肉几乎全部是由个体屠宰户通过专卖肉铺、农贸市场销售给消费者的,难以保证质量安全。大中型屠宰加工企业产品的结构雷同,仅仅生产冷冻肉片和分割冷冻肉,几乎不进行鲜肉生产和熟食品深加工。同时大中型屠宰加工企业都面临着开工不足的困境,例如位于和林格尔县的蒙羊公司就面临如此问题。因此,内蒙古自治区应该鼓励形成具有自己品牌的活羊屠宰企业,提供具有品牌、商标等质量标识的鲜羊肉。政府可以通过强制性市场准入制度,鼓励具有一定规模的屠宰加工企业增加屠宰量,创造规模效应,创立属于自己的鲜羊肉品牌,其他大型屠宰加工企业也可以顺应市场的需求,大规模进行品牌鲜肉的生产,在此基础上再考虑对适当比例的产品进行深加工。目前屠宰市场或者是屠宰场代屠宰,或者是个体户私自屠宰,造成屠宰鲜肉市场没有自己品牌,只是用简单的地名来标示鲜肉产品,如"锡林郭勒盟羊肉"。政府可以通过鼓励屠宰企业之间的兼并、鲜肉产品质量安全知识宣传、质量标准体系建立等手段促成区域屠宰企业品牌形成,然后再进行跨地区的扩张。由于肉羊养殖的复杂性,并且所需土地等资源相当多,所以家庭专业户养殖是肉羊养殖的主导。因此需要屠宰、加工企业的牵动,从而建立中等程度一体化的"屠宰、加工企业+科研机构+基地+农牧户专业组织(协会)+农牧户"纵向产业组织形式来实现羊肉的产业化品牌战略。

四、羊绒加工业

在内蒙古自治区羊绒产业发展中,羊绒制品生产能力远远超过羊绒资源供给能力,而且企业数目众多,具有规模经济的企业却很少,所以应当鼓励大型企业整合中小企业,从而提升企业内部的专业化和效率,使优质资源向有实力的大型加工企业集中,以龙头企业带动内蒙古自治区羊绒产业的产业链战略升级;鼓励大型企业之间的强强联合,通过这种联合,实现了资金、人才、设备、技术等资源互补共享,实现规模化经营,从而提升内蒙古羊绒产业的整体竞争力。同时,抓好原料地仍然是内蒙古自治区羊绒企业发展的关键,羊绒产业的龙头企业要向原料基地延伸,支持牧区原料基地的建设。加工生产能力和相关产业的地区集中,以实现羊绒加工业的产业集群化。

五、玉米加工业

内蒙古自治区玉米主要有直接食用、加工为饲料经动物腹腔转化为畜产品再消费、经过深加工(如加工成淀粉等)进行消费的三种产业链条。由于需要繁育和种植不同种类的玉米,所以三种链条所需的玉米品种和所含营养的要求都不相同,这就需要政府在战略上尽量支持有一定基础的种子公司,根据市场的需求来选育不同种类的玉米。为了奠定良种基础,就必须摆脱当前的种种困境,例如品种混杂、混种、混收、混贮现象,同时改变食用、饲用、加工共用同一类品种。

根据内蒙古自治区的当地形势,玉米产业应重点发展饲料型玉米以支撑畜产业。按照各地情况,区域化具体布局为:在西部呼和浩特市、乌兰察布市、包头市建立主要为发展乳业提供饲料的奶用型玉米饲料,如青贮玉米、全株玉米;在东部赤峰市、通辽市、兴安盟建立主要为发展畜肉产业提供饲料的肉型玉米饲料。由于奶用型玉米的专用性太强,这就需要奶牛养殖企业起到带头作用,并且与周边农户发展订单生产。由于肉型玉米饲料的专用性很低,市场上拥有众多的买卖双方,所以加工者几乎不可能成为产业链升级的牵引者。因此必须由政府牵头,以粮食收购企业作为主导力量,与科研机构进行双边合作,实行良种示范工程,开展订单生产,从而以保证优质优价,并逐步推动成为"粮食收购企业＋农户合作组织＋科研机构＋农户"的组织结构,来推行优质无公害玉米饲料的种植,形成具有产地标识的玉米生产区。

六、马铃薯种植及加工业

目前内蒙古自治区古马铃薯产品以种薯、加工品(如淀粉)、菜薯三种形式进入销售市场终端,并以加工品和菜薯为主导,加工品占 20％左右,菜薯占 70％左右。内蒙古自治区西部地区种植马铃薯的自然条件十分优越,种薯脱毒等关键技术在全国也处于领先地位,但产业链各个环节的相互联系十分松散,科研、加工、基地建设的衔接也不够。大部分是农户种什么品种,经销商就收什么品种,企业也就收购加工同样的品种，淀粉加工原料薯和菜薯混用。农户把优质的马铃薯当作菜薯来出售，把卖不出去的部分交售给加工企业做原料用，导致加工企业不能获得稳定、优质的加工原料。

因此，按照目前市场的需求结构，要积极调整内蒙古自治区马铃薯的品种种植结构、合理安排区域生产布局，把内蒙古自治区建设成为全国规模的种薯繁育基地、优质菜薯生产基地和专用薯生产基地。四个盟市可以根据现有的大型加工企业加工品类型、当地的交通条件，鼓励生产相应的马铃薯种植品种。例如，应鼓励乌兰察布市种植生产马铃薯全粉的马铃薯品种，鼓励呼浩和特市的和林格尔县种植高淀粉含量的马铃薯品种。在各盟市的郊区、公路周边等交通和市场需求强烈地带应该鼓励早熟型菜薯品种种植。在相对比较湿润的地区应该鼓励快餐食品加工类品种的种植。由于马铃薯各种形式的产业链关键主体不一样，所以产业化发展途径也不一样。相对于菜薯和原料薯而言，内蒙古自治区高海拔、高纬度的温差大、风速大、气候干燥冷凉的环境更适合种薯的繁育，因此，占领国内种薯的市场份额是内蒙古自治区马铃薯产业的发展战略之一。目前内蒙古自治区马铃薯种薯业由于生产和经营者规模小、数量偏多、恶性竞争等各种问题，导致种薯整体质量差。应建立种薯市场准入制度和质量标准体系，支持具有一定规模和繁育能力的种业公司通过兼并、跨地区多品种生产经营的方法变成全国知名品牌。由于种薯种植技术和生产条件要求较高，应当采取一体化程度比较高的产业化模式进行生产。种业公司可采取"返包倒租"的形式，即公司先将农民土地承包起来，经改造然后租给农户，在公司统一的技术规范下让农民自行种植，具体组织模式为"种业公司＋科研机构＋农户"。

加工企业生产有特定用途的薯类，如高淀粉含量马铃薯，这需要加工企业主动牵头和引领，不能像以前一样被动地收购农户卖不出去的残次马铃薯。加工企业应首先和种薯的科研及生产经营企业相互联合，总结出相应的种植技术，然后培育出专用种薯，与农户签订种植、收购合同，可以先建立示范基地，然后在周边农户之间推广辐射。对于专用程度更高的加工品种（如快餐食品加工类），可以采取"返包倒租"这种一体化程度更高的形式。

菜薯像普通蔬菜一样属于日常生活必需品，其销售和消费具有日常性、即时性和多量性的特点。由于菜薯不需要加工就能买，菜薯的产业链品牌建立和质量的提高主要依靠马铃薯的经销公司、种植者或销售经纪人联合组织来牵动。在马铃薯种植大户、经销企业、当地经纪人或村委会成员的带动下，建立村级、乡级进而扩大到周边区域的马铃薯种植或销售专业合作组织，利用政府的支持以及当地的科研力量，改良品种，利用示范种植的效应，推广绿色化和标准化生产，进行质量的分级包装,推广恒温贮藏技术来保护马铃薯的品质和延长供应期,建立大型马铃薯交易市场,建立具有产地标识的优质菜薯生产区,如"地名＋品牌名"。利用建立产地鲜薯品牌的优势,使当地马铃薯的每一种产品从初级产品、中间产品到终端产品都以品牌的形式打入市场,从而获得优质马铃薯生产区的效应。

七、大豆加工业

大豆一般通过两种方式进入消费领域,即经简单加工成为传统食品,如豆腐、豆芽、豆浆等,以及经深加工成为食用油。传统豆制品食物要求大豆蛋白质含量高,而经深加工成为食用油的大豆要求其含油量高。目前内蒙古自治区大豆产业存在混种、混收、混储和混销现象。因此,这两个地区应按其各自情况,在政府和龙头企业的引导下,建立良种示范基地,推广高蛋白或者高含油量的纯品种区域化种植。

传统食用大豆的专用性很低,有大量买方卖方,市场竞争很激烈,一般还要经过收购、储藏、再销售、加工等多道手续才会进入终端消费市场。因此,加工者不会成为产业链升级的牵引者。必须在政府的牵头、支持下,以粮食收购企业作为主导,与科研机构互相合作,建立良种示范基地。通过企业与农户的订单生产来保证质量,并建立"粮食收购企业＋科研机构＋农户合作组织＋农户"的组织形式。同时推广无公害的高蛋白大豆标准化种植,努力建成具有产地标识的大豆生产区。

经深加工转化为食用油的专用大豆可以鼓励加工企业建立含油率高的专用大豆原料基地。由于加工企业是此产业链形式的重要支点。可以具体采取"加工企业＋科研结构＋农户专业组织＋农户"的组织结构。

八、小米加工业

谷子通常单产低、种植分散,且单户种植规模小,一般由众多的乡村经济人通过走乡串村的方式收购上来,再集中卖到城镇的加工企业,经加工后销售到各地。因此,加工企业是小米产业链升级的带动环节。由加工企业带动,联合科研机构,改进品种,推广标准化生产。利用示范作用,建立"企业＋科研推广机构＋农户"的组织结构,创造具有产地标识的品牌。目前,内蒙古自治区小米的销售方式不能满足成为中高档食品杂粮的要求,大部分还是以无包装散堆方式销售,不利于保护小米品质。应当提高谷子加工和包装水平,发展真空、小剂量等不同材料、不同规格的包装,打造具有产地标识的优质品牌。同时开发卫生、方便即食的谷子深加工产品,以满足不同的市场需求。

九、胡麻籽等食用油加工业

胡麻籽用途较为单一、专用性较强,只能在加工以后当作食用油来使用。企业在收购胡麻籽加工后直接面对消费市场,因此加工企业在胡麻籽产业链中起着关键性作用。目前内蒙古自治区胡麻籽种植加工还处于"小型加工作坊+农户"、"公司+农户"的组织生产阶段,公司与农户关系松散,远远未达到产业化的发展阶段。加工企业数目较多,各个地区均有好几个自己的品牌,产品结构和工艺雷同,而且正规加工企业的产品品牌效应不明显,起不到龙头作用。小型加工作坊正规加工企业生产的胡麻油价格基本一样,而且大多数消费者还是偏爱购买小加工作坊生产的胡麻油。正规加工企业需要降低价格,这就要通过品牌之间的兼并整合获得规模效应,进行工艺改进,实行差异化战略。要大力宣传自己的优势所在,例如产品生产环境的卫生、质量安全性有保障等,通过这一系列手段来提高品牌认知度和影响力。作为产业链的关键主体,加工企业在寻求政府的帮助下应主动发起产业化升级策略。首先加工企业与胡麻籽育种科研机构合作,选育出优质的品种,然后与农户签订种植收购合同,农户在技术人员的指导下进行生产。由"企业+科研推广机构+农户"组织模式转变为"企业+科研推广机构+农户专业组织+农户"的科学组织模式。

十、甜菜种植及食糖加工业

由于甜菜只能用于食糖加工原料,而且还要经过复杂的加工才能出售,所以它的专用性很强。甜菜里含水分比较大,不易远距离运输和储存,要在出产地附近进行销售,同时甜菜的加工条件要求也很高,所以在原料出产地附近,甜菜的收购属于垄断市场。甜菜种植一般采取订单生产,甜菜加工企业的设备也具有很强的专用性。加工企业都已经在本地有了订单生产,所以很难通过异地购买甜菜。因此二者被相互"套牢",除非加工企业产生产品销售方面的问题,否则二者之间的违约行为几乎不会发生,加工企业也不会担心自己的投资因为农户违约而受到损失。通过以上分析可以看出,加工企业在甜菜产业链中起到主导作用。加工企业通过与科研机构互相合作,来提供含糖量高的甜菜种子、绿色除害虫技术、测土配方、施肥技术等生产过程的全面监控,来实现优质食糖的一体化生产与经营。

第 五 章

内蒙古自治区冶金产业发展报告

按照内蒙古自治区"8337"发展思路,要把内蒙古自治区建成有色金属生产加工和装备制造等新型产业基地。推动内蒙古自治区冶金工业又快、又好和又长的发展,对于加快内蒙古自治区产业结构调整和产业优化升级步伐,最大限度地实现优势资源转化增值,促进自治区经济发展,具有重大意义。探讨内蒙古自治区冶金业发展现状及发展之路是一项紧迫而艰巨的任务。

第一节
内蒙古自治区冶金业发展的现状和问题

　　冶金工业是指对金属矿石进行采掘、精选、烧结、冶炼和把金属轧制成材的工业部门。包括两大类:黑色冶金工业,即钢铁工业;有色冶金工业,如铜、铝、铅、锌等金属工业。冶金工业是重要的生产基础性原材料的工业部门,关联度高、涉及面广、消费拉动大。内蒙古自治区铁矿及有色金属矿储量丰富,成矿条件好,粉煤灰提取氧化铝潜力巨大,并可利用俄罗斯、蒙古国有色金属资源等进行深加工,加上电力资源充足,因此内蒙古自治区发展钢铁加工与有色金属加工的前景广阔。

一、内蒙古自治区冶金业发展状况

　　从"一五"期间国家确定 156 个重点工业项目以来,内蒙古自治区冶金产业开始从无到有,不断发展壮大。目前,内蒙古自治区已经形成以钢铁、电解铝、铜、锌等冶炼加工为主的冶金产业多元化发展格局。冶金产业已经发展成为内蒙古自治区支柱产业,对全区工业经济增长的贡献率曾一度超过了 30％。2012 年,全区冶金行业完成投资 1188.63 亿元,同比增长 39.86％,占全区工业固定资产投资的比重为 18.54％;有色金属行业完成投资 649.35 亿元,同比增长 40.85％。

　　2010 年,内蒙古自治区十种有色金属产量 224.5 万吨,同比增长 23.90％。其中,电解铝产量 148.7 万吨,同比增长 15.27％;全区电解铝企业主要在包头市和通辽市。铜、铅、锌冶炼企业主要分布在包头市、呼伦贝尔市、赤峰市、锡林郭勒盟和巴彦淖尔市;精炼铜产量 20.9 万吨,同比降低 5％;铅产量 5.5 万吨,同比增长 175％;锌产量 36.6 万吨,同比增长 74.29％。2012 年,内蒙古自治区十种有色金属冶炼产量占全国总产量的 7.1％,居全国第六位。其中,全区铝业产量 2011 年为 165.7 万吨,2012 年为 179.4 万吨,增长了 8.3％。精炼铜 2011 年为 24.5 万吨,2012 年为 18.78 万吨,同比降低 30％。"十一五"期间内蒙古有色金属主要发展情况如表 5-1 所示。

表 5-1 "十一五"期间内蒙古自治区有色金属主要产量

名称 年份	2005	2006	2007	2008	2009	2010	平均增长速度（%）
十种有色金属（万吨）	70.53	90.28	135	166.86	181.2	224.5	26.1
铝（万吨）	40.2	67.52	102.4	127.26	129	148.7	29.9
铜（万吨）	3.5	6.33	10	14.6	22	20.9	43.0
铅（万吨）	4.8	5.99	1.8	3.87	2	5.5	2.8
锌（万吨）	2.5	9.27	19.1	20.26	21	36.6	71.0
主营业务收入（亿元）	423.48	614	760	890	1088.1	1470	28.3
利润（亿元）	24.20	32	46	54	63	120	37.7

经过 60 多年的发展,钢铁工业已成为内蒙古自治区重要的支柱产业,具备显著的比较优势和巨大的发展潜力。内蒙古钢铁行业具有良好的发展基础,全行业生产规模、装备水平、生产工艺、管理水平等方面,在全国具有一定的竞争力和良好的发展势头,同时,区位优势日益显现,为全区钢铁行业进一步发展打下了坚实基础。

2010 年,自治区生铁、粗钢、钢材产量与 2005 年比分别增长 75.3%、53.2%、79.4%。2002~2011 年,内蒙古钢材产量由 484.71 万吨增加到 1417.32 万吨,增长了 1.92 倍,粗钢产量由 515.58 万吨增加到 1669.75 万吨,增长了 2.2 倍。2012 年钢材产量比 2011 年增长了 17.3%,粗钢产量增长了 3.9%。在西部 12 个省、自治区、市中仅次于四川省,排在第二位。

在主要产品产量增长的同时,内蒙古自治区钢铁工业经济效益也取得一定的增长。2010 年,钢铁工业实现主营业务收入 1610 亿元,利润 55 亿元,税金 62 亿元。其中,内蒙古自治区最大的钢铁企业——包头钢铁（集团）公司,2010 年主要产品钢材、粗钢和生铁产量分别为 954.0 万吨、1011.5 万吨和 970.2 万吨。

到 2010 年底,内蒙古自治区钢铁工业形成年产 2000 万吨生产能力,全区 92% 以上的生产能力集中在矿产资源和能源富集的西部地区,其中包头地区的生产能力占到全区的 85%。

目前,内蒙古自治区钢铁工业先进的生产设备有 1000 立方米以上高炉 7 座,

2010 年产量占全区产量的 74%，120 吨以上转炉 6 座。薄板坯连铸连轧、冷轧薄板、万能轧机高速轨、无缝管加工等生产线已达到国外同类装备的先进水平。内蒙古自治区钢铁工业产品品种有了长足发展，品种质量结构日趋优化，到 2010 年可生产线材、棒材、无缝管、重轨、轻轨、焊管、带钢、热轧板、冷轧板、大型工槽钢、中小型工槽角钢等系列产品的 200 多个钢材品种，2200 多个规格的产品。

二、"十一五"以来的突出成就

"十一五"以来，内蒙古自治区冶金产业依托资源优势，按照集约采选、集中冶炼、规模发展、深度加工的原则，高起点、高标准建设了一批国际国内领先项目，有效推动了冶金业探、采、选、冶、加一体化发展，促进了冶金产业向长链条、高附加值方向转型升级，全区稀土钢、优质钢、特种钢、铝后加工产业规模不断扩大，实现了速度、规模、质量的同步快速增长，内蒙古自治区已经成为我国西部地区重要的钢铁生产基地和有色金属冶炼加工基地。

(一)生产规模扩大

"十一五"期间，内蒙古自治区各盟市通过招商引资，新增有色金属企业近 10 家，使有色金属生产规模明显扩大。到 2010 年底，十种有色金属冶炼产量达到 224.5 万吨，与 2005 年相比增长了 3 倍多。"十一五"期间，内蒙古自治区钢铁工业实现速度、规模同步快速增长。与 2005 年相比，生铁增长 75.3%、粗钢增长 53.2%、钢材增长 79.4%，年均分别增长 11.9%、8.9%和 12.4%。同时，钢铁产能达到 2000 万吨，与 2005 年相比增长 1.34 倍。

(二)生产能力扩大

"十一五"以来，在钢材、特种钢、不锈钢、铝电一体化等冶金深加工项目带动下，内蒙古自治区冶金工业生产能力不断提升，项目结构进一步优化。2012 年，内蒙古自治区钢铁产能已超过 2000 万吨，钢轨产能达 150 万吨/年，产能居世界第一，成为我国重要的钢轨、无缝钢管、板材生产基地。

按照内蒙古自治区发展规划，到"十二五"末，随着一大批冶金项目的落地投产，内蒙古钢铁产能将达到 3000 万吨，其中特种钢、优质钢比重占到 60%以上；电解铝、铜、锌、铅、镁产能将分别达到 500 万吨和 300 万吨。内蒙古自治区作为国家重要的钢铁和有色金属冶炼加工基地的地位将进一步得到巩固。

（三）经济效益明显提升

"十一五"期间，内蒙古自治区有色金属企业通过技术创新，引进新工艺、新设备，实施节能减排，创名牌战略等措施，有色金属业的经济效益明显提升。2010年，实现主营业务收入 1470 亿元，利润 120 亿元，税金 48 亿元。与 2005 年相比分别增长 2.5 倍、4 倍、2.5 倍。2010 年，内蒙古自治区全年钢铁工业实现主营业务收入 1610 亿元，利润 55 亿元，税金 62 亿元。与 2005 年相比，主营业务收入增长了 2 倍多。税金增长了 1 倍多。其中，矿产资源富集的巴彦淖尔，2012 年实现产值 184.1 亿元，同比增长 23.8%。现有色金属采选能力为 1360 多万吨/年。

（四）产业集中度显著提高

2010 年，内蒙古自治区有色金属业建成一批起点高、技术装备水平高、经济效益好的企业，规模以上有色金属开采冶炼加工企业已达 317 户，形成了包头铝业、东方希望铝业、霍煤铝业、赤峰金峰铜业等一批有色金属深加工大中型企业，有效地提高了有色金属产业集中度。"十一五"期间，全区淘汰落后钢铁企业 184 户，淘汰落后产能 961 万吨，产业集中度明显提高。包钢冶金产能占全区产能的 50%，包头地区的生产能力占到全区的 85%，为内蒙古自治区钢铁工业又好又快发展奠定了基础。

（五）技术装备水平得到较大提高

"十一五"期间，随着新建冶金项目和技术改造项目的投产，内蒙古自治区有色金属产业的技术装备水平得到了较大提高。目前，新建矿山企业采用较大型高效、节能的浮选设备，浮选机由 1.3 米扩大到 4.3 米，金属回收率均由原 80%～85% 提高到 90% 以上。新建钢铁、铝业项目工艺技术在同行业领先，新建铝业均已采用 300kA 及以上预焙阳极电解槽工艺，电解铝能耗达到国际先进水平，新改建、扩建的铜厂采用富氧底吹炉、奥斯麦特炉和富氧侧吹炉等较先进工艺装备，达到了节能、高效、减排的效果。锌冶炼项目都采用了湿法炼锌工艺，生产指标达到国内先进水平。

内蒙古自治区重点冶金企业通过开发新工艺、新技术，全力推进钢轨等特色优势项目投产，提高了产品的市场竞争力。目前，包钢拥有世界一流水平的冷轧和热轧薄板及宽厚板、无缝钢管、重轨及大型材、线棒生产线，无缝管、高速钢轨等产品，开始向高端产品市场迈进。"十一五"期间，内蒙古自治区钢铁企业加大了节能减排工作力度,大力推广高温高压干熄焦、干法除尘、煤气余热余压回收利用、烧结烟气脱硫、水循环利用等循环经济和节能减排新技术新工艺,节能水平不断提高、污染物排放不断减少,节能减排指标取得新进展。2005年,自治区重点统计钢铁企业吨钢综合能耗、吨钢耗新水分别为892千克标煤和9.8吨新水,2010年分别降至710千克标煤和5.95吨新水。

(六)资源勘探获得明显突破

近几年来,有色金属找矿探矿取得了突破性进展。全区现有铜矿金属保有资源储量571万吨,主要分布在呼伦贝尔市、巴彦淖尔市、乌兰察布市、锡林郭勒盟、兴安盟和赤峰市。全区现有铅金属保有资源储量585万吨;锌金属保有资源储量1527万吨,主要分布在巴彦淖尔市、赤峰市、呼伦贝尔市、锡林郭勒盟、兴安盟、乌兰察布市等地区;钼矿在内蒙古自治区也有大量的储藏,主要分布在阿拉善盟、赤峰市、呼伦贝尔市、锡林郭勒盟、兴安盟、乌兰察布市等地区。内蒙古自治区有色金属资源相对集中,为提高自治区有色金属工业集中度,建设国内较大规模的有色金属工业基地创造了良好的条件。自治区铁矿资源保有储量27亿吨以上,白云鄂博矿是世界罕见的铁、稀土等多元素共生矿,是我国西部地区最大的铁矿,稀土储量世界第一,铌、钍储量世界第二。2010年,自治区铁矿石产量为8205.7万吨,比上年同期增长了9.6%,占全国铁矿石总产量的7.7%,居全国第四位;生产焦炭2114.2万吨,比上年同期增长了19.4%,占全国焦炭总产量的5.5%,居全国第五位,2012年全区生产焦炭为2569.06万吨,2011年为2443.09万吨,增长了5.2%。

(七)冶金企业实力明显增强

目前,内蒙古自治区有色金属行业已具有一批起点高、技术装备水平高、经济效益好的企业。中铝包头铝业有限责任公司(以下简称包头铝业)是我国规模较大、品质最好的合金铝生产基地,主要技术经济指标达到了同行业领先水平,工艺技术装备达到国际先进水平。包头铝业充分发挥自身技术优势,积极推动自主创新,开发了多项具有自主知识产权的核心技术。《熔盐电解法直接制备铝铈中间合金的方法》获中铝发明专利奖;《电解槽共析法生产铝钛中间合金技术》获中铝科技进步二等奖,并获得国家发明专利。"包铝牌"铸造铝合金锭被评定为国家名牌产品。包头铝业在过去多年与国内高校和科研院所成功合作基础上,"十一五"期间,继续推进产学研联合之路,与清华大学合作开发的铝钛硼稀土合金杆项目正式通过国家技术鉴定,该项目属国内首创重大科技项目,首次解决了钛硼中间合金生产过程中硼难以添加的关键技术。东方希望铝业是一个高起点、大容量、低污染的大型现代化电解铝企业。坚持铝电一体化经营,采用了目前国内国际多项先进技术,各项经济技术指标均处于国内同行业先进水平,已形成年产电解铝 80 万吨的能力。霍煤鸿骏铝业采用国际先进的 300KA 及 350KA 中间点式下料预焙阳极电解槽工艺,具有容量大、效率高、低耗能、低污染的特点,并配套建设了氧化铝超浓相输送系统和烟气净化系统,环保达到国家标准。赤峰中色库博红烨锌业有限责任公司率先使用具有中国自主知识产权的"热酸浸出—低污染沉矾除铁湿法炼锌工艺",获得中国有色金属协会技术创新一等奖。产品一级品率、产销率、回款率连续九年实现三个 100%,主要经济技术指标在湿法炼锌企业中处于国内领先水平。

包钢等重点冶金企业推进自主创新,全力开发一大批新工艺技术和优化产品结构,提升产品档次,提高产品在市场中的竞争力。全区已形成以钢轨、无缝管、大型材等具有特色优势的钢铁品种,在全国具有较高的市场占有率。包钢已经进入我国千万吨级钢铁企业行列,拥有世界一流水平的冷轧和热轧薄板及宽厚板、无缝钢管、重轨及大型材、线棒生产线,是我国三大钢轨生产基地之一、品种规格最齐全的无缝钢管生产基地之一、西北地区最大的薄板生产基地。包钢开发的 4～11 毫米,强度 540Mpa、590Mpa 级热轧双相带钢达到国际先进水平。同时无缝管、高速钢轨等产品开始冲刺高端产品市场,2010 年包钢时速 350 公里高速钢轨产销量居全国第一。第二代稀土钢轨顺利出口巴西;每米 50 公斤钢轨出口越南;L80-1 无缝钢管出口印度尼西亚;多种规格的圆钢、线材出口泰国。

2007 年包钢入选为中国科技名牌 500 强企业。CSP 和高速钢轨领域的两项技术成果获国家科技进步二等奖。热轧薄板、无缝钢管等产品通过国际权威机构认证,钢轨和无缝钢管被授予"中国名牌产品"称号,无缝钢管被国家质检总局确定为"免检产品","白云鄂博"牌稀土系列产品享誉国内外。

三、内蒙古自治区冶金业发展中存在的主要问题

近年来,随着内蒙古自治区经济平稳较快发展,冶金产业技术和装备水平有了大幅度提高,企业实力逐步增强,奠定了可持续发展的基础。但是,从整体上看,冶金产业目前在内蒙古自治区还是一个集约化程度不高的低端产业,内蒙古自治区冶金产业发展还面临着很多矛盾、困难和挑战。主要体现在资金短缺、经营困难、产业布局还不尽合理,技术经济指标相对落后等方面。

(一)工业经济总量小

到 2010 年,内蒙古自治区十种有色金属产量排在全国前列,但是工业总产值却排在较后的位置。由此显现出,内蒙古自治区有色行业产品深加工程度和附加值不高,初级产品占主导地位。通常有色金属加工能力达到冶炼能力的 70%～80%是产业结构比较合理的标志,而内蒙古自治区仅为 40%。其中只有铝深加工能力较强,达到冶炼能力的 60%左右;铜、铅、锌深加工能力较弱,只能达到冶炼能力的 20%左右。

(二)结构性矛盾突出,附加值低

目前,内蒙古自治区冶金产业结构不合理。由于矿产资源勘察工作落后,投入少,使矿产资源的工业利用率较低,远远滞后于矿山建设;而矿山建设又滞后于冶炼生产。内蒙古自治区有色金属矿山生产能力与下游冶炼能力比例失衡,冶金产业关联度较低,下游精深加工项目比较少,并呈扩大趋势,影响到全区冶金行业竞争力的提高。

内蒙古自治区冶金业产品结构也不合理。铜、铅、锌和稀土等有色金属产业仍然停留在提供初级产品阶段,加工转化率十分低下,铝、铜、锌深加工比例不到 20%。初级加工产品以中低档为主,深加工产品不能满足国内外市场需求。除一批新建高起点项目采用国内外先进技术外,规模小、高能耗、工艺技术落后的企业仍占较大比重,提供的基本上是原矿、精矿、坯锭类低端产品,深加工度不足。在钢和钢材品种中,内蒙古自治区普通钢和建筑用材比重较大,"十一五"末,全区优质钢比例低于全国平均水平近 10%。进入"十二五",除包钢等少数规模企业加大了稀土钢、特种钢、精品钢等高技术含量钢材项目的生产投入外,大多数钢铁企业仍以钢筋、大小型材等低附加值项目为主,致使产品结构相互雷同,产能严重过剩。

(三)技术装备水平偏低

近几年,内蒙古自治区冶金企业技术装备向大型化、高效化、自动化、连续化的环境友好型方向发展,部分工艺装备已接近世界先进水平,但由于全区冶金生产中小企业居多,大部分企业使用的都是 20 世纪的陈旧设备,技术落后、工艺单一,总体上企业技术装备水平仍偏低,部分大型冶金企业的技术装备也与国内外大中型企业有一定差距。

近几年虽然部分企业经过技术改造,有所好转,但是总体上矿山企业技术装备水平仍偏低。

内蒙古自治区有色金属冶炼企业近几年发展较快,如包头铝业、包头东方希望铝业、巴彦淖尔市紫金锌冶炼、赤峰库博红烨锌冶炼等,技术装备水平达到国内先进水平;但是冶金行业的中小企业技术装备水平较低,仍使用国家限期淘汰的工艺装备。按生产能力计算,目前技术装备达到国内先进水平的不足 60%,达到国际先进水平的不足 20%。

在全区钢铁企业中,除包钢及个别企业外,其余企业炼铁、炼钢和轧钢规模偏小,缺乏相应的竞争能力。根据国家《钢铁产业调整和振兴规划》要求,内蒙古自治区大部分民营企业规模属于应淘汰的范畴,但是近几年建筑用钢材在新建产能中比重较小,客观上为利用落后小高炉、小炼钢炉、小轧机生产这些钢材的企业提供了市场空间。在大型钢铁企业还处于亏损或微利状态时,许多中小企业率先盈利。在这些企业盈利水平普遍较高的情况下,完全依靠市场手段淘汰落后产能难度很大。

(四)节能环保仍有较大差距

技术装备水平低在一定程度上影响了全区冶金行业节能降耗效果。"十一五"以来,全区冶金行业在清洁生产、污染治理、节能降耗等方面取得了较大的进步,但仍低于国内平均水平,与世界先进水平相比差距非常明显。2011 年,内蒙古自治区吨钢综合能耗 697.8 千克标准煤,吨钢耗新水 4.99 立方米;同期,全国重点钢铁企业吨钢综合能耗平均水平为 601.72 千克标准煤,吨钢耗新水 3.84 立方米。2011 年,内蒙古自治区有色金属冶炼及压延加工业产值能耗为 0.43 吨标准煤/万元,比全国高 23%。从产品看,内蒙古自治区铝冶炼加工水平较高,能耗基本达到了国内外先进水平,其中包头铝业已经达到了国际先进水平,其他有色金属如铜、铅、锌等基本符合国家能耗限额标准的限定值,但尚未达到先进值。此外,内蒙古自治区冶金企业在二次能源的回收、污染治理及"三废"的综合利用等方面也有很大差距。

(五)尾矿资源利用率低,钢铁产能利用不足

内蒙古自治区有色金属行业为实现矿业的可持续发展,就要合理开发利用尾矿资源,提高资源利用率,以延长矿山服务年限。从内蒙古自治区有色金属资源开采看,采富矿弃贫矿、采易弃难、采主弃次现象普遍存在,有色金属企业"高开采、低利用、高排放"的粗放生产模式未得到根本改变。当前尾矿回收利用国际水平可达

到 60%～70%,国内回收利用水平为 20%～30%,内蒙古自治区低于国内水平,回收率水平仅在 10%左右。"十一五"期间,钢铁产能达到 2000 万吨,但 2010 年仅生产钢材 1341 万吨。由于设备落后,资金短缺,原材料和冶金用煤供应不足,运输成本高等方面的原因,有 33%的产能闲置。内蒙古自治区在兼并重组、技术改造等方面还需加大力度,予以解决。

(六)企业自主创新能力较弱

内蒙古自治区冶炼企业以初级产品为主,深加工不足,主要是产业链短或者产业链不完整。一方面是技术装备水平不足,另一方面是企业的自主创新能力普遍较弱。与国内外先进水平相比技术支撑能力较差,加工种类少,产品品质难以满足市场需求。高附加值的高精尖产品缺乏,生产成本高,企业经济效益提高较慢。

近十年来,内蒙古自治区的有色冶炼行业紧跟国内外技术装备发展的先进水平,形成了一批具有国内先进技术水平的冶炼企业。如包头铝业近几年装备有国内一流技术水平的 200kA、240kA 大型预焙槽,乃至自主创新研发成功世界上槽容量最大的 400kA 铝电解槽,标志着以包头铝业为代表的铝电解整体技术已达到国际先进水平,但在能耗、物耗、自动控制水平、环境治理及技术经济指标等方面,仍与世界领先水平存在一定差距。

第●节

促进内蒙古自治区冶金业发展的政策措施

内蒙古自治区冶金产业的发展要遵循总量控制的原则,根据能源、资源、环境、市场等条件,严格控制产能扩张,限制一般有色金属冶炼和加工业的发展,以提高资源综合利用水平、扩大市场占有率、推动产业延伸和节能降耗为方向,鼓励、支持和重点建设市场前景好、技术含量和附加值高、竞争能力强、能上规模的冶金项目。

一、调整和优化产业结构,促进增长方式转变

调整和优化产业结构,促进增长方式转变,首先要积极推动冶金工业并购,突

破地区、行业、所有制限制,进行产业整合,推进企业联合重组,提高产业集中度,促进冶金业集约化发展。扶持壮大龙头企业,鼓励龙头企业通过兼并、联合、收购等方式实现产业优化重组,支持龙头跨省(区、市)重组或以参股、控股等形式与其他冶金企业及下游企业建立产业联盟。

技术改造和创新是加快冶金业发展的重要支撑。内蒙古自治区政府要加强监督检查,采取综合治理措施,加快淘汰落后产能,支持冶金企业加大技术改造和研发力度,促进增长方式转变和实现产业结构优化升级。自治区政府应加大资金投入,提供在企业技术研发、引进、改造方面的金融支持,可以低息贷款、贷款贴息形式支持企业开展技术改造,推动冶金企业技术进步,提高装备水平,降低生产成本,调整品种结构,提升产品质量。同时加大对节能技术改造财政奖励的支持力度,鼓励、引导冶金企业积极推进节能技术改造。对提高有色金属和钢铁整体素质和产业优化升级的关键技术、共性和配套性技术及其产业化投资项目及企业,政府给予资金支持和税收优惠政策的支持,鼓励和推动企业开发有色金属和钢铁生产高新技术。

二、优化产业布局,完善现代产业体系

政府要制订科学的区域产业发展规划,明确产业布局的功能定位。鼓励企业根据实际情况采取不同形式、方法,促使其向重点布局地区集聚。对于新建企业,原则上都要布置在规划区。同时,根据资源总量分布和产业基础条件,按照企业向园区集中,重点园区向城市靠拢的原则,通过调整控制,形成现代产业体系,提高产业集中度,优化产业布局。自治区有色金属工业以赤峰市和巴彦淖尔市为中心,以铜、铅、锌为重点,加快大兴安中南段地区(包括赤峰、锡林郭勒东北部、兴安盟北部和呼伦贝尔北部)和北山成矿带有色金属基地的建设。以包头市、通辽市和鄂尔多斯市为重点,建设电解铝基地。加快建设以包钢生态工业园区为核心的包头河西工业区,形成以包钢为主体的钢铁产业集群,建成我国中西部重要的钢铁工业基地。

三、集中配置资源,增强产业竞争力

通过集中配置资源,确保有色金属、黑色矿产资源合理、集约、高效利用。充分发挥市场在配置资源方面的基础作用,鼓励国内外企业借助并购重组、资本运营,

加快内蒙古自治区冶金企业间的联合、兼并,进行产业战略重组,打造具有国际竞争力的冶金工业大企业、大集团。加大境内外资源整合力度,推动优势资源向优势企业集中,促进集约采选、集中冶炼、深度加工,做大有色和黑色金属生产加工规模,提高产业核心竞争力和抗御市场风险。以优势企业提升产业集中度,以冶炼和深加工企业为核心,重组产业链,促进采选、冶炼和深加工业互动联合发展。特别要加强区内具有实力的铝业、铜业、锌业、钢铁企业的进一步联合。鼓励有条件的大型骨干企业集团到区外及境外以独资、合资、合作、购买矿产资源等方式建立稳定的原料生产供应基地。

四、合理规制行业准入

根据冶金产业发展及本地区的实际,合理设定本地区产业准入门槛,实行产业差别准入。根据国家产业政策,新建铜冶炼项目单系统应在 10 万吨/年及以上,自有矿山原料比例达到 40% 以上;新建铅冶炼项目单系统在 5 万吨/年(不含 5 万吨)以上,自有矿山原料比例达到 30% 以上;新建锌冶炼项目单系统在 20 万吨/年以上,自有矿山原料比例达到 60% 以上;支持现有优势电解铝企业打造煤电铝一体化优势产业链,进一步巩固和扩大内蒙古铝业大省的地位。还要根据国家产业政策,在全区内严格限制小采选矿山企业的建设,提高准入门槛。依法规范矿业秩序,制止乱采滥挖,新建有色金属矿山企业生产规模在 3 万吨/年以上,坚决取缔违法开采、违规开采和违法倒卖矿权的行为。

五、延伸产业链,促进产品深加工,提高产品附加值

政府要引导和支持具有资源、能源优势的地区发展冶金业深加工,最大限度地实现优势资源转化增值。重点支持高、精、深加工产品和新材料的研发生产,满足各领域对冶金产品的需求。积极创造条件,推进深加工企业的发展,支持冶金企业延伸上下游产业链,建立长期稳定的战略联盟,促进有色金属和钢铁行业的品种开发、质量提高和市场拓展,提高产品附加值。要加强和推进冶金企业与铁路建设、汽车制造、建筑工程等行业的整合。

重点鼓励高精铜板、带、箔、管材生产;高精铝板、带、箔及高速薄带铸轧生产;锌铝合金锭、铅锌板、带、条、棒材生产;有色金属复合材料技术开发;高性能、高精度硬质合金及深加工产品生产;高品质镁合金铸造及板、管、型材加工;发展高档高

附加值出口产品。

重点鼓励钢材深加工,支持新建材料型深加工、营销型深加工和产业型深加工项目,包括各种涂镀层钢板、钢结构(包括焊接 H 型钢)、各种焊管、冷弯与热弯型钢和其他金属构件及制品等扁平材深加工主及钢丝制品、金属钉、金属网(包括钢筋网)、钢绞线、钢丝绳、钢帘线、钢琴线、PC 钢丝和钢绞线、冷镦钢丝、螺栓、焊条、冷拉钢材、银亮钢棒、小五金件和紧固件等长材深加工。

六、加强环境保护,推进节能减排

要严格按照国家产业政策和环保法规,采取切实有效的措施,鼓励发展低碳冶金业,既要考虑资源的综合利用,又要考虑环境保护,淘汰落后工艺和装备,积极推行清洁生产,实现节能减排目标。出台鼓励企业进行低碳创新、节能减排、可再生能源使用的政策法规,采取减免税收、财政补贴、政府采购、绿色信贷等措施,引领企业开发先进的低碳技术,研究和实施低碳生产模式。对新能源、提高能效、生态基础设施等低碳经济产业实行政策倾斜。鼓励节能技术引进研发,开辟新的节能领域。加大节能技改项目的财政奖励支持力度,鼓励、引导钢铁企业积极推进节能减排技术改造。对重大节能技改项目,按节能效果给予奖励。

七、扶持重点地区勘探,提高资源自给率

要切实加大对内蒙古自治区有色金属、铁矿、稀土资源的地质勘探和资源勘查力度,增加冶金产业发展的资源储备,逐步提高资源自给率,增强企业抗风险能力,为内蒙古自治区发展冶金业提供资源保障。政府要加大资金投入力度,用于有色金属、铁矿等资源的基础性和地域性地质调查和探测。重点在北山成矿远景区、阿拉善成矿远景区、狼山—大青山成矿带、多伦—赤峰成矿带、二连浩特—东乌旗成矿带、大兴安岭中南段成矿带、得耳布尔成矿远景区、梨子山—鄂伦春成矿远景区8 个成矿区带开展有色金属地质勘查。贯彻执行相应的优惠政策,对确定探明的矿产资源给予补偿费;对有色金属矿山企业自己投资勘探,探明的接续资源,减免资源补偿费和资源税;鼓励矿业开发企业在国内外资本市场直接融资,进行矿山勘探。

八、扶持和推进园区建设，改善投资环境，促进循环经济发展

大力扶持和推进循环工业经济园区建设，以园区基础设施和软环境两方面建设为重点，不断优化区内投资环境。采取政府招商、以企招商、以项目招商措施，并给予银行贷款和贴息资金支持，吸引国内外企业入驻工业园区。以建设园区产业内和产业间的循环为着力点，全力推进循环经济发展。行业管理部门既要对入园冶金项目严格审查，又要简化审批程序。进一步落实优惠政策，强化协调服务，发挥园区优势和聚集优势，调动各方面的积极性，扩充工业经济总量，不断推进工业园区发展进程，将入驻企业做大做强。严格实行和完善并联审批制度，土地征用、拆迁、提高工作效率等各方面给予入驻企业更多的服务和支持，创造良好的发展环境。

按照园区集中发展，规模经营的要求，依托现有电解铝生产加工能力，重点抓好包头铝业生态工业园区、呼和浩特市托克托硅铝循环经济园区、霍林河煤电铝一体化工业园区、蒙西高科技工业园区的产业升级和上下游延伸加工。依托自治区丰富的铜、铝、锌等资源，规划建设赤峰市、巴彦淖尔市东升庙、锡林郭勒盟东西乌旗、呼伦贝尔市有色金属冶炼加工园区。积极推进包头稀土高新区稀土应用产业园区。

九、建立健全行业协会，加强冶金人才队伍建设

组建和不断完善自治区有色金属协会、内蒙古钢铁工业协会等，与国家有色金属行业协会和国家钢铁工业协会密切联系。并与兄弟省市协会开展业务交流、人才引进、学术交流等活动，进一步发挥行业协会等社会中介组织的作用。充分发挥行业协会在行业自律、信息交流、新技术推广应用、专业技术人员培训、咨询服务等方面的优势，促进行业健康发展。

高度重视科技人才队伍建设，完善相关专业人才引进机制，创新人才工作机制，提高创新型专业人才质量，激活创新人才积极性和创造性。组建科研中心或基地，打造冶金企业的技术创新平台，增强创新能力。鼓励有条件的大型骨干企业跟踪研究、开发利用前沿技术，申请专利。政府通过行政和法律两种途径对知识产权进行保护。鼓励企业加大研究开发投入，组建研发机构，联合科研院所，支持企业与国内外高校院所合作，在高校建立实验室，建立产学研联盟工程研究中心、科技

基础设施等各类技术创新机制,针对行业内核心关键技术,开展攻关研究,加强节能减排新技术、新设备的推广,不断提升行业创新能力和发展水平。

十、推行品牌战略,培育龙头企业

立足内蒙古自治区冶金资源优势及既有产品产业基础,通过税收优惠、财政资金和奖励政策扶持培育冶金业区域知名品牌,提高市场认可度以开拓市场空间。综合运用经济、法律、技术、标准等手段,在能源供应、配套设施建设等方面为大企业(集团)的发展创造良好外部环境。引导结构调整、技术创新、固定资产投资与开发资金等政策,向知名品牌企业倾斜。扩大融资渠道,支持知名品牌企业发行股票、债券或与上市公司兼并重担直接融资;支持知名品牌企业面向全社会、国内外招商引资、吸引民间资金和外商投资。在质量管理、环境管理、技术基础工作、信息咨询方面要向龙头企业提供优先服务。要发挥舆论媒体的导向作用,采取多种形式宣传培育知名品牌企业的重大意义。宣传有关政策及先进典型,提高品牌企业的社会影响,大力营造强势品牌企业的形象。

第六章

内蒙古自治区化工产业发展报告

西部大开发以来，在政策和市场的双重推动下，内蒙古自治区化学工业快速发展壮大，"十二五"以来发展步伐进一步加快。党的十八大以后，内蒙古自治区提出要建成我国重要的现代煤化工示范基地的目标，内蒙古自治区化学工业迎来了前所未有的发展态势。

第一节

内蒙古自治区化学工业发展的现状和问题

内蒙古自治区煤炭、矿产资源丰富,发展化学工业具有得天独厚的条件。经过多年的发展,化学工业已经成为内蒙古自治区的优势特色产业之一,具备了发展新型化学工业的基础和条件。

一、内蒙古自治区发展化学工业的基础条件

化学工业的发展主要依靠煤炭、电力、水资源、环境容量、土地、化学矿产、资金、人才等资源要素支撑。内蒙古自治区资源丰富,发展煤化工、石油化工、化学工业得天独厚。已查明煤炭资源储量达到 7016 亿吨,居全国第一位,为煤化工发展提供了有力支撑。从其他化学矿产品资源情况来看,盐、碱、硝、萤石、硫铁矿、石灰石等化学矿产储量位居全国前列。已探明硫铁矿储量 5.1 亿吨,芒硝储量 35 亿吨,天然碱储量 2229 万吨,盐储量 1.8 亿吨,石灰岩储量 9.4 亿吨,萤石储量 1200万吨,为发展非煤化学工业提供了有利的条件。2012 年,内蒙古煤炭保有储量3730.80 亿吨,磷矿石保有储量 2.7 亿吨、盐保有储量 1.57 亿吨。生产原煤 10.66亿吨、原油 197,84 亿立方米。

内蒙古自治区的盐碱化工、氯碱化工、焦炭化工等起步较早,西部大开发以来,内蒙古自治区加快了化学工业发展的步伐。在"十五"和"十一五"期间,依托区内丰富的资源优势、广阔的地域优势、显著的后发优势和国家实施西部大开发的优惠政策,化学工业得到长足的发展,初步建成我国现代煤化工的示范基地和重要的天然气、氯碱化工生产基地。

近年来,内蒙古自治区集中力量发展以煤化工、天然气化工、氯碱化工为重点的化学工业,经过十多年的发展,一大批国内上规模、上档次的化工项目迅速崛起,产品涉及煤制油、烯烃、甲醇、二甲醚、醋酸、聚乙烯、聚丙烯、合成氨等,内蒙古自治区的化学工业已成为六大优势产业之一,且发展势头强劲。

内蒙古自治区在包头、鄂尔多斯及周边地区、呼伦贝尔市、通辽市和锡林郭勒盟、乌海—阿拉善煤等资源富集域区,启动建设一批大型重化工基地。主要包括:

一是蒙东地区的特大型煤化工基地,包括呼伦贝尔、霍林河、锡林浩特三个特大型煤化工基地,稳妥地发展甲醇以及下游产品(包括二甲醚)、煤制天然气、烯烃、化肥等产品。

二是位于中部的鄂尔多斯市、包头市煤化工基地。鄂尔多斯市形成了煤化工产业群,包括以神煤制油公司为龙头的乌兰木伦项目区、以汇能煤电集团为龙头的汇能煤化工项目区、以伊东集团为龙头的准格尔经济开发区、以伊泰煤间接液化项目为龙头的大路煤化工基地。主要生产煤制油、甲醇、二甲醚、煤制烯烃、煤制天然气和合成氨。

三是西部以乌海市为中心的重化工工业区。这一地区包括乌海工业园区及周边蒙西工业园区、棋盘井工业园区、乌斯太工业园区。主要以煤焦化工、氯碱化工为主。

目前内蒙古自治区煤化工主要以能源化工为主,精细化工刚刚起步。在蒙西地区,重点推进的大型煤炭液化、煤焦化、甲醇及系列深加工产品,积极发展和推进二甲醚、甲醇制烯烃、煤焦油深加工产品,已经具有了相当的规模。特别是以洁净煤气化为龙头,围绕化肥、甲醇、芳烃、合成油 4 条主线,实施煤电化一体化,发展新型煤化工产品链,形成煤加工洁净化和产品高档化的特色。同时提高煤制气、焦炉气的综合利用水平,加快建设特色煤化工经济区,形成横向成群、纵向成链的煤化工产业集群。

二、内蒙古自治区化工产业的总体发展现状

目前化学工业是内蒙古自治区工业领域成长性最快的行业,总量增长快,重点项目多,技术先进,地域分布广,为今后快速发展奠定了良好的基础。

(一)总体发展情况

"十一五"期间,内蒙古自治区化学工业呈现高速发展态势,工业增加值年均增速达到了 44.5%。2010 年,全区规模以上化工企业 450 家,比 2005 年增加 141 户。实现工业总产值 1254.7 亿元,占全区生产总值的 10%,比 2005 年增长 418.5%,年均增长 38.9%。2009 年实现工业增加值 384.6 亿元,占全区规模以上工业增加值的 8.7%,比 2005 年增长 336.5%,年均增长 44.5%,占全区规模以上工业增加值比重比

2005年提高1.6%。

2010年,实现主营业务收入1113亿元,同比增长20.9%,比2005年增长379.7%,年均增长36.8%。

从主要产品的产量来看,"十一五"期间,内蒙古自治区的煤制油、煤制烯烃、煤制乙二醇等在国内实现了零的突破。电石、甲醇、烧碱、纯碱、聚氯乙烯等主要化工产品位居全国前列,2010年全年生产甲醇186.5万吨,同比增长24.0%,位居全国第2位;生产聚氯乙烯125.0万吨,同比增长101.84%,位居全国第2位;生产电石411.8万吨,同比下降11.0%,位居全国第1位;生产焦炭2114.2万吨,同比增长19.4%,位居全国第5位;煤制油项目生产成品油66.5万吨;煤制乙二醇形成产能20万吨;褐煤提质形成产能780万吨。

2012年,内蒙古自治区生产精甲醇552.55万吨,同比增长了22.97%,是2010年产量的2.96倍;生产焦炭2569.06万吨,比2010年增长了22%;生产电石495万吨,比2010年增长了20.20%。生产纯碱71.89万吨,烧碱(氢氧化钠)163.62万吨。这些产品产量仍然位居全国前列。

化肥生产在内蒙古自治区也有较长的历史,2009年产量最高,达到259.13万吨,以后持续减产,2012年生产量减少到123.03万吨。

从工业总产值来看,2012年内蒙古自治区拥有规模以上化学原料和化学制品企业345家,按现价计算实现工业总产值1328.16亿元,同比增长了23%;石油、炼焦和核燃料加工业企业37家,实现工业总产值451.66亿元,同比下降了15.75%。2012年拥有化学纤维、橡胶和塑料制品企业83个,实现工业总产值120.50亿元,医药制造业70家,实现工业总产值199.49亿元。在"十一五"末,化学工业占内蒙古自治区规模以上工业总产值的8.7%,2012年规模以上化工企业实现工业生产总值2099,79亿元,占规模以上工业企业工业总产值的11.54%。比"十一五"末提高了2.84%。

(二)重点化工项目建设情况

"十一五"期间,在科学发展观指导下,内蒙古自治区以做大做强化工产业为目标,依托资源优势,在资源富集地区、重点企业和重点工业园区,建设了一批规模大、技术水平高、优势特色明显、在国内外影响较大、竞争力强的大型化工项目。

建成了神华和伊泰煤制油、神华包头和大唐国际多伦煤制烯烃、通辽金煤公司煤制乙二醇、久泰公司和新奥公司煤制甲醇、神华乌海煤焦化公司和庆华集团煤焦化及焦炉煤气制甲醇等新型煤化工项目,内蒙古博源投资集团有限公司天然气制甲醇、鄂尔多斯联合化工公司天然气制尿素等天然气化工项目,内蒙古亿利化学公司、中盐吉兰泰盐化公司、乌海君正公司电石法聚氯乙烯项目,内蒙古神舟硅业多晶硅项目,内蒙古南澳能源开发公司褐煤提质项目,中海油天野公司甲醇下游产品聚甲醛项目等。这些大型项目成为"十二五"期间内蒙古自治区化学工业高速发展的重要支点。2012年有一家化学纤维制造企业建成投产,当年实现工业生产值3057万元。

内蒙古自治区建成了一批我国新型煤化工示范项目。如神华108万吨煤制油直接液化,伊泰集团16万吨煤制油间接液化煤制油项目,神华包头60万吨,大唐国际多伦48万吨煤制烯烃项目,通辽金煤20万吨煤制乙二醇等煤化工项目等,都是我国新型煤化工示范项目。

(三)化学工业的技术装备水平

从技术装备水平来看,内蒙古自治区煤化工重点项目中有很多技术指标处于国际先进水平。

"十一五"期间建设的神华集团108万吨煤直接液化项目,全部采用神华自主开发的煤直接液化工艺技术,是世界上第一套煤直接液化的工业化装置。

内蒙古自治区伊泰集团16万吨煤间接液化项目是国内第一套以自主知识产权为主的合成油工业装置,主要技术装备具有世界先进水平;神华包头煤制烯烃180万吨甲醇转30万吨聚乙烯和30万吨聚丙烯项目,核心技术采用国内自主知识产权的甲醇制烯烃技术,其他主要工艺装置均采用世界先进的煤化工、石油化工技术,包括GE水煤浆气化技术、德国林德公司低温甲醇洗技术、英国DAVY公司甲醇合成技术、美国DOW公司聚丙烯技术、美国UNIVATION公司聚乙烯技术等,其工艺技术装备具有世界先进水平,奠定了中国在煤制烯烃工业化生产领域的国际领先地位;大唐多伦160万吨煤制甲醇转46万吨烯烃项目,采用了国际上先进的粉煤气化、气体变换、甲醇合成、丙烯合成、丙烯聚合工艺技术,该项目的气化炉装置、甲醇装置是世界最大,甲醇制丙烯(MTP)工艺装置是世界唯一,丙烯聚合(PP)装置规模在国内最大,工艺技术处于世界级先进水平;神舟硅业4500吨多晶硅项目,引进俄罗斯先进工艺技术,并消化吸收再创新,其装置水平达到了国际先进水平。

此外,还有一批项目在国内居于领先地位。通辽金煤化工20万吨乙二醇装置、新奥集团60万吨煤制甲醇及二甲醚、山东久泰100万吨甲醇工艺技术水平处于国内先进水平。内蒙古天河化工公司20万吨二甲醚单套装置国内最大。神华乌海市焦化有限公司已建成的 300 万吨捣固焦及 30 万吨煤焦油加工装置、30 万吨焦炉煤气制甲醇装置和乌海市黑猫炭黑有限责任公司 30 万吨煤焦油精制炭黑油项目技术水平均居国内前列。齐鲁制药阿维菌素生产工艺技术装备水平均居国内前列。苏里格天然气化工有限公司采用的甲醇卧式合成塔装置，鄂尔多斯氯碱化工借鉴意大利弗卡斯技术建成的利用电石炉气煅烧石灰双梁式汽烧窑装置属于国内首创。鄂尔多斯联合化工公司 60 万吨合成氨、104 万吨尿素生产装置位于国内前列。

内蒙古自治区化学工业的发展不仅具有独特的自然资源优势，而且拥有五大类国家重要的煤化工战略技术储备项目，掌握了 100 多项煤炭加工利用专利技术，目前已经形成 140 万吨煤制油、106 万吨煤制烯烃、520 万吨煤制甲醇、20 万吨煤制乙二醇、13.3 亿立方米煤制天然气的生产能力，具有大规模产业化发展的基础和条件。

（四）化学工业产业的构成和分布状况

从内蒙古自治区的化学工业构成看，到"十一五"末期，煤化工、天然气化工和氯碱化工约占全区化学工业近九成。其中，煤化工约占 58％，天然气化工约占 15％，氯碱化工约占 16％。其他化学工业的产值约占 10％左右。

从地区分布上来看，近年来内蒙古自治区化学工业初步形成了沿重要河流、交通干线、资源富集地区的以煤化工、氯碱化工、天然气化工为主的产业格局。主要包括：乌海—乌斯太—棋盘井（蒙西）沿黄河"小三角"地区，已经形成了以焦化为主的焦炉煤气综合利用、煤焦油回收及其深加工的煤焦化产业；以聚氯乙烯、烧碱、金属钠及其氯气深加工产品为主的氯碱化工产业，成为全国最大的电石法聚氯乙烯生产地；以农药中间体、染料中间体、染料靛蓝为主的精细化工产业；以多晶硅、有机硅为主的新材料产业。

包头市与鄂尔多斯市达拉特旗接壤处黄河两岸已经形成以聚氯乙烯、煤制甲醇、煤制烯烃为主的化学工业体系。鄂尔多斯市东部沿黄河地区，已经形成以煤制油、煤制甲醇、煤制合成氨为主的化学工业体系。

呼和浩特市已经形成以炼油、聚氯乙烯、合成氨、甲醇、聚甲醛、多晶硅、生物农药为主的石油和化学工业体系。

通辽市已经形成以煤制乙二醇、褐煤提质为主的新型煤化工体系，以蓖麻籽、玉米芯加工及其下游产品为主的有机化工体系，以染料及中间体、医药中间体为主的精细化工体系。

呼伦贝尔市初步形成了以煤制甲醇、化学农药为主的化学工业体系。乌兰察布市形成了以氟化工为主的化工体系。

三、内蒙古自治区化工产业发展中存在的主要问题和制约因素

在"十一五"期间,内蒙古自治区化学工业发展取得显著成效,但行业整体规模偏小、产品结构不合理、产业集约化程度不高的现状还没有得到根本改变,制约化学工业发展的矛盾依然非常突出,主要表现在:

(一)化学工业经济总量不大

内蒙古自治区化学工业虽然起步较早,但长期发展缓慢,西部大开发后发展迅速,但总量不够大。到"十一五"末化学工业总产值仅占全国石油化学工业的0.5%,不足化工发达省份山东省的10%。2012年化学工业在内蒙古自治区规模以上工业总产值中仅占约11.54%。

(二)产业层次低,产品结构单一

初级原料型、低附加值的产品多,深加工、高附加值的产品少,产业链短。甲醇、聚氯乙烯、纯碱、烧碱、电石、化肥等产品占全行业总产值90%以上,有机化工、精细化工在全行业所占比重不足10%。延伸配套产业发展不足,尚未形成关联度较高的产业集群,集聚、带动、辐射作用尚不明显。在内蒙古自治区的化工企业总数中,电石、复混肥等企业超过一半。

在煤化工中,能源化工多,精细化工少;地区分布广,产品品种多,总量增大但不够强。东部盟市化学工业发展滞后于西部地区。

(三)人才不足仍然是制约化学工业发展的突出矛盾

化学工业属于资金密集、技术密集、人才密集的产业,化学工业的快速发展急需大量各类专业技术人才和熟练的操作工人。当前各类专业技术人才和熟练操作工人的缺乏,直接制约内蒙古自治区化学工业的快速健康发展。培养化工人才和熟练工人所需时间较长,从各类学校新毕业的专业技术人才和操作工人,一般需要用5~10年左右的时间才能成熟,不能满足当前化工产业蓬勃发展的需求。

(四)水资源不足

水资源不足是制约内蒙古自治区化学工业发展的又一重要因素。水是化学工业发展的必要条件和关键的制约因素,没有充分的水资源保证,化学工业就不可能

实现科学、健康、可持续发展。每吨化工产品需耗水 10～15 吨,没有足够的水资源支撑就不可能大规模发展化学工业。内蒙古自治区是缺水地区,有限的地下水是生态环境保护的首要因素,开采使用地下水资源,容易导致生态环境的破坏,属于绝对控制使用的水源。地表水丰富地区水利工程建设不足,黄河水国家严格控制使用,而且黄河水自身流量较小,因此,资源性和工程结构性缺水是制约内蒙古自治区大规模发展化学工业的突出矛盾。

(五)污染物排放的制约

二氧化碳排放是制约化学工业,特别是煤化工业快速发展的重要因素。化学工业是污染物排放较大的产业。在煤制油转化过程中,每生产 1 吨油排出 8.8 吨二氧化碳;每生产 1 吨甲醇排出约 2.3 吨二氧化碳,每生产 1 吨合成氨排出约 3.4 吨二氧化碳。当前,内蒙古自治区节能减排任务繁重,压力大。我国向世界承诺到 2020 年单位国内生产总值二氧化碳排放比 2005 年下降 40％～45％,近年来对污染物总量进行控制越来越严格,内蒙古自治区要完成国家减排指标,需要有效的控制重化工业的规模,提高技术水平。目前二氧化碳捕集、转化经济技术尚不成熟,二氧化碳排放问题将制约化学工业,特别是煤化工的快速发展。

(六)运输条件制约

内蒙古自治区 90％以上化工产品外销,运输条件的好坏,直接影响化学工业的健康发展。目前内蒙古自治区铁路、公路运力明显不足,仍然是自治区经济发展的瓶颈。特别是液体化工产品管道运输通道建设十分薄弱。

第一节
内蒙古自治区化学工业发展思路和措施

《内蒙古自治区化学工业"十二五"发展规划》和"8337"发展思路,明确了内蒙古自治区化学工业发展的指导思想、目标、重点和主要措施。

一、发展思路、原则、目标和重点

化学工业的发展是受水资源、环境容量、土地、化学矿产等多种要素制约,废弃物的排放对环境和居民的健康影响长远,不能无限制地盲目发展,需要确定正确的发展思路,坚持正确的开发原则,找准目标和重点。

(一)指导思想和原则

内蒙古自治区提出要抓住战略机遇期推进化学工业的发展,以科学发展观为指导,以现有产业为基础,以化工园区为载体,以基础化工原料为基点,不断调整产业结构,延伸产业链条,优化产业布局,转变发展方式。在全球经济放缓、经济下行压力较大的形势下,根据市场需求和产业发展趋势,坚持走新型工业化之路,加快从发展基础化工原料向发展高新化工产品转变,从规模化发展初级化工产品向发展高附加值的高端化工产品转变,从粗放型生产向资源节约、环境友好型转变,着力打造煤化工、氯碱化工、硅化工、有机化工、氟化工、精细化工产业链和产业集群。

内蒙古自治区要实现化工产业的科学发展、可持续发展,需要坚持正确的发展原则,直面困难和制约因素。一是要坚持量水而行发展原则。要合理开发利用水资源,采取天上水、地表水和地下水"三水"并举利用的有效措施,着力提高水资源的利用率和保障能力。二是坚持高端化发展原则。要采用当今世界最先进成熟的工艺技术设备,前瞻性、高水平、高起点建设大型化工项目,把化工产品最终做到科技含量高的终端产品。三是坚持大型化发展原则。就是要坚持规模化、基地化、集约化、园区化发展原则,达到产品项目一体化、公用辅助一体化、物流传输一体化和管理服务一体化。四是坚持循环化发展原则。就是要坚持大中小企业协调发展的原则,构建有利于上下游协调发展,促进龙头企业和优势企业做大做强,中小企业做特做专,形成大中小企业并存,优势互补、各有所长的循环、闭合产业格局,达到环境保护、清洁生产目的。五是坚持安全发展原则。坚持同时设计、同时施工、同时投产的"三同时",建立健全严格的安全生产规章制度,强化企业安全生产主体责任的落实,完善各类安全标准,加大安全生产培训力度。

(二)发展目标和重点

"十二五"期间,内蒙古自治区化学工业由基础化工向化工深加工、精细化工转变,逐步由生产初级产品为主转向发展高端、终端产品。"十二五"期间,全区化学工业增加值将达到 1700 亿元,比"十一五"末增长 3.4 倍,年均递增 28％,占全区工业增加值比重达到 15％;精细化工率达到 20％,精细化工增加值达到 340 亿元。

党的十八大后,内蒙古自治区在"8337"发展思路中提出,要建设成为全国重要的现代煤化工示范基地的目标。突出发展重点,转变化学工业发展方式,提高发展质量,调整和升级产业结构,走循环经济、可持续发展之路。重点发展以下化工产业:

1.煤化工

继续抓好已建成投产的煤制油、煤制烯烃、煤制乙二醇项目技术攻关、工艺设备改进优化,重点煤制天然气、煤制油、煤制二甲醚、煤制烯烃、煤制乙二醇等新型煤化工示范项目产业化进程,做大新型煤化工总量,延伸产业链,逐步形成煤—电—煤制油—煤制油深加工、煤制甲醇—甲醇燃料—甲醇下游产品及其精细化学品、煤—电—电石及其下游产品、煤焦化—联产化工产品—煤焦油深加工及其精细化学品、煤制苯胺及其下游精细化学品、煤制乙二醇及其下游产品等煤化工产业链和集群。逐步形成"煤电化一体化"、"煤化电冶一体化"等煤化工多联产产业体系。在现代煤化工示范基地,重点抓示范试验和产业化生产,为此要继续完善现有示范技术装备,力争在煤气化、净化、合成技术等方面的国产化上有新突破;在试验项目成功后,后续项目要紧紧跟上,形成配套生产体系。

2.氯碱化工

"十二五"期间,要继续扩大聚氯乙烯、多晶硅等产品总量,建成基本完善的煤—电—盐—烧碱、氯化氢—聚氯乙烯及其下游深加工和精细化工、电—工业硅—三氯氢硅—多晶硅—单晶硅产业链和产业集群,建设成为全国最大的聚氯乙烯生产加工基地和交易中心及全国最大的多晶硅生产基地。

聚氯乙烯生产要积极推广干法乙炔发生、大型转化器、变压吸附、无汞催化剂和新型分子筛催化剂等电石法聚氯乙烯工艺技术的开发和技术改造。积极开展聚氯乙烯树脂的多品种、系列化、专业化研究,开发丰富的聚氯乙烯树脂品种(如糊树脂、特种树脂)和多元化、针对性强的高附加值产品,使特种树脂占到通用树脂的30％左右。

3.电石工业

内蒙古自治区拥有优质充足的电石资源,"十二五"期末淘汰所有内燃式电石炉,并与下游深加工产品配套建设。提高技术装备水平,生产装置实现密闭化、大型化、自动化。推广我国自行设计制造的 40000 千伏安密闭电石炉,除进一步巩固电石法生产聚氯乙烯外,不断扩大延伸电石加工系列和新兴产品,积极发展氯丁橡胶、醋酸乙烯、聚乙烯醇及其衍生物等电石下游产品,实现电石下游产品的多样化,使电石就地转化为高端产品。

4.有机硅化工、氟化工

稳步推进硅化工和氟化工行业在生产规模、产品品级、多用途功能和技术创新方面迈上新台阶。以分布广泛的萤石矿资源为依托,积极开展氟化工产品和有机硅单体产品和下游产品的开发。在生产规模、产品升级方面达到世界先进水平。打造萤石—氟化氢—含氟聚合物等氟化工新材料产业链和产业集群。加快重点硅单体项目建设速度,推动有机硅单体下游产品开发建设,打造工业硅—有机硅单体—有机硅材料—有机硅应用材料产业链和产业集群。"十二五"期间,要建成我国重要的氟化工和有机硅单体生产基地。

5.精细化工

重点发展甲醇—甲醇燃料—甲醇下游产品及其精细化学品、醋酸及其下游精细化学品等有机化工和精细化工闭合产业链和产业集群;积极发展染料中间体、医药中间体、农药中间体、苯胺下游精细化学品和碳纤维系列产品,推动电子化学品、塑料添加剂、食品添加剂、饲料添加剂、黏合剂等专用化学品发展。

二、主要措施

根据国内外发展化学工业的经验和教训,结合内蒙古自治区的特点,促进化学工业的发展需要采取以下措施:

(一)加快结构调整,促进产业升级,高起点地建设化学工业园区

内蒙古自治区要适合社会需求变化和产业发展趋势,着力调整优化化工产业结构,关闭和淘汰污染大、技术落后的化工企业,发展新型化工项目,延伸产业链、发展循环经济,促进产业集群式发展。2009 年,自治区政府确立了重点拓展煤化工的发展目标,将继续依托煤炭资源优势,以洁净煤气化为龙头,围绕化肥、甲醇、芳烃、合成油 4 条主线,实施煤电化一体化战略,大力发展新型煤化工产品链。"十

二五"规划提出重点推进煤制油、煤制天然气、煤制二甲醚、煤制烯烃、煤制乙二醇等新型煤化工示范项目产业化进程,做大新型煤化工总量,延伸化工产业链,打造化工园区,形成产业集群。

化工园区是化学工业发展实现集中、集约、集群发展的重要平台。化工园区应选择在水资源能够充分保障,交通便捷,环境安全,运输条件好,资源富集地区。园区建设起点要高,定位明确,特色突出,关联度高,水、电、汽、物流、"三废"处理等公用设施配套齐全。要对已进入城市规划区的高风险化工企业进行搬迁或退出,全部远离城市,进入工业园区。新建化工业园区距离依法设立的基本农田保护区、自然保护区、风景名胜区、饮用水水源保护区、居民聚集区、食品生产地等环境条件要求高的区域周边约2公里。针对高危工艺和装备,开展安全工艺技术改造,消除安全隐患,提升安全可靠度。

(二)优化发展环境,加大开放力度,落实各项扶持政策

认真落实国家西部大开发、振兴东北老工业基地和加快内蒙古自治区发展的差别化政策,用好用足各项扶持政策,推动内蒙古自治区新型化工快速发展。优化发展环境,提高政府办事效率,加快项目、土地、环保、能评、安评等审批工作进度,减轻企业负担,加大对外开放力度,逐步改善投资环境,鼓励区内外、国内外企业和个人,以资金、技术、科研成果等要素,合资合作或独资兴办化工企业。高起点、高水平承接科技含量高、规模大的化工延伸产业链及精细化工产业转移项目,保证内蒙古化学工业集中、集约延伸多元发展。

(三)严格执行产业政策,防止低水平建设

认真执行国家产业政策目录,严禁建设国家产业政策目录限制类、淘汰类和不符合行业准入条件的项目,严格环评、安全生产审批,防止低水平、高污染、高耗能、高危害项目落地。分析研究国内外煤化工发展新动向,结合内蒙古自治区实际,适时调整产业发展政策,确实保证内蒙古自治区煤化工产业先进性、竞争力和可持续发展。

(四)在全区范围内合理布局新型化工产业

根据资源分布和现有的基础,石油化工、化肥、聚甲醛重点布局在呼和浩特市,逐步建设成以石油、汽油、柴油、液化石油气、乙烯、丙烯及制品;甲烷气、甲醇、合成氨、尿素、聚甲醛为主要产业链的石油化工产业集群。

煤制油重点布局在鄂尔多斯市、锡林郭勒盟、呼伦贝尔市、兴安盟,逐步建成以煤—电—煤制油—煤制油深加工为产业链的煤化工产业集群。

煤制烯烃重点布局在包头市、锡林郭勒盟、呼伦贝尔市,逐步建成以煤焦化—煤焦油、甲醇及下游精细化工产品,煤气化—甲醇—烯烃及下游系列产品,煤气化—乙二醇及下游系列精细化工产品,煤焦化-合成氨、甲醇、碳铵基础化工产品为主要产业链的精细化工产业集群。

煤制天然气重点布局在鄂尔多斯市、通辽市、赤峰市、兴安盟,建成以煤气化、甲醇、烯烃及下游产品,煤气化、苯胺、聚氨酯、橡胶助剂、聚氨酯纤维,煤气化、甲烷气为主要产业链的煤化工深加工产业集群。

褐煤提质重点布局在呼伦贝尔市、通辽市、锡林郭勒盟,建成以煤气化—甲醇、聚甲醛—醇醚燃料,煤气化、乙二醇及下游系列产品为主要产业链的煤化工产业集群。

呼和浩特市、包头市、巴彦淖尔市及阿拉善盟、乌海、乌斯太、棋盘井(蒙西)"小三角"地区,重点发展煤焦化及煤焦油深加工、氯碱化工、精细化工、多晶硅、有机硅等。

按照循环经济理念,进一步调整产业布局和产品结构,加快产业集聚,延伸产业链条,实现"减量化、资源化、再利用"目标。要把建设资源节约型、环境友好型企业列为重点,全力支持企业开发推广节能新技术、新工艺,实施节能技术改造,提高能源资源综合利用效率。

(五)抓重大化工项目建设,突破"瓶颈"制约,推进运输体系建设

新型化工产业,必须坚持项目大型化、产品高端化、能效最优化的发展之路。煤化工项目的规划、建设必须与调整结构、促进产业升级、提升行业可持续发展能力相结合。突出精深加工,发展高端煤化工产品;突出构建产业链,带动地方产业集群发展。内蒙古90％以上的化工产品销往区外,运力紧张是制约自治区经济发展的突出矛盾。实现化学工业发展目标,产品运输问题更显突出,特别是甲醇、二甲醚等易燃、有毒液体的危险化学品,因其危险程度高,运量大,运输更加困难,运输问题将成为内蒙古化学工业发展"瓶颈"。因此,在充分发挥现有铁路、公路运力的情况下,应统筹考虑在化学工业集中发展的地区,建设通向沿海港口的液体化学品输送管道和重载专用通道,建立快捷便利的化学品外输通道,保证化工产业发展。

（六）重视人才培养引进，鼓励产学研结合，提升研发水平

内蒙古自治区属于西部地区，吸引外来人才较为困难，因此，化工人才的培养要立足于区内，根据内蒙古自治区化工产业发展的特点，调整区内人才培养结构，在普通高校和职业院校增加化工人才专业培养指数，培养和建设留得住、用得上的人才队伍。同时要采取多种形式，引进化学工业发展建设急需的国内外高层次技术人才和经营管理人才。坚持引进与自主开发并重的原则，增强科研创新能力。加强企业为主体的科技创新体系建设，推进重点企业或企业集团建立技术开发中心。提高科技投入力度，制定相应政策鼓励社会资金和企业自有资金用于科研开发，研究建立科技开发与创新的风险基金，解决企业科技开发与创新先期投入不足问题。加大对化工类科研院所的支持力度，鼓励产学研结合。充分利用内蒙古自治区现有大专院校教育资源与企业以及科研机构相结合，积极研究开发高端石化产品和促进现有科技成果转化，提升科技创新水平，加大对研发中心、培训中心建设的支持力度和资金投入。

第七章

内蒙古自治区装备制造业发展报告

作为衡量一个国家或地区工业化水平与经济科技总体实力的重要标志的装备制造业,不但具有产业关联度高、产品链条长、带动能力强和技术含量高等特点,还是关系国家、民族长远利益的基础性和战略性产业。然而,世界其他国家包括国际组织并没有提出"装备制造业",它是我国所独有的一个概念,其正式出现于我国中央经济工作会议(1998)明确提出的"要大力发展装备制造业"。装备制造业又称装备工业,主要是指资本品制造业,是为满足国民经济各部门发展和国家安全需要而制造各种技术装备的产业总称。2002 年《国民经济行业分类》(GB/T4754 2002)将装备制造业分为七大类 56 个中类:金属制品业、通用设备制造业、专用设备制造业、交通运输设备制造业、电气机械及器材制造业、通信设备和计算机及其他电子设备制造业、仪器仪表及文化办公用机械制造业。

内蒙古自治区装备制造业具有一定的传统优势和基础,保持了较快的发展速度。但是,从总体上来看,内蒙古自治区装备制造业占整个工业的比重较低,带动作用不强。如何促进内蒙古自治区装备制造业发展,对加快调整优化产业结构、推动产业多元化、产业延伸和升级、促进经济又好又快发展具有重要意义。

第一节

国内外装备制造业发展的总体形势判断

装备制造业位居工业的核心地位,担负着为国民经济发展和国防建设提供技术装备的重任,是工业化国家的主导产业。了解和把握国内外装备制造业发展的趋势,对于内蒙古自治区发展装备制造业有重要的启迪。

一、国外装备制造业的发展趋势

在进入 21 世纪的信息社会中,装备制造业的基础战略产业地位丝毫没有动摇。发达国家把装备制造业置于更为优先发展的重要地位,不仅体现在装备制造业占本国工业总量的比重、资本累积、就业贡献等指标上均居前列,更体现在装备制造业为新技术、新工艺、新产品的开发、设计和生产提供了重要的物质基础。发达国家的发展经验充分证明,装备制造业的发展水平直接影响其他产业的竞争力,没有强大的装备制造业,就无法完成工业化,更不可能实现现代化。当今世界,美国、德国、日本等主要发达国家,都是装备制造业强国,都有一批国际竞争力强的装备制造企业。

国际装备制造业伴随着高新技术的发展,体现出如下智能化、柔性化、网络化、精密化、绿色化和全球化的总趋势:

一是产品高技术化,由劳动密集型向技术密集型转变。研究开发功能上升到企业核心地位;信息装备技术、工业自动化技术、数控加工技术、机器人技术、先进的发电和输配电技术、电力电子技术、新材料技术、新型生物机械技术以及环保装备技术等高技术成果深刻、广泛地影响装备制造业的发展;注重对高端、高附加值技术装备设计、制造的控制和主导;极端制造技术,指在极端条件下,制造极端尺度或极高功能的器件和功能系统,集中体现在微细制造、超精密制造和巨系统制造将成为制造技术发展的重要领域。

二是服务个性化。不断提升系统设计、成套制造的能力,加快发展具有总体设计、系统集成、成套生产、销售配套服务等"一揽子"功能的大型装备制造企业是装备制造业的重要发展方向。

三是经营规模化。大跨国公司不断联合重组,既扩张竞争实力,又收缩战线,精干主业,剥离非主营业务,提高系统成套能力,适应市场个性化、多样化要求,随之零部件和配套产品、社会化生产服务体系不断完善;产业集群成为培育产业竞争力的重要基础性环节。

四是产品和生产环保化、人性化。高度重视装备制造业同环境与人的协调发展,重视以保护环境和提高生活质量为核心的产品开发、生产流程和作业,推进无排放生产系统(能源、资源消耗最少,废弃物为零)、反向生产系统(高度再生对策生产系统)的研究开发,在生产过程中注重追求以人为核心的安全对策技术。

二、国内装备制造业发展的现状与问题分析

尽管目前我国经济总量已居世界第二位,但装备制造业的整体水平与发达国家相比还存在很大差距,在国际经济中仍处于垂直分工的中低端。没有自己先进的装备制造业,就难以成为工业强国,一个地区不加快发展自己的装备制造业,不审慎地选择怎样发展地区的装备制造业,就很难真正做到"富民强市"。

(一)我国装备制造业的现状

改革开放以来,通过消化吸收国外先进技术,加强科技攻关和技术改造,我国装备制造业的能力和水平都有了较大的提高,形成了较完整的制造体系,目前在制造规模上居世界第五位。据统计,全国有机电企业约 10 万多家,资产平均占有量约 2000 万元,全国规模以上装备制造企业约 7 万家,从业人员近 1838 万人;2012年工业总产值达 19.986 万亿元,比上年增长 7.9%,全年规模以上工业企业实现利润 5.5578 万亿元,比上年增长 5.3%;工业增加值占国内生产总值(GDP)的 8.1% 左右,仅次于美国、日本和德国。

(二)我国装备制造业发展存在问题分析

我国装备工业存在的主要问题是:装备工业摊子大、水平低、效率差,产品结构和组织结构亟待调整。目前,国内设备制造业低水平重复、低档次的大路货产品生产过剩,而技术水平高、有竞争力的产品短缺,不能满足国内市场需要。整个机械行业前 10 家的市场份额集中度不到美国和日本的 1/7 和 1/6;技术装备落后,高新

技术的转化作用不够,信息系统应用程度低已成为制约经济增长方式转变的因素之一。由于大量企业的装备水平落后,不仅产品质量和档次上不去,而且劳动生产率低下,物耗高,影响国民经济整体效益。目前,我国单位GDP的能耗不仅超出世界平均水平3.8倍,甚至是世界中低收入国家的平均水平的1.6倍;国内装备工业不能满足产业升级的需要,新增设备对进口的依赖程度大大增加。20世纪90年代以来,每年进口的机械设备占当年固定资产投资中设备购置费的2/3左右。尤其是新增的大型成套设备大部分靠进口。据1990~1998年的统计,设备购置费约占固定资产投资总额的21%~26%,固定资产投资的14%~17%被用来进口设备,企业资本结构不合理。我国装备业总体表现为高投资、低收益的严重不合理的资本结构。发达国家装备业企业在外部资本市场的筹资50%来自证券市场,而我国装备业资本构成是国家资本38.47%,集体资本12.01%,法人资本17.92%,个人资本6.41%,港澳台资本7.12%,外商资本18.06%。我国大多数装备企业是国营企业,资产负债率为80.4%,其中超过100%的占26.8%。

第一节
内蒙古自治区发展装备制造业的战略意义

党的十八大以后,内蒙古自治区确定了"8337"发展战略定位,提出要建设现代装备制造等新型产业基地,逐渐改变对自然资源过度依赖的产业结构。发展现代装备制造业对内蒙古自治区发展非资源型产业,提升整个工业的质量和层次具有重要的意义。

一、发展装备制造业是实现国民经济可持续发展的战略举措

装备制造业是为国民经济各部门提供技术装备不可或缺的基础性战略性产业。装备制造业具有产业关联度高、需求弹性大、对经济增长带动促进作用强、对国家积累和社会就业贡献大等特点,其发展水平集中体现了国家的综合竞争力和工业发展的技术水平,直接关系到国民经济的控制力和影响力。各工业化国家经济发展的历程表明,没有强大的装备制造业,就不可能实现国民经济的工业化、现

代化和信息化。所以,装备制造业的振兴,是实现工业化、现代化的重要标志,对于全面建设小康社会具有十分重大的现实意义和深远的历史意义。正因如此,在《国务院关于加快振兴装备制造业的若干意见》中首先指出:大力振兴装备制造业,是党的十六大提出的一项重要任务,是树立和落实科学发展观,走新型工业化道路,实现国民经济可持续发展的战略举措。《内蒙古自治区国民经济和社会发展第十一个五年规划纲要》也提出发展振兴装备制造业、大力推进新型工业化进程的重要任务。

二、发展装备制造业是加快经济发展方式转变的要求

内蒙古自治区是我国资源大省,经济社会发展进入了全面促进产业升级、加快调整经济结构、扩大工业经济总量、加快转变发展方式的新阶段。内蒙古自治区党委、政府明确要求着力转变经济发展方式,提高经济增长的质量和效益。国内外的实践表明,大力发展装备制造业能够有效提升产业层次、推动工业结构高级化,有利于降低经济发展对资源和能源的消耗强度,增强经济发展后劲,带动区域经济社会又好又快发展。因此,利用现有产业基础,充分调动各方面的积极性,努力把装备制造业培育成为内蒙古自治区重要的支柱产业,对加快推进新型工业化进程,实现经济社会科学发展、又好又快发展和可持续发展具有十分重要的意义。

第二节
装备制造业发展的国际经验借鉴

装备制造业为各行各业提供技术装备,是关系综合国力提升能力的重要基础性产业,在内蒙古自治区实现工业化和现代化的过程中居于关键地位,发挥着举足轻重的作用。全面了解和借鉴西方发达国家和世界各国在装备制造业发展的经验,结合内蒙古自治区实际,制定符合区情的政策,全面促进基础产业的振兴与发展,对于内蒙古自治区具有十分重要的现实意义和保持长期可持续发展的重要战略意义。

一、发达国家装备制造业的发展经验

纵观世界发达国家装备制造业的发展历程。主要有美国和日本为代表两种发展模式。美国装备制造业走的是"研发与生产—出口—进口"的路径,依靠对基础科学研究的大力投入和世界一流的研发力量,率先进行新产品的开发与生产,在国内形成规模生产和市场销售,再开拓国际市场,并输出资本和技术,然后随着原先进口国的大量生产,产品开始逆向进口到美国。日本作为赶超型的新兴工业化国家,其装备制造业主要走的是"进口—国内生产—出口"的发展道路,通过技术引进消化吸收创新和替代进口,形成比较成本优势,推动装备制造业的升级换代,同时在少数高技术领域加强研发,努力接近美国的发展水平。

美国、日本、德国、中国都是现今世界上装备制造业的大国,当然还有一些国家在某些装备制造业行业居世界领先水平,如俄罗斯的重型机械和武器制造,加拿大的轨道车辆和飞机制造,瑞士的精密机床和仪器仪表制造,瑞典的轴承制造,韩国的船舶和电子设备制造,等等,探究考察发达国家装备制造业的发展历程,可以从中得到一些经验启示。

第一,国际上的工业强国都需要装备制造业的支撑。美国、日本、德国等装备制造业大国都是当今的工业大国和经济强国,其崛起和腾飞几乎都是凭借装备制造业的发展。工业发达国家的重型装备制造业强国地位,并不因全球金融危机爆发、世界经济衰退而发生根本性的改变。德国在 20 世纪 60～90 年代,是世界上重型机械制造强国,尤其以出口大型成套矿山设备和冶金设备著称,但在 20 世纪末期,开始向"大制造业"方向发展,将德马克公司和西马克公司整合为曼彻斯曼西马克公司,仅保留其重型机械制造业的形象。

美国在推进知识经济过程中,认为重型机械制造业现属于高技术密集型的制造业,也是高能耗、劳动密集型产业,故美国最早将重型制造业转移到其他国家。例如制造世界掘进机王牌的罗宾斯也曾经转移至瑞典,而后又被美国本土一个小公司波尔特克整合。

日本在过去的几年内,首先将重型机械制造业两个巨头三菱重工与日立整合为"三菱日立金属机械公司",川崎重工与 JP Steel Plantech(JSP)公司也已达成协议,进行整合。可以说,在 20 世纪 80～90 年代一度称雄的日本重型机械制造业,也在向"大制造业"方向整合。

在工业发达国家,整合后的重型装备制造业,创造的经济指标在国民经济中的比例已显得不十分重要，工业发达国家已经把重型装备制造业塑造为代表国力形象的"大制造业"之一，作为避免受制于其他国家的装备制造能力，作为保障国家对外政治地位，对内经济安全实力的象征。

第二，装备制造业的发展需要大型跨国集团的带动。装备制造业的发展需要大型的跨国集团和公司，同时也带动了许多相关产业的发展壮大，促进了国家工业化和现代化的过程。世界上装备制造业发达的大国普遍重视培训大型的企业集团，以此带动本国装备制造业更大的发展，有时甚至充当各国政府的代言人，组织重大工程建设、尖端产品技术研发和对外贸易等活动。如日本的三菱、东芝、日立、丰田、日产，美国的通用电气、通用汽车、福特，德国的西门子、大众等，法国的阿尔斯通，加拿大的庞巴迪，韩国的现代、三星，等等。这些大国的装备制造业跨国集团发展规模很大，全球化配置资源，经营范围广，技术研发、系统集成能力强，普遍具有较强的融资能力，极大地带动了装备制造业的发展。

第三，装备制造业发展的重点是占领高端产品的研发和制造技术。当前，美国装备制造业发展致力于技术高起点，产品高附加值，基本跳出了中、低档产品的圈子。日本、德国等国继续推进行业整体素质的提高，重视利用高技术优化提升传统装备制造业，大力发展高技术、高附加值产品，保持产业优势。如在发电设备领域，美国、日本、德国已将研制重点放在新一代核电机组、大型燃机、百万千瓦超临界火电机组、大型风电机组等节能减排新产品上。久负盛名的世界两大船用柴油机生产企业 MAN−B&W 和瓦锡兰−苏尔寿公司，如今主要从事产品的开发设计和专利、标准服务，向日本、韩国、中国三个造船大国的生产企业提供产品图纸和技术咨询服务，收取生产许可费。西方发达国家出现了专事产品设计和服务的企业，本身不从事制造生产，例如汽车设计、发动机设计、风力发电设备设计等。以韩国为代表的后起国家，像我国一样正加快产业结构调整，提高自主创新能力，适应国际竞争的需要。

日本装备制造业振兴的过程，既不是全靠自力发展的"播种方式"，也不是全部引进成套设备的"移植方式"，而是始终以大力提高技术水平为基本内容，在已有技术基础上引进必要技术和关键设备的"嫁接方式"。1950～1979 年，日本共花费100 亿美元，引进技术约 3.4 万项，其中装备制造业是日本引进技术最多的部门。日本装备制造业技术引进的注重点有两个：其一，技术引进同生产密切结合，并重视创新，兼采各国之长，形成自己的技术。其二，在引进先进技术的同时，大力加强自己的研究与开发。日本的技术研究和开发，30％由国立科研单位和大学承担，70％由民间企业承担。各大公司都把研究和开发放在头等重要地位，舍得花大本钱。2001 年,日本装备制造业企业的研发投入占其当年销售收入的比例达到 4.16％。2006 年,日本机电与精密仪器等领域 11 家主要厂商的研发投入突破了 290 亿美元。

金融危机发生后,美国并没有因此而大幅度减少研发投入。国会公布的《2009 年美国恢复和再投资法案》的草案包含增加 133 亿美元科技投入,其中研究和开发 99 亿美元,研究和开发设施设备 34 亿美元。2010 财年联邦部门研发拨款中,以美国国家科学基金会、能源部科学办公室和国家标准技术研究院为代表的基础研究主体的研发拨款朝着十年内翻番的目标稳步前进。美国对具有国家战略价值的新兴产业投入了巨资,借助于税收补贴等手段,利用杠杆效应撬动社会资本在这些领域的投资。美国还采取了一系列措施,如设立民用空间项目计划,组建公私合营企业探索清洁煤技术的商业化模式,鼓励私人投资进入宽带服务领域等,意在推动民间参与科技开发和利用,以保持美国的创新活力和经济增长。

第四,集群式发展是装备制造业发展的趋势。20 世纪 90 年代以来,全球装备制造业的集群化趋势不断发展。英国北部的汽车、金属加工等制造业集群,美国硅谷和 128 公路的电子业集群、明尼阿波利斯的医学设备业集群,德国索林根的刀具业集群、斯图加特的机床业集群、韦热拉的光学仪器集群等,已经成为地区经济发展的重要支柱。在日本东京,众多电子设备、精密仪器领域的中小企业集聚周围,这些"产品开发型中小企业"正取代传统的"承包加工型中小企业",迅速发展成为日本培育产业竞争力的基础。各国已经享受到了集群式发展带给装备制造业前进的强大推动作用。

第五,各种扶持政策是国际大国装备制造业发展的保证。无论是过去还是现在,也无论是在世贸规则范围内还是规则以外,这些国家都给予了本国装备制造业强有力的扶持。这些扶持手段包括政府采购、税收减免、优惠贷款、资金投入、市场保护等多方面,而且在产业发展的各个时期运用的侧重点不同。美国通常采用政府采购、军事订货、政府拨款等手段保护本国市场,一些公共设施(如地铁)建设也有设备国产化率要求。美国 1930 年曾制定"Buy America 法"规范政府采购,至今仍然有效。加拿大庞巴迪公司为美国生产地铁车辆,美国法律要求他们,产品制造工作量的 50％以上须在美国本土完成。日本、韩国先期曾制定促进装备制造业发展的法规,日本 20 世纪五六十年代有《日本机械工业振兴临时措施法》,对引进设备予以限制,支持对引进技术的消化吸收再创新,禁止重复引进。近年来,国外政府将支持时段前移到技术研发环节,重视借助中介机构发挥政府作用,扶持手段趋于隐秘。

机械制造业作为制造业的重要组成部分,世界各国均给予了普遍的重视与支持。各国均结合本国税收制度的特点,在税收制度设计、税收优惠安排等各方面给予了持续关注。如美国虽然并没有针对装备制造业单独制定或颁布相关税收优惠措施,对产业发展的鼓励主要通过普惠性的税收制度安排来实现。税收激励主要以所得税为主,具体形式通常以间接优惠为主,同时辅之以直接优惠。直接优惠方式表现为定期减免所得税,采用低税率等;间接优惠方式通常包括加速折旧、投资抵免、费用扣除、亏损结转、提取科研开发准备金等。美国针对 20 世纪 70 年代政策失误造成的竞争力衰退,重新强调制造业仍是美国的经济基础,并提出要促进先进制造技术的发展。20 世纪 90 年代以来,美国政府先后制订并相继具体实施先进制造技术计划等六大跨部门科技计划,以及民用工业技术等九大战略计划。日本政府自 1956 年起就将装备制造业作为战略产业予以重点扶植。

加拿大政府在利用税收政策鼓励企业的研究与开发投资方面有着很长的历史,制造业作为加拿大的重要行业也广受其益。研发项目的税收减免和退税政策极大地激励了当时装备制造业的发展。

自金融危机爆发以来,美国政府不断加大对新兴产业的支持力度。2009 年 2 月 17 日,奥巴马签署《2009 年美国复兴与再投资法》,推出了总额为 7870 亿美元的经济刺激方案,其中基建和科研、教育、可再生能源及节能项目、医疗信息化、环境保护等成为投资的重点。2010 年,美国在清洁能源技术和产业、医疗卫生领域、环境与气候变化、信息通信领域和材料与先进制造领域出台了一系列新的计划与政策措施。

二、国外装备制造业发展的可资借鉴之处

西部大开发以来,生态环境和基础设施建设已初见成效,故西部各省、区、市陆续进行产业结构调整,在继续加强生态环境和基础设施建设的同时,内蒙古自治区发展重点将逐渐转向产业推进,在工业领域主要靠发展装备制造业来支撑。借鉴工业发达国家发展先进装备制造业的成功经验,对于此阶段的内蒙古自治区装备制造业实现先进的目标具有重要的战略意义。

（一）要大力引进国外的先进技术和加强研发能力并举

内蒙古自治区装备制造业发展还处于引进阶段,要借鉴大国发展装备制造业依靠技术研究的发展之路。像日本装备制造业技术引进同生产密切结合,并重视

创新,兼采各国之长,形成自己的技术,在引进先进技术的同时,大力加强自己的研究与开发。

美国 20 世纪 70 年代提出"再工业化"战略,相当于我国所说的振兴老工业基地,其本质之一是强调和重视科技的自主创新和持续创新。对于高端装备制造业而言,由于其产品和工艺的复杂性,技术研发的周期长、成本高,而且风险很大,因此技术结构升级是装备制造业内部结构升级的核心和主要动因,必须加强内蒙古自治区装备企业的技术研发能力。

(二)要积极推动装备制造业产业集群的形成

美国、日本、德国、韩国等发达国家的装备制造业依靠跨国式经营和集群式发展取得了较好的效果,享受到许多单打独斗不能获得的收益。内蒙古自治区的装备制造业虽已取得长足发展,产业链不断延伸,产业融合和产业创新越来越强,但缺乏成套能力,且服务体系不够发达,造成产业集群尚未形成,一定程度上影响了装备制造业的快速持续发展。

(三)要加快培养一批能够提供重大技术装备总承包服务的企业集团

在经济全球化的今天,装备制造业发达国家,总是由具有总承包能力即提供交钥匙工程的公司,把有关设计、制造企业联合起来,总承包公司控制着总体设计和关键设备的制造。而内蒙古自治区目前装备制造业的现状是研究院所、设计院、制造企业各自为战,缺乏有机联系,至今没有能够像美国通用电气和 IBM、德国西门子、日本三菱重工、法国阿尔斯通那样的企业,成为提供全系统服务的世界级装备巨头。加快发展具有总体设计、系统集成、成套生产、配套服务等"一揽子"功能的大型装备制造企业,是占领国际国内竞争制高点的关键环节,也是国际装备制造业的一个重要发展方向。

(四)要创造各种条件为装备制造业发展提供支持

根据世界装备制造业发展的趋势,在用户产业的需求进入多样化阶段以后,装备制造业要从以"硬件(生产)"为中心的框架中跳出,向以"软件(服务)"为中心的、具有综合工程能力(产品＋服务)的产业转变。内蒙古自治区与装备制造业有关的各个部门,都应树立为用户服务的强烈责任感,并且切实建立和实行一套有效的章法,改变"侧重生产、轻视服务"的习惯,在为用户服务的理念、行为、习惯上理应做得更好和更有成效。国际大国在支持装备制造业发展上的许多成功经验都可以学习借鉴,如可以减少支持性产业的税收,自主研发的项目进行税收减免或者是退税,新兴能源项目的补贴,等等。

国外产业税收政策因国别的不同而有所差异,西方发达国家更主张运用间接的税收激励,发展中国家则较多地使用直接的税收优惠措施。世界各国的产业税收政策对制定符合内蒙古自治区区情的装备制造业税收政策具有很好的借鉴意义。比如普惠性的政策和特惠性政策调节相结合、税收优惠与政府导向相协调、事前扶持与事后鼓励并用、科学地选择优惠对象、加强税收优惠成本控制与效益考核的管理。

第四节
内蒙古自治区装备制造业发展的理论机理分析

装备制造业的发展是关乎国家战略的基础产业,2010 年中共中央、国务院召开的西部大开发工作会议指出,将西部地区建设成为我国装备制造业基地是今后 10 年深入实施西部大开发战略总体目标内容之一。因此,装备制造业的健康发展是下一个 10 年国家区域发展的重要任务。

一、内蒙古自治区装备制造业发展的影响要素

装备制造业的发展受多种因素的制约。内蒙古自治区要建设现代装备制造业基地,首先需要了解影响装备制造业发展的主要因素和条件,充分利用现有的基础,积极创造有利于装备制造业发展的环境和条件。

(一)深厚的发展基础

新中国成立 60 多年来,中国装备制造业在经历起步、成长、起飞的过程中取得了长足的发展,逐步形成了门类齐全、具有一定规模和综合实力的装备制造业体系。

新中国成立后,我国在相对封闭的经济条件下对机械装备工业进行了一系列改组、改造工作,同时筹建大型骨干装备企业,进行自力更生的工业建设,如 3 万吨

级压力模锻水压机、原子反应堆和核原料加工设备、成套炼油装置等,其中有些装备已达到了当时国际先进水平。此时,中国装备工业在曲折前进中仍然取得了一定成就,初步形成了具有一定规模水平、门类比较齐全的装备制造体系。

改革开放以来,我国装备制造工业在对外开放中得到迅速发展,技术进步的模式、方法和途径有了很大变化。实行对外开放,利用国内外两个市场、两种资源,通过多种渠道引进国外先进技术 2500 多项,占全国引进技术总量的 1/3 以上。此时,许多传统产业开始进入成熟阶段,中国成为世界瞩目的工业生产大国。

20 世纪 90 年代中期,我国装备制造业发展进入起飞阶段。在第九个和第十个五年计划期间,我国出台的《国务院关于加快振兴装备制造业的若干意见》,明确装备制造业的振兴目标,逐渐形成重大技术装备、高新技术产业装备、基础装备、一般机械装备等专业化合理分工、相互促进、协调发展的产业格局。

(二)国际产业转移

经济全球化及国际产业转移的趋势不断深化,致使世界产业格局发生了重大变化。同时,我国对外开放程度不断加深,加快产业结构调整,做好承接国外相关产业转移的准备。因此,这次机遇将有利于我国学习先进的生产技术和管理经验,改变国内装备制造业大而不强的现状,增强企业自主创新能力,推动产业结构调整,也为我国装备制造业向多领域、高层次转化提供了广阔的发展契机。经济全球化及国际产业转移的趋势不断深化,致使世界产业格局发生了重大变化,也因此为我国装备制造业向多领域、高层次转化提供了广阔的发展契机。目前,像美国、日本、韩国和中国台湾、中国香港等一些发达国家和新兴工业化国家、地区加快了新型制造产业向中国内地转移的步伐,这有利于我国迅速吸收并掌握国外先进制造技术和管理经验,推动装备制造业的升级。然而,中国制造业的重心逐渐向中西部转移,国家有关政策大力支持西部发展制造业,为内蒙古自治区建设制造业生产基地提供了良好的机遇。

(三)国内产业结构的调整政策

自新中国成立以来,我国就特别重视装备制造业的发展,可以说中国装备制造业的发展演变是与中国产业发展政策紧密相连的。在计划经济时期、有计划的商品经济时期、计划经济向市场经济转轨时期和社会主义市场经济时期出台的各种产业政策,均不同程度地影响了中国装备制造业的演化、发展路径,产业政策成为推动中国装备制造业发展的重要因素。为加快产业结构调整,增强企业自主创新能力,推动重大技术装备的自主化,改变国内装备制造业大而不强的现状,国务院出台的一系列产业调整与振兴规划将进一步发挥提升产业总量水平、优化产业结构的作用。通过推进企业技术改造、支持装备产品出口、加快实施科技重大专项以及推进重大技术装备自主创新等政策措施来调整产业结构,积极支持装备制造业的发展。我国调整经济结构和西部大开发战略已经进入了一个新的发展阶段,并实施一系列促进民族地区加快产业发展的措施。发展装备制造业,不仅可以有效地降低地区经济发展对资源和能源的消耗强度,也能为地区经济各部门,特别是重化工业的优化升级提供先进的技术装备,对地区转变经济增长方式,推动产业结构调整,实现西部大开发战略有重要意义。

(四)市场需求进一步扩大

中央促进经济发展"一揽子计划"还将进一步落实和完善,扩大内需和改善民生的政策效应将得到继续发挥。工业品市场需求将继续扩大,城镇固定资产投资仍会保持一定规模,工业产品进出口也将保持增长。下游的煤炭、钢铁、有色金属等行业面临着产量增加与淘汰落后产能、优化产业增长方式等行业发展趋势。同时,中国经济高速增长带动对能源需求的不断扩大,能源、新能源相关设备制造有望成为行业新的成长引擎,这些都将为致力于拥有自主知识产权与成套设计生产能力的高端重型机械制造企业创造强劲的需求。

(五)融资能力

装备制造业属于制造业的一个重要组成部分,产业进出壁垒高,其产品的单位价值量高,企业固定资产投入量大,生产成本高于其他行业,属于资本密集型行业。如所生产的重大的基础机械,国民经济各部门(包括农业、能源、交通、原材料、医疗卫生、环保等)、军工生产和科学技术所需的重大成套技术装备。因此,装备制造业对资金有很大的需求,拥有强大的融资能力势必大大提高装备制造业的竞争力。

(六)技术创新

中国制造水平与国际先进水平相比存在比较明显差距的根本问题就是技术创新。十八大报告也曾提出,科技创新是提高社会生产力和综合国力的战略支撑,必须摆在国家发展全局的核心位置。此政策落实到装备制造业领域就是要求企业坚持自主创新,发展高端装备制造业。此外,装备制造业本就属于高技术含量产业,特别是一些成套性强、技术难度大且需要跨行业配套制造的重大技术装备制造,所以对技术提出了相当高的要求,技术进步,建设高端的装备制造业对该行业的发展有着至关重要的作用。

(七)产业配套能力

具有生产技术联系的各行业间相互配合支持的能力即为产业配套能力。装备制造业不仅为其他行业提供技术装备,同时也需要其他行业包括内部子行业的配套协作,这将有利于企业实现规模生产,减低采购成本,极大地影响装备制造业的发展。

二、资源主导型装备制造业的发展机理概述

资源主导型装备制造业作为我国工业领域中最大的产业,其发达程度直接影响着我国产业结构升级进度,是决定国家在经济全球化进程中国际分工地位的部分关键因素,振兴和发展资源型装备制造业将是我国当前和今后相当长时期内的一项重大任务。资源主导型装备制造的发展除了要受到上述因素的影响之外,还具有一定的特殊性,主要受如下两方面因素的影响。

(一)立足于丰富的资源储备,为资源型产业配套服务的能力

我国丰富的资源为资源开发型装备制造业的发展提供了多种资源条件。资源主导型装备制造业是围绕着资源型产业而形成的配套产业,其发展要受到资源型产业发展的影响和制约。随着资源主导型产业的持续发展,资源主导型装备制造业的发展也因此具有了较大的发展空间。2012年我国国民经济和社会发展计划草案报告显示,2012年我国原煤产量将达到36.5亿吨,增长3.7%,煤的储藏量达6000亿吨,我国煤的储藏量居世界第三位;原油产量将达到2.04亿吨,与上年基本持平,石油储量有150亿桶,占世界石油储量的1.1%,中国位列第十四位。同时,我国的资源储量与资源匮乏的发达国家和地区相比有一定的资源优势,同时也为发达国家将资源消耗较大的制造业向中国转移创造了客观条件。装备制造业主要立足资源优势和产业基础,将特色产业和特色经济作为地区经济发展的方向,重点培育能源、冶金建材、农畜产品加工、化工等装备制造优势特色产业。

(二)产业集聚基础

资源型产业发展的显著特点是产业关联性很强,产业链条长,关联产业多,因此,产业集群是发展世界级装备制造业基地的重要基础。产业集群不仅是一种空

间的集聚，更是产业发展中一种有效的组织方式，我国以政府推动、企业主体、市场导向、中介协助为原则，以产业结构调整、优化升级与产业组织合理化为主线，建设具有国际、国内市场竞争力的装备制造业集群，这将进一步促进我国产业结构战略性调整。遵循产业发展的客观规律，构建以装备制造业为核心的产业链，形成上中下游和其他相关产业相衔接，产供销一条龙的产业区域聚集形态。通过培育产业链、形成产业群和挖掘提升价值链来提高产业竞争力，实现由单个企业的"节点"优势形成产业"链群"优势，是装备制造业发展的基地和保证。我国很多地区已经形成资源型装备制造业集群，如煤炭大省山西省也是煤炭装备制造业集群发展的重点区域。

三、内蒙古自治区装备制造业发展机理分析

装备制造业是内蒙古自治区经济发展的主导力量之一，对经济增长、提升技术水平、增加就业、上缴利税等方面起到了巨大的作用。

（一）发展基础

内蒙古自治区装备制造业多属于专业设备制造业，秉承了新中国成立初期军工产业、国防工业和中央企业的基础，并在改革开放后通过军转民等进一步发展壮大，奠定了一定的工业基础。

1. 支持产业转移

就目前经济发展大势来看，内蒙古自治区已先后出台《全区工业重点领域承接发达地区产业转移工作方案》、《内蒙古自治区人民政府关于做好承接发达地区产业转移的指导意见》、《内蒙古自治区以呼包鄂为核心沿黄河沿交通干线经济带重点产业发展规划》等文件，将产业转移承接基地建设作为内蒙古自治区新的经济发展方向，制定鼓励性措施，实施大园区、大产业发展政策，引导制造业发展，并确定钢铁和有色金属延伸加工、装备制造业配套加工、聚氯乙烯延伸加工、稀土延伸加工、硅和氟产业延伸加工、高端陶瓷生产及农畜产品深加工等行业为承接产业转移的重点领域。

在东部"珠三角"、"长三角"和"环渤海"等发达地区将部分传统产业向中西部地区转移的经济背景下，内蒙古自治区立足资源优势，积极承接发达地区产业转移稳步展开。据内蒙古自治区经信委统计显示：2008 年至 2010 年上半年，内蒙古自治区全区共承接产业转移项目 754 个，项目总投资 5510.48 亿元。其中，已落地开

工项目565个,投资总额2942亿元。2013年,仅第一季度,全区承接产业转移项目已多达70个,协议投资3907亿元。呼和浩特、包头、鄂尔多斯、通辽、赤峰、乌兰察布等市成为承接国内发达地区产业转移的热点地区。内蒙古自治区在承接东部产业转移方面,大项目不断涌现,如落地鄂尔多斯的投资92亿元的大唐集团年产50万吨氧化铝、28万吨硅铝钛合金项目、投资28亿元的广东富睿集团光伏玻璃项目,投资28亿元的上海工电集团100MW热发电项目,以及落地赤峰的年产1000吨钼制品的东北特钢集团项目等。

2.良好的政策背景

为发展装备制造业,内蒙古自治区政府不断出台资源配置政策,鼓励承接大型风机、化工机械和煤炭机械等非资源型项目,进一步推动了自治区装备制造业快速发展,初步形成了以重型汽车、重型改装车为主的重型汽车制造,以挖掘机、大马力推土、非公路矿用车辆为主的工程机械制造,以大型风力发电机主机装配和叶片、塔筒制造为主的风机制造,以华泰汽车为主的乘用车制造,以煤炭采掘设备制造与维修为主的煤炭设备制造,以压力容器、非标设备为主的能源、化工、建材设备制造,以非煤矿山设备为主的矿山采选设备制造,以玉米、马铃薯播种、收获机械为主的农牧业机械制造,为主要行业的装备制造产业基础。

3.地理位置优越,资源丰富

内蒙古自治区位于北部边疆地区,全区平均海拔高度1000米左右,基本上是高原型的地貌区,并且地域辽阔,地层发育齐全,岩浆活动频繁,成矿条件好,矿产资源丰富,可再生能源得天独厚,全区矿产资源储量位居全国首位。截至2011年底,全区查明矿产地达1915处(能源矿产地584处、金属矿产地959处、非金属矿产地372处),其中大中型及重要小型矿产地1245处。到目前,内蒙古自治区基本探明了累计煤炭资源储量为8080.65亿吨;查明铅金属资源储量893万吨、锌金属资源储量2270万吨,均居全国第一位;查明铜金属资源储量670万吨,居全国第四位,这些矿产资源的发现为内蒙古自治区发展资源型产业提供了优厚的自然基础和优势。根据国土资源部《2012年度全国矿产资源勘查年度检查情况》通报,2012年全区矿产勘查面积居全国第一位。同时,鄂尔多斯市、呼和浩特市、包头市形成内蒙古自治区经济发展最为活跃的"内蒙古金三角",其丰富的自然资源为内蒙古自治区装备制造业的发展奠定了雄厚的资源基础。

因此,内蒙古自治区的装备制造业就要紧紧围绕做大做强,为能源、重化工产业服务,配套发展、上规模、上档次来建设。一是要为煤炭工业的各类主机及配套装备提高自给率服务,如煤矿机械的大型综采设备、提升选洗机、破碎运输机等;二是为煤炭深加工的重化工提供重型通用设备,如大型压力容器、风机、阀门、压缩机、减变速机、空分机、干燥设备等;三是延伸能源重化工产业链及与其上下游产业密切相关的装备,如特种运输车辆,包括集装箱、汽车零部件、工程机械、电器机械及器材、电子元器件、环保设备等。

4.技术条件不断完善

改革开放以来,特别是"十一五"以来,内蒙古自治区装备制造业通过引进消化,内引外联,积极引进大企业和成套技术,引进重型汽车、铁路车辆为主的交通运输设备制造业,以挖掘机、大马力推土机为主的工程机械等装备制造业快速发展。自治区装备制造业经过"十一五"期间的发展,内蒙古第一机械集团公司(以下简称一机集团)、内蒙古北方重工业集团有限公司(以下简称北重集团)等企业的技术装备水平已达到国内同类大型企业水平,机械加工精密设备均采用国内外先进设备。加工精度高、设备生产效率高,企业的产品零部件检测手段、产品处理工艺已达到国外同类企业水平。

(二)产业支撑

现代装备制造业的发展既要有产业基础,又需要相关的配套产业。内蒙古自治区经过60多年的发展,具备了支撑装备制造业发展的产业基础和配套能力。

1.不断发展的优势特色产业是内蒙古自治区装备制造业发展的支撑

从第一个五年计划开始到改革开放前,内蒙古自治区在国家支持下建立的一批大型国有企业(包括军工企业),如包头钢铁公司、内蒙古第一机械厂和第二机械厂、包头第一热电厂和包头第二热电厂等为装备制造业的发展奠定了基础。改革开放开创了内蒙古自治区加速推进工业化的新局面,经济发展战略由重工业优先的赶超战略转向现代化战略,经济发展状况保持相对稳定、持续高速增长,各个产业开始进入相对协调的发展局面,为发展资源主导型装备制造业奠定了一定的工业基础。

"十一五"以来,内蒙古自治区从装备制造业发展的实际出发,以加快发展为主题,以结构调整为主线,积极引进大企业和成套技术,重点发展以重型汽车、铁路车辆为主的交通运输设备制造;以挖掘机、大马力推土机为主的工程机械制造;以乘用车为主的汽车制造;以大型风电设备为主的清洁能源设备制造以及大型化工机械和煤炭采掘机械制造等的装备工业,呼和浩特市、包头市、鄂尔多斯市、乌兰察布市、赤峰市、通辽市装备制造业的发展已经初具规模。一机集团、北重集团、包头北方创业股份有限公司(以下简称北创公司)、包头北奔重型汽车有限公司(以下简称北奔公司)等大型企业已成为自治区装备制造业的支柱企业,新引进的华泰汽车、大型风电设备、轻型飞机、矿山机械等企业也极具发展潜力。经过"十一五"的发展,自治区装备制造业已形成较为完整的产业基础。

2. 依托重大项目,推进重点发展

装备制造业的产业关联度大,不仅涉及机械加工业,还涉及材料、电子和机械零配件加工等配套行业。内蒙古自治区装备制造业发展,要依托国家相关的重大工程,如西电东送、高铁建设、重大电源建设、重大资源基地建设、重大水利工程项目等,鼓励和支持使用国产首台(套)装备,推进内蒙古自治区装备制造业中的重点行业发展,形成西部地区面上跟进、点上突破的发展格局。内蒙古自治区将依托一机集团、北重集团、北奔公司等大型国家级重点企业和相关零部件配套企业,着力引进技术装备先进的企业,重点推进包头市、鄂尔多斯市、呼和浩特市、赤峰市交通运输、工程机械、化工机械、重型矿山等优势设备制造产业基地建设。加快建成呼和浩特市、包头市、鄂尔多斯市、乌兰察布市、赤峰市、通辽市大型风力发电设备生产基地,形成新的支柱产业。培育壮大拥有自主知识产权、主业突出、竞争能力强的大型企业和企业集团,逐步形成一批竞争力较强的重大装备制造业基地和国家级研发生产基地。力争到"十二五"末,形成具有较强竞争力的交通运输、工程机械、化工机械、重型矿山、新能源等设备制造业产业集群,带动自治区装备制造业及相关配套产业多元化快速发展。

3. 集群基地建立,加强产业配套

内蒙古自治区资源型产业的集聚化发展,能够使原来基于资源禀赋的比较优势发展成为基于区域创新能力的竞争力。资源型产业的产业集中度提升是提升产业竞争力的基础,也为内蒙古自治区装备制造业发展创造了广阔空间。同时,资源型产业的产业链延伸也为内蒙古自治区装备制造业发展提供了条件,如内蒙古自治区形成了"煤—电—煤化工—深加工"、"煤—电—有色金属冶炼—深加工"、"煤—电—工业硅—多晶硅—光伏发电组件"等多条循环经济产业链和上下游产业一体化运作的经营模式,这是内蒙古自治区装备制造业发展的基础。同时,资源型

产业及其集群化发展也为内蒙古自治区装备制造业发展创造了条件。内蒙古自治区正在构建和培育形成具有较强竞争力的交通运输、工程机械、化工机械、重型矿山、新能源等设备制造业产业集群,这将带动自治区装备制造业快速发展。如内蒙古自治区已经形成一机集团、北重集团等核心大企业,在它们的带动下,整合现有机械加工、汽车制造、设备制造等资源,逐步发展壮大地区装备制造产业,积极引进以汽车制造、重型装备和风力发电设备为主导的装备制造产业,建成基础设施齐全、功能完善、规划合理、科学设计、政策优惠、服务体系完备、大中小企业协调发展的装备制造业基地。

(三)有利因素

1.加快转变经济发展方式,为装备制造业发展提供了机遇

内蒙古自治区是资源大省,经济社会发展进入了全面促进产业升级、加快调整经济结构、扩大工业经济总量、加快转变发展方式的新阶段。自治区党委、政府已明确要求着力转变经济发展方式,提高经济增长的质量和效益。国内外的实践表明,大力发展装备制造业能够有效提升产业层次、推动工业结构高级化,有利于降低经济发展对资源和能源的消耗强度,增强经济发展后劲,带动区域经济社会又好又快发展。因此,利用现有产业基础,充分调动各方面的积极性,努力把装备制造业培育成为自治区重要的支柱产业,对加快推进新型工业化进程,实现经济社会科学发展、又好又快发展和可持续发展具有十分重要的意义。

2.加快产业结构的优化升级,为发展装备制造业发展提供了基础

自治区具有得天独厚的煤炭、天然气、矿产等自然资源优势,改革开放,特别是"十一五"以来,自治区丰富的矿产资源带动了社会经济快速发展,而装备制造业的发展与自治区快速发展的经济相比明显滞后。近年来,装备制造业已经起步并取得了较快发展,但距真正形成支柱产业还有很大的差距。现代装备制造业是先进生产力的重要组成部分。目前内蒙古自治区装备制造业产品档次不高,市场竞争力不强,重大技术装备自给率低,这样的客观现实势必要求装备制造业更好更快地的发展。此外,装备制造业的产业关联度大,对相关产业带动性强,装备制造业不仅涉及机械加工业,还涉及材料、电子和机械零配件加工等配套行业。装备制造业的发展将带动一大批相关产业的发展,增加就业机会。因此,发展装备制造业不仅是推进产业结构优化升级、提高自主创新能力的重大举措,也是推进资源型经济向

多元化发展,促进经济持续协调发展的重要途径。

3.市场空间广阔

内蒙古自治区装备制造业重点发展的领域均具有良好的市场需求空间。交通运输业是国民经济的基础性产业之一。"十二五"期间是国民经济和社会快速发展、人民生活水平显著提高、全面建设小康社会的重要时期,必将推动交通运输业的快速发展,交通运输设备制造将有很大的发展空间。内蒙古自治区煤炭产量自2009年起已居全国首位,随着大型煤炭基地建设和煤炭安全投入力度的加大,"十二五"期间煤炭机械设备需求量将超过150亿元。在输变电设备方面,随着"煤从空中走"外送通道的建设,今后五年电网投资规模将超150亿元,输变电保护及控制设备的市场容量将达到120亿元以上,平均增长75%。在化工机械设备方面,内蒙古自治区是国家重要的煤化工、天然气化工和氯碱化工生产基地,化学工业已成为内蒙古自治区工业的重要增长极。"十二五"期间,一批规模大、技术水平高的化工项目的建设,对化工机械设备的年需求量将达到85亿元以上。在清洁能源设备,自治区积极调整以煤炭为主的能源产业结构,稳步推进风电、太阳能发电等清洁能源产业。目前,风电装机容量已达500万千瓦,占全国风电装机容量的35%。今后五年,自治区将大力发展清洁能源产业,风电装机容量将居全国之首,真正成为国家风电"三峡"基地。在国家铁路和高速公路、机场港口、南水北调等重大工程的推动下,内蒙古自治区的工程机械行业将以年均10%的速度稳定增长。内蒙古自治区农畜产品加工实现了由传统产业向优势产业的重大转变,今后五年农畜产品加工业的技术装备将加快更新换代,技术装备水平将全面升级。随着内蒙古自治区农牧业产业化进程的加快和"退耕还林、退耕还草"进程的推进,农牧业机械装备将有很大的需求空间。

(四)不利条件

尽管内蒙古自治区基本具备发展装备制造业的产业基础和配套能力,但与国内装备制造业较为集中的省区相比较,还存在着明显的差距。

1.装备制造业总量小,在工业经济总量中所占比重偏低

内蒙古的装备制造业在六大优势产业中相对较弱,多数企业规模较小、影响力低,行业产品结构不完善。2012年,自治区规模以上装备制造业工业总产值仅占全区规模以上工业的5.1%,居全区六大优势产业第5位,在全国排名第23位。

2.总体技术水平较低

总体科技水平与国内沿海省区相比偏低,新技术、新产品的研发能力仍然薄弱,自主品牌、自主知识产权与先进省区相比偏少。装备工业高精尖产品很少,制造业中数控系统等核心关键部件产品在内蒙古自治区尚属空白。现有企业缺乏集基础研究与技术开发于一体的创新能力。培养企业自主创新能力是内蒙古自治区装备制造业持续发展的关键所在。内蒙古自治区装备制造产业园区建成区主要以一机集团、北重集团等"一五"期间投资的军工企业为依托,其他大部分企业都是发展与其配套的零部件产品,其中90%的中小企业改革步伐迟缓,其发展主要是过度依赖资源和资金的大规模投入的粗放发展方式,经济效率不高,技术开发投入很少,导致一般产品产能过剩,形成某些领域的恶性竞争,这样下去不仅是效率问题,而且是扰乱市场秩序、严重阻碍高端产品发展的关键问题。同时,由于要素大量投入,也导致了区域结构趋同化,盲目追求 GDP 和地方财政增长,加剧区域内重复投资和产能过剩现象,甚至加剧资源浪费和环境污染。因此,要改变这种恶性循环的现状,内蒙古自治区亟须提升装备制造业的技术水平,切实加强内蒙古自治区的技术研发投入,紧密跟踪世界制造技术的前沿,有重点地开展研制攻关,力争在世界高新技术领域及制造业应用领域掌握一批具有我国自主知识产权的核心技术,培养装备制造企业持续发展能力。

3.企业配套能力弱

内蒙古自治区装备制造业企业技术创新组织处于分散、零星状态。大企业对中小企业的拉动带动作用不明显,没有完全形成以大型企业为龙头,以中小企业为配套的装备制造业发展格局。如自治区装备制造企业中小型企业较少。中小企业的技术装备水平与大型企业相比存在较大差距,除部分专业零部件生产企业外(如齿轮、卡盘等),大多数企业的机械加工设备为通用设备,生产效率低,产品精度差。企业的产品零部件检测手段、产品处理工艺与大型企业相比存在着较大的差距。

4.高端人才匮乏

培养和吸引高素质的技术开发人才和经营管理人才,是促进内蒙古自治区装备制造业发展的一项重要任务。内蒙古自治区地处西部内陆,环境封闭,受传统思想影响深,易于因循守旧,缺乏开拓精神。然而,在市场经济环境下,利益驱动发挥着对人才配置的主导作用,使得内蒙古自治区装备制造行业培养的高级管理人才、高新工程技术人才和高等级技工等大批高素质人才纷纷涌入东部沿海经济发达地区,致使西部装备制造企业人才匮乏,这也从根本上限制了西部装备制造业的自主创新能力。

5.融资渠道较窄,缺乏发展资金保证

装备制造业属于资本密集型行业,产业进出壁垒高,生产成本高,产品的单位价值量大。因此,装备制造业对资金有很大的需求,拥有强大的融资能力势必大大提高装备制造业的竞争力,以往内蒙古自治区装备制造业园区的国家级和省级的优惠政策相对较少,资金得不到保证,而近年来,内蒙古自治区已经出台了一系列装备制造业产业政策和优惠政策,三年投入了120亿元,建立了25个开发区,自治区财政每年还投资2亿元,用于产业培植和扶持,同时内蒙古自治区还出台了电力直供等配套政策。此外,国家各政策性银行积极响应国家、自治区推动装备制造业发展的政策措施,立足产业配套和产业链延伸,对应产业链打造融资链,将信贷服务由单个龙头企业扩展到整条产业链,融资推动大企业发展,信贷支持小企业升级,探索出一套产业链融资服务的创新模式。截至目前,国家开发银行内蒙古分行已累计向一机集团、北重集团、北奔公司等装备制造核心企业发放贷款约16亿元,已发放4个批次的产业链中小企业贷款,贷款金额达1.8亿元,为整条产业链的发展壮大注入了活力,有效推动了产业集群形成规模优势。产业链贷款不仅满足了装备制造产业从上游到下游全链条的融资需要,还有效提升了产业集群的集聚效应,为内蒙古自治区装备制造业领军企业的壮大发展和产业链高端化升级提供了有力的金融支持,为内蒙古自治区打造高端装备制造业基地铺平道路。

第五节

内蒙古自治区装备制造业发展的思路、目标和重点任务

《内蒙古自治区装备制造业"十二五"发展规划》中确定内蒙古自治区要大力发展装备制造业、将装备制造业作为内蒙古自治区重要的战略产业。内蒙古自治区要抓住机遇,理清发展现状,把握发展趋势,制定符合内蒙古自治区现实的发展思路、目标和重点,推动装备制造业健康发展。

一、内蒙古自治区装备制造业发展现状

近年来,装备制造业作为内蒙古六大优势特色产业之一,获得了较快增长,利润不断提升。据统计数据,2012年规模以上机械装备制造业完成增加值同比增长14.5%;完成投资829.62亿元,同比增长36.1%,高于全区工业固定资产投资增速8.7%,占全区工业固定资产投资的12.94%,占全区六大优势特色产业投资的13.92%;实现利润31.4亿元,同比增长18.6%。"十一五"以来,内蒙古自治区积极引进大企业和成套技术,重点发展以汽车、铁路车辆为主的交通运输设备制造,以挖掘机、大马力推土机为主的工程机械制造,以乘用车为主的汽车制造,以大型风电设备为主的清洁能源设备制造工业和大型化工机械、煤炭采掘机械制造等装备工业。目前,内蒙古自治区已经形成了以包头市、呼和浩特市、鄂尔多斯市为中心的三大装备制造业基地经济圈,包括以一机集团,北重集团、北创公司等装备制造为支柱型企业的产业集群和包头装备制造产业园区、鄂尔多斯装备制造产业园区等众多装备制造业产业园区。

由内蒙古自治区于2011年12月末制定出台的《内蒙古自治区装备制造业"十二五"发展规划》可知,确定内蒙古自治区将大力发展装备制造业,将装备制造业作为重要的经济增长极,重点推进呼和浩特市、包头市、鄂尔多斯市、赤峰市等地的交通运输、工程机械、化工机械、重型矿山等设备制造产业基地建设。"十二五"期间,内蒙古自治区将在装备制造业上加大投资力度,到2015年,预计实现3520亿元的产值,到2020年实现8000亿元的产值,力争到"十二五"期末形成具有较强竞争力的交通运输、工程机械、化工机械、重型矿山、新能源等设备制造业产业集群,带动内蒙古自治区装备制造业快速发展。

内蒙古自治区装备制造业具有一定基础,保持了较快的发展速度。2012年全区规模以上装备制造业企业275户,占全区规模以上工业企业总数的6.5%。但从总体上看,内蒙古自治区装备制造业占整个工业的比重较低,带动作用不强。2011年,内蒙古自治区出台《内蒙古自治区装备制造业"十二五"发展规划》,该规划确定大力发展装备制造业,将装备制造业作为重要的经济增长极。大力发展装备制造业,是内蒙古自治区大力发展非资源型产业思路的一部分。发展非资源型产业为解决就业问题、交通问题和节能减排问题,同时也是内蒙古自治区在利用原先较好的装备制造基础,发挥自己资源以外的优势。

二、内蒙古自治区装备制造业发展的思路

紧紧抓住国家新一轮西部大开发和振兴东北等老工业基地以及支持内蒙古自治区的发展政策等机遇，立足内蒙古自治区装备制造业发展基础，利用现有有利条件。

第一，延续资源优势。内蒙古自治区拥有煤炭等资源优势，发展装备制造业或其他非资源性产业，也应该围绕资源展开。2011 年制定的《内蒙古自治区装备制造业"十二五"发展规划》提出：为鼓励外地装备制造企业来内蒙古自治区建立生产基地，政府制定资源配置政策。投资内蒙古自治区的装备制造企业将获投资额确定的煤炭资源，资源配置政策确定企业投资 40 亿元以上，则每 20 亿元配置 1 亿吨储量的煤炭，这对大型装备制造企业而言，意味着巨大的机会。

第二，发挥内蒙古自治区装备制造业的动态比较优势。内蒙古自治区装备制造业发展应善于利用原来较好的装备制造业基础。包头市、鄂尔多斯市拥有良好的装备制造业基础，包头市从"一五"期间就有苏联援建的机械生产基地。发挥自己资源以外的优势，一机集团、北重集团、北创公司、北奔公司等大企业已经成为自治区装备制造的支柱型企业。引进的华泰汽车、大型风电设备、轻型飞机、矿山机械等企业也极具发展潜力。内蒙古自治区装备制造业已经形成较为完整的产业基础。

第三，加强装备制造业的产业布局。推动内蒙古自治区装备制造业产业布局集中，形成若干有特色的装备制造业园区和基地。"呼包鄂"要依托产业基础、研发优势、人才优势、资源优势，打造成为内蒙古自治区装备制造业的重要基地。包头市装备制造业园区，要打造车辆制造、风机制造基地。呼和浩特市要打造金川开发区汽车和机床部件生产基地、金山开发区风电设备制造基地。鄂尔多斯要打造阿镇煤炭机械装备制造业基地、康巴什汽车及零部件制造基地、东胜车辆制造、工程机械及配套产业基地。其他盟市要围绕本地优势产业，培育符合市场发展需求、具有自身特色的装备制造业。

第四，以链条为纽带，以园区为载体，发展产业集群，加强分工与合作。加强产业集聚，形成园区式布局。吸引国内外知名品牌入驻园区、基地，使内蒙古自治区装备制造业形成产业集群、集聚化发展态势。

三、内蒙古自治区装备制造业发展的目标

利用现有产业基础,充分调动各方面的积极性,努力把装备制造业培育成为内蒙古自治区重要的支柱产业,加快推进新型工业化进程。力争到 2015 年,内蒙古自治区装备制造业实现总产值 3520 亿元,年均增长 35％,占全区规模以上工业比重达 9％,2020 年实现总产值 8000 亿元。到 2015 年,培育销售收入超过百亿元的产业集群 6 个以上。

四、内蒙古自治区装备制造业发展的重点任务

内蒙古自治区装备制造业发展积极承接发达地区产业转移,规划落实重大装备技术示范项目。逐步形成装备制造业主要产品系列化、产业规模化,提高重大装备成套水平、产业配套和自主创新能力。重点做好以下工作:

(一)重点发展煤炭机械设备、输变电设备、化工机械设备和交通运输等设备

这些设备的市场需求量大。"十二五"期间,内蒙古自治区需要 150 亿元的煤炭机械设备;随着煤从空中走外道通道的建设,今后五年电网投资规模将超过 150亿,输变电保护及控制设备市场容量将达到 120 亿元,平均增长 75％;化工是内蒙古自治区工业的重要增长极,年需求量达到 85 亿元以上。

重点发展包头市的载重汽车、铁路车辆、非公路矿用车等车辆制造。推进鄂尔多斯的汽车及配套产业、工程机械、煤矿机械及配套产业等快速壮大。依托北重集团、北奔重汽、北方股份、华泰、奇瑞等重点企业,扩大载重汽车、非公路矿用车、铁路车辆生产规模,大力引进轿车整车生产线。依托中煤集团、包头北方重工业集团、鄂尔多斯重机能源有限公司、乌兰集团、天地煤机等重点企业,重点发展大功率电牵引采煤机、刮板输送机、伸缩式输送机、电液自动控制的液压支架、井下煤矿巷道悬臂式掘进机等产品。

(二)清洁能源设备、工程机械、农畜产品加工机械、农牧业机械、交通运输设备等也是发展重点

内蒙古自治区着重建设风力发展,争取成为我国清洁能源产出最大的省区,清洁

能源设备市场空间很大。这些需求一旦转化为当地优势,除带动本地 GDP 增长外,还能解决就业问题和税收问题。依托北重集团、一机集团等重点企业,支持矿山工程机械产业扩大规模,发展推土机、挖掘机、装载机、水泥搅拌车、高楼泥浆泵等产品。

(三)大力发展风电设备制造业

到 2015 年,大型风力发电设备生产能力达到 15000MW,大型风力发电设备的零部件区内配套率达到 50%。以呼和浩特金山开发区、包头市装备制造基地、赤峰市经济开发区、通辽市经济技术开发区、乌兰察布市集宁工业园区为依托,建设风电装备制造业的集聚区,形成研发、实验、生产、装机和维修服务协同发展的风电装备制造业基地。以整机和大型零部件企业为主体,推动产业集聚发展,延长产业链条,提高风电装备制造业的区内配套率。继续支持现有风电产业基础较好的装备制造产业园区成为自治区风电装备制造的集聚区和招商引资的主平台,培育风电装备制造龙头企业集团,鼓励国内外风电装备制造重点企业在内蒙古自治区建设风电设备关键核心零部件的生产研发基地,发展协作配套的中小企业。

(四)有重点地推进一些项目

重点推进呼和浩特市、包头市、鄂尔多斯市、赤峰市等地的交通运输、工程机械、化工机械、重型矿山等设备制造产业基地建设,加快建成呼和浩特市、包头市、鄂尔多斯市、乌兰察布市、赤峰市、通辽市大型风力发电设备生产基地,力争到"十二五"末形成具有较强竞争力的交通运输、工程机械、化工机械、重型矿山、新能源等装备制造业产业集群,带动内蒙古自治区装备制造业快速发展。

(五)壮大骨干企业,发展配套企业,推动装备制造业集群发展

"十一五"期间,一机集团、北重集团、北创集团、北奔公司等大型企业作为装备制造业的龙头企业,发展了一些中小企业作为配套协作企业,形成了初具规模的装备制造产业基地。目前,内蒙古自治区正在建设的装备制造业园区和基地有包头装备制造业园区和鄂尔多斯东胜、阿镇、康巴什装备制造业基地。包头装备制造业园区已初具规模,园区依托一机集团、北重集团、北奔公司、北创公司等企业,正在形成汽车及其零部件生产的车辆制造产业集群。大力引进新的装备制造企业,努力打造风机整机及零部件生产的风电设备制造产业集群。正在建设装备制造业研发中心,将是西部地区首个集研发、孵化、培训、服务为一体的研发基地。鄂尔多斯市三个装备制造业基地发展迅速,东胜装备制造业基地建于 2007 年,正在建设的

项目有煤炭机械制造与维修、载重汽车、矿用车辆、风能太阳能设备制造、煤化工设备制造等。阿镇装备制造业基地建于 2008 年,大力发展以煤炭机械制造与维修、矿用设备、煤化工设备制造为主的装备制造业。康巴什装备制造业基本以华泰汽车的整车及汽车零部件生产为主。

龙头企业是产业集群化发展的核心,要继续扩大内蒙古自治区装备制造骨干企业规模,推动一机集团、北重集团等龙头企业跨行业、跨地区发展,逐步形成具有工程总体设计、系统集成、成套生产能力的大型企业集团。车辆制造、煤炭矿山机械、风机制造、化工机械领域的骨干企业,应加强资源整合,剥离非核心业务,加速企业联合,实现集中优势资源,做强核心业务和壮大企业规模。努力做好产业配套,一个地区产业配套率的高低,是判断产业集群形成和壮大的标志之一。要在实施"一个产业带动百户中小企业"、"一个园区带动百户中小企业"工程中,培育一批技术先进、发展潜力大、配套能力强的中小企业,提高骨干企业的配套率。推动骨干企业积极实行外包,开展分工协作,为大量中小企业集聚在骨干企业周围创造条件。加强骨干企业与配套企业的信息交流,建立骨干企业与配套企业的利益联动机制,推动配套企业围绕龙头企业进行生产服务。

(六)企业提高自身技术创新能力

内蒙古自治区装备制造企业需提高自身技术研发能力,自主研发设备关键零部件,形成自主设计制造能力,提高内蒙古装备制造行业的核心竞争力和影响力。增强企业技术创新能力,追踪国内外先进技术,发展和应用先进技术。加强信息技术推广,推动信息技术在装备制造业领域的运用,全面提升装备制造业技术水平。加大新产品研发力度,通过产品的推陈出新,扩大企业的市场占有率。积极推进以企业为主体、市场为导向、技术引进和自主创新相结合的技术创新体系建设。企业应主动与高等院校、科研院所开展产学研合作,实现技术资源互补。

(七)建立完善的人才引进培养体系

内蒙古自治区发展装备制造业将会面临技工短缺的难题。制约发展装备制造业的最关键问题是技工短缺,而不再是资金问题。装备制造业需要大量的成熟技术工人,如果没有工人,则企业投入的巨资可能会成为沉没成本。在中国西部技工没有成长土壤,没有培养出足够数量的技工,如果装备制造产业发展太快,会受制于技工严重不足的制约。所以应制定政策、采取措施,建立完善的装备制造人才引进培养体系,加快装备制造业人才成长。

第八章

内蒙古自治区汽车制造业发展报告

　　汽车改变了世界,改变了人们的生产和生活方式,汽车工业在社会经济发展中具有举足轻重的地位。研究国内外汽车产业发展的趋势,分析汽车制造业培育发展的基础和问题,明确思路和目标,制定实施切实可行的政策措施,对于内蒙古自治区推进重型汽车产业向高层次、长链条、高效益方向发展有深远的现实意义。

第一节

内蒙古自治区汽车制造业发展现状和问题

我国汽车工业起步于"一五"时期,从20世纪80年代中期后开始提速。经过半个多世纪的历程,在一些经济发达省份,汽车产业已经占有相当的份额。伴随着经济的快速发展,汽车工业的战略地位越来越凸显。国务院在2009年颁布的中华人民共和国《汽车产业调整和振兴规划》中指出"汽车产业是国民经济重要的支柱产业,产业链长、关联度高、就业面广、消费拉动大,在国民经济和社会发展中发挥着重要作用"。我国在"十二五"规划中,将汽车工业作为调整和提高制造业重点内容之一,提出"汽车行业要强化整车研发能力,实现关键零部件技术自主化,提高节能、环保和安全技术水平"。这些为内蒙古自治区汽车工业,特别是重型汽车产业的发展指明了方向。

一、内蒙古自治区汽车工业现状与发展前景判断

汽车制造属于装备制造业的一部分。以重型汽车为主的内蒙古自治区汽车制造业起步于军转民企业,近年来发展迅速。目前从总体上看,生产能力还不强,类型较少,但发展潜力大,后劲足。

(一)内蒙古自治区汽车制造业总体状况

内蒙古自治区汽车工业以重卡汽车和专用汽车为主,起步早、技术先进,市场认可度较高,且属于整车生产下线,发展潜力巨大,重卡汽车配件生产有一定的基础,近年来生产量快速增长。其他类型的汽车起步晚,规模小。内蒙古自治区汽车生产在全区制造业中的份额不高,在国内还远没有达到应有的地位。2012年,仅长安福特汽车销售量就达到了42万辆,相当于内蒙古自治区汽车总生产能力的7倍。

从表8-1看出,"十一五"期间,内蒙古自治区载货汽车产量增长了5倍,汽车生产能力增长了5.8倍。2011~2012年,由于受市场环境的影响,载货汽车和汽

车总生产能力双双出现了下降。2011 年比 2010 年分别下降了 25.70％和 3.36％，2012 年又继续下降，到年底全年载重汽车产量仅为 2010 年的 50.20％，汽车生产能力是 2010 年的 87.14％。

表 8-1　2010～2012 年内蒙古自治区货车产量和汽车生产能力　　　单位:辆

年份 项目	2005	2010	2011	2012
载货汽车	6910	41646	30944	20908
汽车生产能力	10229（载货汽车）	70000	67650	61000

资料来源:内蒙古统计局.内蒙古统计年鉴 2013.统计出版社,2013.

根据中国汽车工业协会的统计,到 2015 年,国内六大整车制造商一汽、上汽、东风、长安、广汽和北汽的总产销目标将超过 2800 万辆;奇瑞、吉利、比亚迪、长城、华晨和江淮的总产销目标也将达到 1200 万辆,也就是说,主流汽车企业的产销量将飙升到 4000 万辆。银河证券根据车企 2013 年的产能和销量规划做出了产能利用率预测,结果显示,2013 年仅有长城、江淮和五菱汽车等 4 家公司的产能利用率可达 60％以上,其余均低于 60％。相比较而言,内蒙古自治区汽车生产能力不大、生产产量小、产品品种单一、汽车关键零部件和附件的配套生产能力较弱、售后服务尚不成体系,产能利用率更低。

1.重卡汽车生产现状

内蒙古自治区汽车制造工业主要集中在包头市、鄂尔多斯市、呼和浩特市和乌海市。包头市是内蒙古自治区重卡汽车的制造基地,能够生产大部分重卡汽车专用车车型和几乎所有工程机械车型。国家在"一五"时期投资建设的第一机械制造厂、第二机械制造厂两大军工装备企业,在成功转型后,发展为堪称国内一流制造水平的内蒙古一机集团、内蒙古北重集团。其属下的北方重型汽车股份有限公司和北方奔驰重型载重汽车公司是内蒙古自治区重卡汽车制造的龙头企业。2010 年内蒙古自治区载货汽车都产自包头市。

包头北方奔驰重型汽车有限公司是汽车整车生产企业,品种已发展到 A、B、C 三大系列 40 种基本车型 400 多个品种的载重车、自卸车、半挂牵引车、改装车、专用车和全驱动车,整车综合产能突破 10 万台,广泛应用于邮政、铁路、公路、港口、石油、化工、水电、林业、消防、银行、部队等行业和部门,远销亚洲、非洲、南美洲等多个地区以及俄罗斯、埃及、巴基斯坦、新加坡、阿拉伯联合酋长国等百余个国家。从 2011 年开始,国内重卡汽车销售量大幅度下降,在重卡行业整体销量下滑 7% 的情况下,上半年北奔重汽销售了 2.7 万辆,增幅达 13.2%,在全国保有量超过 12 万辆,销售额占国内同类产品的 5% 左右。

内蒙古北方重型汽车股份有限公司也是重型专用车整车生产企业,生产非公路矿用汽车和生产相关工程机械的国家级高新技术企业。产品涵盖了载重量 23～326 吨的多个系列品种,是国内外唯一的一家能够在同一条生产线上生产刚性车、铰接车和电动轮三大类全系列矿用汽车的制造商,是国内最重要的矿用汽车的研发和生产基地。产品用于冶金、有色、化工、煤炭、建材、水电和交通七大行业,500 多个大型矿山和工地。2009 年占有国内市场 75% 以上的份额,并批量出口到苏丹、印度尼西亚和蒙古国等 60 多个国家。

近几年来,鄂尔多斯市、呼和浩特市和乌海市陆续投资建立了一批汽车制造企业。目前内蒙古自治区生产的重型汽车主要有:

(1)整车出厂的 20～40 吨重型公路汽车、牵引车。

(2)23～326 吨非公路矿用自卸车、煤斗车、电动轮矿用车等。

(3)各类工程机械专用车等产品,如推土机、挖掘机车、装载机车、水泥搅拌车、高楼泥浆泵。

(4)生产生活专用车和专用半挂车、特种车等。如道路清扫车、洒水车、液态食品运输半挂车、液态食品运输车等。(位于呼和浩特市盛乐工业园区的内蒙古腾驰重汽专用汽车有限公司,生产多种类型的专用车和专用半挂车,特别是牧利卡牌液态食品运输半挂车、液态食品运输车)。

(5)液化天然气重卡汽车(LNG 重卡,北方奔驰有限责任公司与 2007 年研制出液化天然气重卡汽车)。

除重卡汽车以外,近年来内蒙古自治区引入一批商用车、轿车等项目,有的已经投产。目前内蒙古自治区生产下线的其他汽车主要有华泰 SUV 乘用车、力帆汽车,北奔客车、奇瑞威麟 X5 汽车等。

2.汽车部件和配件生产状况

内蒙古自治区的汽车部件和配件生产企业,主要有轿车柴油发动机和 4 速 AT 自动变速器、重卡汽车生产用桥壳、平衡轴、托架配套部件,制造液压支架、液压缸、曲轴、空压机曲轴、汽车齿轮、减震器、汽车钢板等产品。

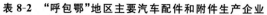
表 8-2　"呼包鄂"地区主要汽车配件和附件生产企业

序号	企业名称	主要产品	序号	企业名称	主要产品
1	土默特左旗农机修造厂	曲轴；空压机曲轴	14	包头市汽车螺丝制造有限责任公司	汽车螺丝
2	内蒙古汽车齿轮厂（飞鹰汽车齿轮集团）	汽车齿轮	15	包头安达汽车技术开发有限公司	汽车空气悬挂件的制造
3	内蒙古第一通用机械有限责任公司	减震器	16	包头北方奔驰客车制造有限公司	客车底盘及汽车零部件
4	集宁市车轮厂	生产钢圈	17	呼和浩特天骄工贸实业公司	特种离合器
5	包头市社会福利烘漆厂	汽车烘漆	18	内蒙古工业大学机械厂	二类压力容器车身及附件
6	达旗天力汽车钢板弹簧	汽车钢板弹簧	19	呼和浩特市永安机械制造有限公司	曲轴
7	包头一阳轮毂有限公司	汽车轮毂	20	包头市富达挂车有限责任公司	汽车挂车
8	包头北驰车轮有限责任公	汽车车轮	21	包头市恒宝公路机械有限责任公司	QG 全挂车
9	包头市驰纵轴瓦制造有限公司	汽车轴瓦	22	包头市青盛汽车配件制造有限责任公司	重卡底盘、重卡车身覆盖件、车桥零部件、铁路车辆配套零部件
10	包头市青山区机电修配厂	制动毂、伸缩传动杆	23	鄂尔多斯欧意德动力集团	轿车柴油发动机，四速 AT 自动变速器
11	包头市紧固件制造有限公司	汽车配件、螺栓	24	鄂尔多斯市海峰机械制造有限责任公司	前轮毂、后轮毂、板簧座、支承座
12	包头市天亨铸造有限公司	制动毂、中型毂、支承坐	25	北京邦盛投资有限公司包头项目部	动力锂电池、电池材料、永磁马达、甲醇燃料电池
13	包头市吉运重型汽车配件厂	汽车零部件制造、机械加工、铆焊	26	包头市蒙隆机械制造有限公司	重卡汽车制造用桥壳、平衡轴、托架

资料来源：根据查阅的相关资料、进行实际调查汇编而成。

从表8-2可见,包头市聚集了众多的汽车配件生产加工企业。位于呼和浩特市的内蒙古汽车齿轮厂(飞鹰汽车齿轮集团)、内蒙古工业大学机械厂、内蒙古第一通用机械有限责任公司等都是知名的汽车部件和附件生产企业。近年来鄂尔多斯市装备制造基地积极引进汽车整车制造企业,带动了配件企业迅速发展,到2011年9月,已经签约汽车零配件配套企业31家。包头市为增强重卡汽车生产能力,打造重卡汽车产业链,积极引入配件生产新项目。

在内蒙古自治区汽车制造业中,位于包头市的各种重卡汽车和非公路专用车的制造相对成熟,已形成了集牵引车、载重车、自卸车、改装车、专用车、客车等六大系列的汽车产品,拥有国内一流的汽车总装、车桥加工、分动箱加工能力,形成了大型驾驶室覆盖件和车架成型冲压、喷漆、车辆检测等全产业链。包头市的汽车年生产能力超过10万辆,2010年全市汽车产量达到41646辆,同比增长67.6%;改装汽车产量9454辆,同比增长14.5%;交通运输设备制造业总产值达到253.4亿元,同比增长65.7%。汽车产业链已成为包头市经济发展的主要支柱之一。

从总体上看,以包头为核心的"呼包鄂"地区重型汽车产业关联、产品互补、技术合作的产业集群正逐步形成,发展的态势已初见端倪,为产业集群化发展奠定了坚实的基础。但目前内蒙古自治区汽车生产规模不大,类型单一。北方股份的非公路矿用自卸车国内市场占有率达75%;北奔重卡的市场占有率保持在5%左右,位居国内同行业第5位。内蒙古自治区其他类型的汽车企业起步晚,目前虽然还处于建设过程中,生产规模远未达到预期,产品上市时间短,市场认可度不高,但发展潜力大,后劲足,前景广阔。

(二)内蒙古自治区汽车制造业发展前景判断

内蒙古自治区汽车产业拥有良好的合作机遇和广阔的发展前景。从2005年开始,国内外一些知名的汽车制造商陆续到内蒙古自治区投资建厂,有的已经形成生产能力。当前内蒙古自治区汽车产业发展步入新的历史阶段,可以预见,未来十年重卡汽车的引领作用会更加显著,其他类型的汽车也将快速增长,汽车关键部件和配件生产能力大大增强,新能源汽车将成为投资热点。党的十八大以后,自治区确定的"8337"发展思路,提出要建设现代装备制造业等新兴产业基地。要依托现有产业基础,重点发展煤机、矿机、风机、化机、重型机械和特种运载车辆等,加快发展模具、关键零部件生产等配套产业,积极支持汽车制造业发展,尽快把装备制造业培育成重要的支柱产业。预计到2020年,内蒙古自治区汽车制造能力将在现有的基础上增加2倍,同时重卡汽车在行业中的地位进一步提升,汽车类型单一化的局面将有较大的改变。

1. 重卡汽车将继续引领内蒙古自治区汽车工业

以包头市为基地,以北方奔驰重型汽车有限公司和内蒙古北方重型汽车股份有限公司为龙头的重卡汽车制造进入成熟期,并且将继续保持快速发展的势头,引领内蒙古自治区汽车工业的发展。

"十二五"时期,北方奔驰重型汽车有限公司发展目标规划是形成 20 万辆的重型车辆制造能力,实现整车 15 万辆以上的销售规模,主营业务收入达到 400 亿元以上。北奔重汽将继续实施拓展海外市场战略,到 2012 年底已经在南非以及埃塞俄比亚建设了汽车组装线,成功地打开了当地的市场并且实现了产品的本地化生产。近年来,内蒙古自治区北方重型汽车股份有限公司的营业收入逐年增加,2011 年的营业收入为 21.11 亿元,比 2010 年增长了 10.99%,预计到"十二五"末将超过 30 亿元。

2008 年由中国重汽集团和三河市新宏昌专用车有限公司共同投资建设的项目在包头市开工建设,该项目集专用汽车产业研发、检测、制造、维修、配套于一体,是中国重汽集团在我国西部投资建设的第一个项目,一期自卸车生产线已于 2009 年年底正式投产运营。设计年产各类专用车 30000 台,产值 30 亿元。

2008 年 5 月开工建设的内蒙古精功恒信装备制造有限公司重卡及特种汽车制造项目,于 2010 年 5 月建成投产,该项目总投资 70 亿元,设计年产 5 万辆重卡、1 万辆特种车,分三期实施。目前精功恒信重卡及特种汽车制造进展顺利,一期建成投产后每年可以生产新能源重型载货汽车 1 万辆;二期年产 5 万辆重型载货汽车、1 万辆专用汽车及发动机、车桥、转向器、制动器、内饰件等项目;三期建设年产 5000 辆客车和现代物流配送中心。

2010 年 1 月 14 日,内蒙古自治区最大的委托改装重型汽车生产厂——包头红岩机械公司的两条生产线建成。该厂计划建设 4 条重型汽车改装生产线,建成后可年产委托改装车 1 万辆以上,可以生产重型自卸车、半挂车、商砼搅拌车、散装水泥车,总设计能力年产 24000 辆,是一机集团 40 多个委托改装厂中最大的一个。

2005 年 11 月,内蒙古一汽解放亿阳专用汽车有限公司成立,一汽解放整车组装生产基地落户于呼和浩特市金川开发区,同时该基地生产的第一辆载重车正式下线。基地目标是建成集中重型汽车改装、组装、总装及配套产品生产为一体的汽车工业园区。该基地一期工程完成达到年产中重型商用车底盘及其各类专用汽车 3000～5000 辆的生产能力。全部工程竣工后将达到年产汽车 1 万～3 万辆的规模。

2005 年 10 月,由民营资本投资的专用汽车生产企业——内蒙古万通专用汽车生产线在呼和浩特市投产,公司生产的第一台重型专业汽车已交付蒙古国客商,设计年生产能力 10000 辆。上述项目全部建成后,内蒙古自治区重型汽车的生产能力将比现在增加近两倍,达到 20 万辆。

2. 新能源汽车制造将成为投资热点

新能源汽车是指使用清洁能源作为燃料动力的汽车,内蒙古自治区已经有一些汽车制造企业主要开发天然气汽车、纯电动汽车等。以天然气作为燃料的汽车,按照天然气的化学成分和形态,可分为液化天然气(LNG)汽车和压缩天然气(CNG)汽车两种。天然气对环境造成的污染远小于汽油、石油和煤炭,是一种优良的汽车发动机绿色代用燃料,天然气汽车可比燃油汽车节约燃料费 30％～50％。

北奔重卡从 2007 年就研制出液化天然气汽车,经过多次改进和市场运作,以技术性能成熟、安全、可靠、绿色、环保、节能等优势逐渐扩大市场份额。2012 年以来,北奔液化天然气重卡受到越来越多用户认可。1～5 月北奔已签订 LNG 重卡 1108 辆,同比增长 55.7％;实现发车 639 辆,位居重卡行业第三位。

2012 年 6 月 7 日,内蒙古北方重型汽车股份有限公司研制的 NTE150 电动轮矿用车顺利下线,成为完全自主知识产权的又一新产品。NTE150 电动轮矿用车载重 150 短吨,是目前国内相同吨位的第一台基于 IGBT 控制方式的交流传动电动轮矿用车,填补了国内空白。

内蒙古精功恒信装备制造有限公司首期投资 23.4 亿元,计划年产新能源重型载货汽车 1 万辆。2011 年已经生产重卡 2000 多辆,实现销售收入近 8 亿元。2012 年开始建设的陕汽乌海新能源专用汽车有限公司,设计生产能力为年产 5 万辆新能源重卡,其中,一期达到年产 2 万辆生产能力,二期建成后将实现 5 万辆产能目标。上述项目建成后,内蒙古自治区新能源重型汽车生产能力将接近年产 10 万辆的规模。

3. 商用车、轿车及其他特种汽车将快速发展

近年来,包头市和鄂尔多斯市都把在积极打造装备制造业园区,汽车项目在园区发展中占据重要的地位。到 2011 年底,鄂尔多斯市装备制造园区引进汽车制造类项目 10 个。

2005 年开始建设的华泰集团鄂尔多斯生产基地,2007 年 2 月开始试生产,第一辆特拉卡 SUV 乘用车顺利下线,结束了内蒙古自治区没有乘用车生产的历史;2012 年 10 月,华泰汽车鄂尔多斯生产基地一期 5 万辆乘用车项目基础工作完工,

设备和工艺调试完成,正式开始投产。二期年产 50 万辆整车、25 万辆轿车发动机项目也已开工建设。

2008 年批准建设,2010 年 8 月正式投产的鄂尔多斯中兴公司特种车辆制造项目,总投资 40 亿元,工程全部完工后预计可年产 10000 辆特种车辆,目前该项目一期工程已投产。年产高速公路养护车、机场专用车、畜牧业流动育胎车等 10 种特种车辆 5000 辆。项目完成后可以年产矿山用车、天然气汽车、轻量化汽车及其他特种车辆 10000 辆,规划远期目标 30000 辆。2011 年已生产特种车辆 200 多辆,销售收入超过 1 亿元。

2010 年 7 月 18 日开始建设的奇瑞鄂尔多斯项目,是奇瑞 SUV、皮卡商务车等中高端汽车生产基地,也是内蒙古自治区的重点建设项目。从零部件到整车改装生产。奇瑞及其合作企业计划在"十二五"期间,将在鄂尔多斯市分期投入资金 200 亿元,从零部件起步,逐步进行整车改装,长远目标是形成年产 30 万辆 SUV(运动型多用途汽车)、皮卡、商务车及改装车的生产能力。

呼和浩特市也在积极寻求发展汽车产业的机会。2008 年呼和浩特市力帆汽车部件有限公司落户于裕隆工业园区,2010 年正式生产并上市销售,全面建成投产后,年产量可达 5 万套汽车车身及汽车零部件制造。

预计到 2020 年,上述项目将基本完成,届时各类汽车总产能可达到年产 15 万~20 万辆的水平。

4. 技术含量较高的汽车核心部件和配件的生产将进一步聚集并形成规模

伴随着各类汽车项目的快速发展,"呼包鄂"地区汽车部件和配件的生产将进一步聚集。内蒙古自治区十分注重引进重卡汽车配件生产和汽车用电池项目。2011 年 7 月,自治区政府和中国兵器集团公司签订战略框架合作协议,协议明确,"十二五"期间,兵总将投资 230 亿元,以重型车辆、工程机械、特种钢及延伸产品、煤化工等产业为重点,在内蒙古地区建设一批军民两用产业项目。北奔公司将在现有基础上形成 10 万辆重型汽车整车总装生产能力;形成 1 万辆中低档客车(含底盘)电动客车的生产能力;同时将引进国外先进技术,推动实施 10 万台发动机和相应的变速箱的能力建设项目。

鄂尔多斯装备制造园区在引进汽车制造的同时,积极引进汽车零部件生产项目。到 2011 年底,已经签约 31 个汽车零部件项目,计划总投资约 400 亿元,其中总投资 100 亿元的奇瑞汽车发动机及变速箱生产项目已经启动。由华泰倾力打造的,中国最大、技术最先进的清洁型柴油发动机制造公司——欧意德发动机有限公司已颇具规模,清洁柴油发动机、柴油乘用车及零部件生产项目作为先导工程在建设。欧意德动力总成项目目前已拥有年产 30 万台清洁柴油发动机,涵盖 1.5L、2.0L、2.5L、2.8L、3.0L 共 5 个排量,排放率先达到欧Ⅳ标准,并具备升级到欧Ⅴ水平的潜力。同时还拥有 45 万台自动变速器的生产能力,未来将达到 100 万台发动机、100 万台变速器的生产规模。按照计划,还将有 20 户配套企业陆续进入华泰鄂尔多斯基地。

2011 年 10 月,包头市与北京邦盛投资有限公司签约年产 3 万辆电动汽车产业化项目,并于 2012 年开工建设。该项目拟投资 100 亿元,一期投资 20 亿元,建设动力锂电池、电池材料和电动汽车等项目;二期投资 80 亿元,建设电动汽车及永磁马达、甲醇燃料电池等关键零部件项目。项目建成后,每年可生产相当于 3 万辆电动汽车(包括公交车、电力工程车和出租车等)所需电池材料、电池等,并通过引进和再创新快速研制纯电动汽车和混合动力汽车,形成一条完整的电动汽车产业链。

在各类汽车配件企业中,最引人注目的有:欧意德动力集团生产的国产首款拥有完全自主知识产权的欧Ⅳ轿车柴油发动机和四速 AT 自动变速器,已于 2010 年 1 月 30 日正式下线;2011 年 5 月开始建设的鄂尔多斯市海峰机械制造有限责任公司,于 2012 年开始投产,设计年产前轮毂 3 万件、后轮毂 5 万件、板簧座 1 万件、支承座 1 万件,主要用于重卡汽车制造;2010 年 7 月由包头市蒙隆机械制造有限公司投资,主要为北奔重卡生产桥壳、平衡轴、托架等配套部件的汽车零部件制造项目基础工程;2012 年 3 月由包头市青盛汽车配件制造有限责任公司投资的项目,主要生产重卡底盘零部件、重卡车身覆盖件、车桥零部件、铁路车辆配套零部件、风力发电机零部件等产品,该项目建成后,将具备年产车架 8 万套的生产能力。这些重大项目的投资建设,为进一步延伸汽车及零部件制造产业链条增添了重要砝码。

二、内蒙古自治区加快发展汽车制造业的基础和条件

内蒙古自治区不仅具有振兴汽车产业的必要性和紧迫性,而且具备现实的基础和条件。

(一)"呼包鄂"经济圈装备制造业基础雄厚,类型齐全,品种多样,技术领先

汽车产业是装备制造业的重要分支,装备制造业充分发展是汽车制造业发展

的基础。先进装备制造业处于价值链高端和产业链核心环节。纵观世界汽车制造发展的历史,多数是从装备制造业基础厚实的地区起步、聚集、逐渐发展壮大的。现代装备制造业基地是汽车产业成长的温床。包头市和呼和浩特市机械装备制造业已有60多年的发展历史,基础雄厚、技术先进,生产体系完备,机械加工能力强劲。特别是包头市聚集着众多大型机械制造企业,金属制品业,通用设备制造业,专用设备制造业,交通运输设备制造业,电气机械及器材制造业等制造企业。内蒙古自治区的装备制造业已经达到一定的规模。

从表8-3可以看出,2011年内蒙古自治区规模以上工业企业总产值为173175954万元,其中制造业总产值为102982347万元,占规模以上工业企业总产值的59.47%,表中所列的4个主要装备制造行业规模以上工业企业的总产值8448850万元,占规模以上制造业总产值的8.20%。

目前包头市能够生产大部分汽车专用车车型和几乎所有工程机械机型。基本形成了从冶炼到冲压的整机装配等较为完整的综合生产能力和科研、设计、制造、实验及检测能力。另外在焊接、热处理、装配、电气、液压、仪表制造、总装调试等方面也具有强劲的生产和制造能力。

2011年,内蒙古自治区规模以上交通运输制造业的工业总产值、主营业务收入、实现利润分别为3120631万元、2091580万元、45994万元,占规模以上制造业的比重分别为3.03%、8.29%和0.26%,见表8-3。

表8-3　2011年内蒙古自治区装备制造业规模以上企业的主营业务收入

行　业	工业总产值（万元）	主营业务收入（万元）	占制造业收入比重（%）	利润总额（万元）	占制造业利润比重
规模以上工业企业	173175954				
制造业	102982347	25224495	100	7406113	100
通用设备制造业	2328944	870306	3.45	155466	2.10
专用设备制造业	2569089	1582522	6.27	97472	1.32
交通运输设备制造业	3120631	2091580	8.29	45994	0.62
电器机械及器材制造业	2520186	444058	1.76	139966	1.89

资料来源:根据内蒙古统计局.内蒙古统计年鉴2012.统计出版社,2012.

2012年,国内汽车市场低迷,销售下降严重,但内蒙古自治区汽车和其他运输设备工业生产总值、主营业务收入都比上年有所增长,分别达到3140647.2万元和3182189.9万元,占规模以上制造业的比重分别为29.62%、3.11%。工业生产总值、主营业务收入分别比上年增加了20016.2万元和1090609.9万元(见表8-4)。

表8-4　2012年内蒙古自治区装备制造业规模以上企业的主营业务收入
(按现价计算)

行业	工业总产值(万元)	主营业务收入(万元)	占制造业收入比重(%)	利润总额(万元)	占制造业利润比重(%)
规模以上工业企业	181920323	179692211.5		18556933.1	
制造业	106385534.6	102402676.5	100	6053433	
汽车制造业	2772577.4	2807161.2	2.74	2556.1	4.22
其他运输设备制造业	368069.8	375028.7	0.37	31096.4	0.51

资料来源:内蒙古统计局.内蒙古统计年鉴2013.统计出版社,2013.

根据《内蒙古自治区装备制造业"十二五"发展规划》,到2015年,内蒙古装备制造业预期实现3520亿元的产值。重点推进呼和浩特市、包头市、鄂尔多斯市、赤峰市等地的交通运输、工程机械、化工机械、重型矿山等设备制造产业基地建设,力争形成设备制造业产业集群,带动内蒙古自治区装备制造业快速发展,为现代汽车制造业的发展奠定更为厚实的产业基础。

(二)汽车原辅材料品种多、数量大、性能高,成本低

包头市作为我国重要的钢铁、稀土和合金铝生产科研基地,集中众多的冶金企业,具有国内领先的金属材料冶炼和成型能力。包头钢铁集团(以下简称包钢)是我国十大钢铁生产企业和全国最大的稀土生产科研企业。现已具备年产钢铁各1000万吨能力,产品包括薄板、重轨、大型工槽钢、无缝管、高速线材、不锈钢等钢铁产品55个品种、1112个规格。建成年产198万吨热轧薄板和年产140万吨冷轧薄板项目。包钢集团是国内唯一生产热轧双相钢带企业,生产出的轻量型薄板新材料钢材,质量达到国际领先水平。据2010年3月中国工业管件网报道,包钢是

国内 CSP 生产线(薄板坯连铸连轧生产线)生产热轧双相钢带的唯一厂家。包钢应用具有自主知识产权的新工艺、新技术,通过 CSP 生产线生产的轧双相钢带,以其低成本、环保型的独特优点受到国际同行关注。

汽车产业发展面临两个世界性难题:一是车量剧增、车速提高、车祸增多;二是油耗增多、能源紧张、污染日重。前者对汽车制造材料强度提出了更高要求,后者急需轻量型新材料替代传统用材。国内企业依托传统热连轧流程进行了产品开发,但由于工艺复杂、成本偏高和稳定性能差,没有形成大批量工业生产。为适应汽车制造业采用高强度轻量型新材料的发展潮流,包钢与东北大学合作,开发出具有自主知识产权的热轧带钢后置式"超快速"冷却设备并应用于包钢 CSP 生产线,成功开发出厚度为 4～11 毫米、抗拉强度为 540 兆帕和 590 兆帕两个强度级别的热轧双相钢带。产品在汽车横梁、纵梁、轮辐等结构件试用中,得到了用户的广泛认可和好评。由于包钢热轧双相钢带中不含其他合金元素,具有低成本易回收的特点,符合环境保护和建设节约型社会的要求。

在国内 11 条薄板坯连铸连轧生产线中,只有包钢成功生产出热轧双相钢带。使用 11 毫米厚 540 兆帕双相钢代替 14 毫米厚 Q235B 钢板,可使卡车轮辐减轻 21.4%,达到国际先进水平。由于兼有高强度和高成型性能,且制造成本大幅降低,包钢热轧双相钢带受到汽车制造业的青睐,开创了世界 CSP 生产线生产低成本、环保型热轧双相钢的先河。

位于包头市稀土高新区稀土应用产业园内的内蒙古宇帆科技公司,是 2009 年 10 月成立的一家专业从事镁合金深加工产品生产与制造的现代化高科技企业。建成后将具备年产 6000 吨稀土镁合金型材及板材与 2000 吨镁合金压铸件的生产能力,为汽车等交通工具提供轻量化的板材和零部件特别是轻量化新能源汽车开发,为汽车组装厂提供品质稳定的板材和零组件及工程服务。

2007 年 10 月,内蒙古一机集团路通弹簧公司汽车钢板弹簧生产线建设项目奠基,标志着该公司正式进入汽车钢板弹簧生产行业,形成以生产高品质汽车钢板弹簧及各种类型高端板簧产品为基础的生产、研发企业。

内蒙古自治区开发出一大批稀土新材料、稀土应用元器件、稀土原材料等产品,不仅使得钢、铸铁、铝、铜、玻璃、陶瓷传统产品性能和品质大大提高,而且稀土永磁材料、贮氢材料、抛光材料及催化材料、发光材料等新材料技术含量不断提高,产品的稳定性和一致性增强,成为具备一定产业基础和技术优势,并能够实现规模化生产,为汽车制造提供多种优质的材料。内蒙古汽车制造新材料方面的独特优势,对于国内外汽车制造商有较大的吸引力,充分利用已有的基础和条件,发展新能源汽车具有显著的优势。

（三）整装出厂的重型汽车和非公路矿用汽车等产品在质量和品牌方面有独特的优势

包头市依托转民军工企业,利用军用产品坚固精良的品质和稀土之都特有的原材料优势生产的重型汽车及配件、非公路矿用汽车及配件、专用汽车、铁路车辆及配件、工程机械及配件、机电设备、大型铸锻件等产品,以品质好、质量优在国内外享有盛誉。整装出厂重卡汽车和各种矿用车和专用车已经成为内蒙古自治区又一亮丽的名片。

（四）具备开发电动汽车、天然气汽车、甲醇燃料汽车的技术和条件

内蒙古自治区已经具备制造电动汽车、天然气汽车、甲醇燃料汽车的技术条件。应用稀土资源生产出稀土永磁电机、镍氢动力电池、电动自行车、石油防腊器、稀土润滑油、稀土铅酸电池等已经形成产业。2012年北方奔驰生产和销售天然气重卡汽车销量接近2000辆,在国内同行业中居第三位。2012年开工建设的北京邦盛投资有限公司包头项目部,主要生产动力锂电池、电池材料、永磁马达、甲醇燃料电池,为发展新能源汽车提供动力。

（五）机械及配套产品科研及检测能力强

"呼包"地区不仅聚集了一大批汽车和机械配件、附件生产企业,而且科研院所较为集中,机械及配套产品科研及检测能力强较强。"十一五"初期,包头有2家汽车车辆研究所,各类科研机构73个(其中国家级科研院所3个),各类科技开发企业348家。特别是北方重工集团和包头北奔重型汽车有限公司,依托兵工部,都有自己独立的研发机构和技术实力。历经3年研发成功,于2009年在北京国际车展上首次亮相的高端重卡公路物流车V3,是北方奔驰第一个独立的自主知识产权的产品,2010年正式投放市场1000余辆,V3的成功,结束了内蒙古自治区汽车制造没有自主知识产权的历史,在内蒙古自治区汽车发展史中具有里程碑意义。

在科研院所和高校中,拥有多种类型科研仪器设备,其中包括具有世界先进水平的高倍数电子显微镜、直读光谱仪、X射线工业电视探伤仪、红外碳硫测定仪、ZAC三坐标测量仪、OPTON齿轮测量等仪器设备,能提供汽车整装和配套设备研制和检测服务。

（六）机械制造专业人才相对集中

在内蒙古自治区 60 多年的发展历史中，培养和造就了大批机械制造专业人才。内蒙古科技大学、内蒙古工业大学以及内蒙古机械学院等高等学府，每年都有数百名机械制造专业学生毕业。包头市在军工制造技术转为民品技术的过程中，培养造就了一大批高素质的专业技术人员、管理人员和熟练的技术工人队伍。"十一五"初期，包头市有熟练操作技术经验的各类技术工人 50 多万名。

（七）良好的发展环境和开放务实的政策

十多年来内蒙古自治区依靠良好的投资环境，实现了经济持续快速发展，实力明显增强，投资环境进一步改善。当前转变经济发展方式，尽快改变过多地依赖资源的发展模式，大力发展非资源型、高附加值产业，已经成为共识。2011 年 6 月 15 日颁布的《国务院关于进一步促进内蒙古经济社会又好又快发展的若干意见》中指出，内蒙古自治区要"加强政策扶持和产业引导，推动形成一批先进装备制造业基地"、"依托现有产业基础，积极引进优势企业和先进技术，做大做强装备制造业。进一步提升工程机械、矿山机械等优势制造业发展水平"、"扶持发展乘用车、新型商用车和新能源汽车，推进通用飞机制造项目建设。加快模具、关键零部件生产，发展配套产业"。2012 年，内蒙古自治区制定出台《内蒙古自治区装备制造业"十二五"发展规划》，确定内蒙古自治区将大力发展装备制造业，并将装备制造业作为重要的经济增长点。到 2015 年，内蒙古自治区装备制造业预期实现 3520 亿元的产值，2020 年实现 8000 亿元的产值。"十二五"期间，内蒙古自治区将重点推进呼和浩特市、包头市、鄂尔多斯市、赤峰市等地的交通运输、工程机械、化工机械、重型矿山等设备制造产业基地建设，力争到"十二五"末形成具有较强竞争力的交通运输、工程机械、化工机械、重型矿山、新能源等设备制造业产业集群，带动内蒙古自治区装备制造业快速发展。

《内蒙古自治区"十二五"发展规划》中指出"培育壮大装备制造业。依托现有龙头企业，着力引进技术装备先进的企业，加快发展运输机械、工程机械、矿山机械等优势行业，培育发展风电设备、输变电设备、煤炭机械、化工机械、冶金机械和农牧业机械等成长性行业，形成新的支柱产业。扶持发展小型新型商用车和新能源汽车，加快建设通用飞机制造项目。围绕汽车、机械、设备等整机生产，加快模具、关键零部件生产，发展配套产业，建设装备制造业配套园区"。

"呼包鄂"三地在培育新的经济增长点中，都把汽车产业放在重要的位置，制定和实施各项推进发展的政策,吸引国内外资金和先进技术。国内外不少投资者,也有在内蒙古自治区发展汽车产业的愿望和动力。

在内蒙古自治区经济发展过程中,从来没有像今天这样对发展汽车产业有如此高度的认同性。汽车产业迎来了前所未有的机遇,也营造出了良好的投资建设环境。内蒙古应该抓住机遇,把发展汽车产业作为转变发展方式、提升产业结构的突破口,做大做强。

三、内蒙古自治区汽车产业发展中存在的问题及主要制约因素

"十一五"时期,内蒙古自治区汽车制造业快速发展,重卡汽车产能迅速提升。但内蒙古自治区汽车产业在技术创新能力、关键核心技术等的掌握方面还存在很大的差距;汽车产业基础薄弱,在基础元器件、关键零部件、核心材料的生产等方面的瓶颈;产业集中度低,高端汽车制造亟待培育和发展;具有国际竞争力的大企业少,国际知名的品牌少,汽车制造的优势和潜力还没有充分挖掘出来。

(一)缺乏拥有自主知识产权的核心技术

内蒙古北方重工集团生产的各种矿用车和专用车,核心技术(如发动机)多数采用德国制造商 DEUTZ 发动机公司、重庆铁马技术,电动轮矿用车是 2005 年与美国 UNITRIG 公司进行合资生产的。北方奔驰重型卡车的生产长期依托奔驰技术平台和兵工行业雄厚的制造、设计能力,直到 2009 年研制成功第一款拥有独立自主知识产权的 V3 高端物流车型。鄂尔多斯市、呼和浩特市的汽车制造刚刚起步,从技术到项目都要从国内外引进。

(二)零部件生产企业技术力量薄弱,且存在盲目性、滞后性和不稳定性

内蒙古自治区现有的汽车零部件生产企业,普遍存在规模小、技术落后等问题,特别是核心零部件生产基础薄弱关键零部件受制于人。内蒙古重卡汽车和矿用车、专用车等都是整车出厂,但核心零部件当地生产能力有限,整车企业如果介入零部件开发,成本就会大增,不得不依赖外部。北奔、北重汽车等内蒙古企业提供的汽车零部件所占比重很小。零部件大量依赖外部供应,与汽车龙头企业没有形成利益共同体,这样不仅成本高,而且市场波动大,供给不稳定。如何整合零部件配套生产企业,集中力量开发零部件核心技术,打造产业链,将其纳入整车企业的生产系列中,降低开发的盲目性和滞后性,提升内蒙古汽车零部件配套生产能

力,是迫切需要解决的问题。

(三)汽车制造、服务备件系统薄弱

汽车制造、服务备件系统薄弱,不适应销售量增长的需要,成为制约汽车产业发展和做大做强的直接因素。以北奔重卡汽车为例,2002年销售量只有1000辆车。到2009年,包头、蓬莱、重庆、北京四地销售量逼近3万辆、年产能达5.5万辆。2010年,北奔共销售重卡40188辆,比2009年增长43.3%。在全国保有量达到12万辆。但汽车售后服务和各种配套供应体系尚未建立,成为制约企业发展的突出问题,备件渠道总储备量和终端储备量,滞后于销量增长和市场发展速度。而且,随着新市场的开拓,服务备件商总体实力偏弱和地区发展不平衡的问题也逐渐凸显。

(四)整装汽车和核心零部件制造方面的专业技术人员严重缺乏

在汽车生产和服务产业链条的各个环节,都需要专业人才,目前内蒙古人才供应还不能适应汽车产业快速发展的需要。包头市装备制造业历史悠长,熟练技术工人相对多一些,但随着汽车生产规模扩大,人才缺口也在扩大。鄂尔多斯、呼和浩特等地区这方面的人才严重缺乏,需要加快培养和引进的步伐。

(五)汽车产业总体规模不大,重卡汽车的生产潜力尚未充分发挥

重型汽车在内蒙古占有绝对的优势,并形成了品牌和特色,但总量偏小,在国内市场的占有率不高。受国内外经济环境等多种因素的影响,2012年1月与2011年1月相比较,国内市场重卡汽车销售量平均下降了60%,北奔重汽下降了68.2%,占国内市场的份额从5.8%也下降到4.5%(见表8-5)。

表 8-5 国内重卡汽车销售额占比及变化

销售额及占比／汽车企业	2011年1月销售量(辆)	占当月国内销售总量的比例(%)	2012年1月销售额(辆)	占当月国内销售总量的比例(%)	同比增幅(%)
东风汽车	19960	23.5	9000	26.5	-54.9
一汽集团	18000	21.2	7400	21.8	-58.9
中国重汽	16820	19.8	7200	21.2	-57.2
福田欧曼	6020	7.1	2100	6.2	-65.1
北奔重汽	4880	5.8	1550	4.5	-68.2

续表

销售额及占比＼汽车企业	2011年1月销售量(辆)	占当月国内销售总量的比例(%)	2012年1月销售额(辆)	占当月国内销售总量的比例(%)	同比增幅(%)
陕汽集团	4080	4.8	2300	6.7	-62.2
上汽依维柯	3930	4.6	550	1.6	-86.0
江淮汽车	3870	4.5	700	2.1	-81.9
其　他	7440	8.7	3200	9.4	-57.0
合　计	85000		34000		-60.0

资料来源:根据中国行业研究网(http://www.chinairn.com)2012年2月22日资料计算。

2012年,内蒙古自治区汽车和其他运输设备工业生产总值、主营业务收入、利用总额分别为3140647.2万元、3182189.9万元和33652.5万元,占规模以上制造业企业的比重分别为29.62%、3.11%、4.73%。前两项指标分别比2011年增加了20016.2万元、1090609.9万元,但利润总额则减少了12341.5万元。

(六)汽车维修服务业发展不规范

现代汽车电气化、智能化程度越来越高,对维修人员的技术要求也越来越高。在汽车检测与维修中纯机械维修所占比重越来越小,大多数情况都需要使用先进的设备检测。由于维修人员技术参差不齐从而造成维修质量得不到保证。大部分维修人员自身文化层次不高,加之维修人员流动性大,维修服务机构不注重维修人员的职业技能培训,很难适应现代汽车新技术、新材料、新工艺、新结构及高智能化的需要,高级维修工严重短缺。目前汽车维修服务机构在维修技术、店铺规模、机构性质和营销手段等方面上差异比较大,无序竞争现象突出。

第二节

内蒙古自治区汽车产业发展的思路和目标

做大做强汽车产业,是内蒙古自治区转变发展方式,调整经济结构,提升产业层次,实现富民强区战略的重要突破口和新的经济增长点。我们需要从战略的高度认识发展汽车产业的重要性和紧迫性,同时要明确发展思路、重点和目标,充分挖掘潜力,走出一条切实可行的发展之路。

一、密切关注国内外汽车产业发展趋势和动向

发展内蒙古自治区汽车产业,必须瞄准国内外先进水平,这样才有可能后来居上。在 19 世纪后期开始的第二次产业革命中,汽车工业首先从欧洲兴起,并很快传入美国。第二次世界大战后,日本实行追赶战略,到 20 世纪 80 年代,世界汽车产业就形成了美国、西欧、日本三足鼎立的态势。近些年来,中国、印度、巴西等新兴经济体国家的汽车工业也在迅速崛起,成为日本、美国、欧洲传统的汽车生产厂商有力的竞争对手,有资料显示,金融危机之后,全球汽车市场增长率 40% 以上为"金砖四国"所贡献,相应生产能力的增长也超过了 50%。当前世界汽车工业和汽车市场的格局正在发生巨大变化,国内外汽车产业呈现出以下几个明显的发展趋势。

（一）在汽车制造上注重创新,力求推出自主品牌

欧、日、美等传统的汽车生产国不断创新汽车技术和性能,新兴经济体国家极力改变过去在汽车制造上以引进和利用国外汽车技术为主的发展模式,转向引进和创新结合,力求推出自主品牌。

（二）注重培育本土化汽车生产商、研制商

世界主要汽车生产国都十分注重培育本土化汽车生产商、研制商,加强科学研究与试验设计在发展和完善汽车技术及其配套产品中的作用。汽车制造链整体向附加值高的方向发展,是普遍做法。

（三）汽车产业集群化、联盟化的趋势越来越明显

汽车企业大多数面向国际、国内两个市场,整合国际、国内两种资源,在全球寻求建设性合作伙伴,力求打造全球性汽车公司。新兴经济体国家多数是引进与创新结合,形成几家实力较强的汽车制造公司,以此为中心将众多的零部件企业纳入汽车系列化生产体系,主要部件及零部件的生产相对集中在一个区域,形成以企业为主体、市场为导向,产、学、研相结合的技术创新和现代化的生产体系。

(四)新能源汽车是近年来重点开发的项目

在低碳经济背景下,节能型汽车和新能源汽车备受青睐,成为技术开发研制的重点。人类目前汽车驱动所用燃料主要为化石类产品——石油。但是石油的储量是有限的,据预测,以目前人类对石油的消耗量计算,地球所储存的石油仅够使用20年。而且随着汽车的普及,尾气对环境和人类健康的损害越来越严重,这些驱使人类寻找和研发新的替代能源,新能源汽车应运而生,并很快成为国际国内汽车制造商开发的重点。

(五)汽车制造业和汽车服务业协调发展

由于受交通条件、环境治理,成本价格等多方面因素的制约,整车市场增速逐渐放缓,整车销售利润也会越来越薄,而汽车销售后的服务业相对滞后。在新兴市场中,汽车后市场利润丰厚,发展潜力巨大,越来越多的企业开始关注汽车后市场,在这方面的竞争也将会加剧。

(六)政府支持、保护和引导汽车产业的发展,是普遍的做法

无论是先进的汽车生产国还是新兴经济体国家,多数都把汽车产业作为主导产业,采取多种措施进行扶持、保护和引导。日、美、欧以振兴本国汽车工业,继续保持领先地位和传统的市场份额为目标;而新兴市场国家,则无一例外地将做大做强、提高竞争力、扩大国内外市场份额为目标。世界汽车产业虽然有120年的历史,但对于新兴市场国家来说,仍然是朝阳产业。

二、把汽车制造产业作为战略重点来培育

在我国工业转型升级的过程中,先进的装备制造业被确定为战略性新兴产业。内蒙古自治区汽车制造业有基础、有潜力、有后劲,前景广阔,势头良好,已经成为投资者重点关注的领域。内蒙古自治区应该把以重型汽车为主力的汽车制造业作为战略重点之一加以培育,使其成为新的、重要的经济增长点和产业多元化的重点突破口。

第一,汽车产业是技术型和战略性产业,具有技术含量高、资金投入量大、上下游产业关联程度高的特点,属于资金、技术双重密集的战略性产业,发展汽车产业对于改变资源依托型的产业格局,提升内蒙古自治区经济的质量具有巨大的作用。

　　第二,汽车工业是一个系统复杂的体系,产业链条长,关联度大。汽车产业链条至少包含:研发设计—材料和部件的供给—关键部件的制造—整车组装—售后服务(维修和配件提供)等环节。每一个环节中都存在严密的分工,都要涉及众多的机构或企业,都对技术和知识有特殊的要求。同时,汽车的普及对交通通信条件、油品供应体系、责任认定和金融保险业务等提出更多、更高的要求,客观上也在推动这些产业的发展。内蒙古自治区将汽车产业作为主导产业加以扶持和引导,可以带动上、中、下游相关产业的发展,推动产业结构转型升级。

　　第三,与普通的制造业相比较,国内外对汽车的需求量呈不断上升的趋势,消费市场和售后服务市场潜力巨大、零部件和服务附加值高是汽车产业的一大特点。汽车产业仍然是朝阳产业,因此发展汽车产业对于扩大就业、增加收入有直接的意义。

　　第四,汽车制造是社会化、现代化的生产体系,产品需要不断更新、变革。汽车制造不仅需要先进的设备和工具,而且对原材料、零部件要求规格高,各个环节上的管理都要严密、精细。内蒙古自治区发展汽车产业,对于培育新材料工业、汽车配件工业,提升工业的管理水平有直接的推动和示范作用。

　　第五,汽车制造业的发展对劳动者的技能有特殊的要求。在汽车制造的各个不同的链条上,对人才都有不同的要求。发展汽车制造业不仅有利于培养现代产业工人,提升技能,而且对传统的人才培养模式也提出新的挑战。

　　由此可见,发展汽车产业不仅对整个国民经济而且对区域经济的整体带动作用也是其他产业无法比拟的。

　　汽车产业发展前景广阔,消费市场潜力巨大,成为众多的有实力的投资者争夺的重点。国内也有不少的省区将其作为主导产业大力推进,千方百计整合各种资源,抢占先机,寻找发展特色,扩大市场份额。内蒙古自治区必须把握时机,顺势而为,乘势而上。

三、汽车工业总体发展思路

　　发展先进的汽车制造业是实现内蒙古自治区由资源大区向制造业强区转变的重要突破口。未来十年,内蒙古自治区汽车产业要以重卡汽车制造为重点,瞄准世界第一阵营,突破自身瓶颈,发展先进的汽车制造业。为此要着力提升关键基础零部件、基础工艺、基础材料、基础制造装备研发和系统集成水平,加快汽车产品的升级换代,大力发展新型重卡汽车、非公路矿用汽车和专用车、新能源汽车、积极开发高端商用车和轿车,促进汽车制造业做大做强。

(一)发展思路

做大做强内蒙古自治区汽车产业,要走"一盘棋、二个大、三项高、四同步"的发展之路。"一盘棋"就是全区汽车产业发展"一盘棋",就要统筹规划。要瞄准国际汽车产业发展的前沿,进行长远的、总体的、战略的谋划,不能只看一个项目、一时的利益、局部的发展。杜绝盟市间各自为政,盲目上马,过度竞争。"二个大"就是要做大汽车规模、实现大越级。做大汽车规模,既要扩大现有汽车生产规模,也要增加新项目,吸引新投资,开发新产品;"大越级"就是不能按部就班,要跨越传统汽车产业发展阶段,紧跟时代步伐,"越级而动",尽快建立现代汽车制造体系和备件服务系统。"三项高"就是追求高起点、高技术、高品质。"四同步"就是在汽车产业发展过程中,既要发挥已有的基础和优势,又要拓展汽车品种和系列,走巩固和创新同步推进之路;既要提质量上层次,又要增数量扩规模,走量质并进之路;既要扶持"呼包鄂"重点区域的发展,又要避免重复建设产品趋同,走集群和特色同步推进之路;既要增厂家扩产量,又要重服务拓市场,走生产服务和市场同步推进之路。

(二)发展目标

内蒙古自治区汽车工业发展的总体目标是:到2020年形成"呼包鄂"区域汽车制造和核心零部件生产产业集群,使内蒙古自治区汽车产业步入西部第一阵营、国内第二阵营,成为国内重卡汽车、清洁能源汽车制造和核心零部件生产基地,成为内蒙古自治区的主导产业之一。其中重卡汽车和各种重型专用汽车的生产总量要达到20万～30万辆;重卡汽车在国内市场的占有率达到10%,非公路矿用汽车和重型专用汽车的市场占有率达到80%～85%;重型汽车和专用车要拥有一批真正具有国际影响力的知名品牌;确保重点企业在国内外汽车制造业竞争中的前端和关键地位;推动汽车企业进入国际技术标准及专利联盟。

(三)战略重点

实现上述目标,需要把握好战略重点,选择好发展的路径。

第一,重点推进重卡汽车、重型矿用车的制造,形成重卡汽车产业链。发挥包头市重型汽车制造基地的作用,提升重卡汽车整车制造的装备水平,大力推动自主品牌的发展;加快传统重型汽车升级换代。包头市要发挥特长,建设重卡汽车产业链和产业园区。以北重集团、北奔公司等龙头企业为核心,整合现有汽车生产资源,利用区内区外资源和技术,形成研发、制造、关键零部件生产和汽车后配套服务,相互协调的产业链,建设国内一流的重卡汽车制造和零部件生产园区。同时要积极开发重型新能源、客车和家用节能轿车。

第二,培育一批掌握高端核心技术的本地配套零部件生产企业,提高关键部件、附件的生产能力、质量水平和自主创新能力。特别是重型汽车和矿用专用车配件、电动汽车和天然气汽车、插电式混合动力汽车配件、清洁型柴油动力配件等生产企业。

第三,开发节能汽车与新能源汽车并举。进一步提高传统能源汽车节能环保和安全水平,加快纯电动汽车、天然气汽车等新能源汽车发展。实施节能与新能源汽车创新发展工程;掌握先进内燃机、高效变速器、动力电池等关键核心技术,有重点地开发新能源汽车制造项目。

第四,加强汽车制造基础工艺和装备研究及检测能力建设。发挥科研院所、大专院校、大型企业的作用,推进重大科技专项研究,开发智能仪器仪表,积极推进汽车制造控制系统智能化;建设标准化汽车检测试验平台,建立新能源汽车和配套设施检测平台。

(四)以项目带发展推进战略重点的措施

实现战略目标需要采取有效的措施,实践证明以项目带发展,通过重点项目建设推动战略重点实施是有效的办法。

第一,要全力支持以北重集团、北奔公司为龙头的重型汽车企业新增扩产项目和新产品开发项目的建设,在融资担保、税收、土地政策等方面给予优惠。

第二,要确保近年开工建设的重型汽车和专用车配件配套项目的顺利进行,尽快形成配套生产能力,满足重型汽车、专用车、新能源汽车制造的需要;大力扶持以欧意德发动机和变速器为代表的汽车零部件企业,为使内蒙古自治区形成以清洁型柴油动力总成为中心的汽车装备产业集群奠定基础。

第三,全力支持已经开工的新能源汽车产业化配套项目的建设,把内蒙古自治区建成汽车电池材料、锂电池、甲醇燃料电池、永磁马达的生产基地。

第四,支持北奔公司和北重集团两大重型汽车制造企业开发具有自主知识产权的新能源汽车,确保已经开工的新能源汽车制造项目顺利进行,吸引国际、国内汽车制造商来内蒙古自治区投资新能源汽车项目,把内蒙古自治区建成西部新能源汽车生产基地。

在推进实施战略重点的过程中,政府要加大对汽车整车生产龙头企业和核心配件企业技术研发的资金投入,完善汽车制造园区公用配套设施,并采取多种形式引进汽车专门人才。

四、积极发展新能源重型汽车和其他汽车

(一)内蒙古自治区发展新能源汽车的优势

新能源汽车是未来汽车发展的方向,也是国家重点扶持的对象,内蒙古自治区发展新能源汽车有技术和原材料方面的优势。

新能源汽车包括混合动力汽车(HEV)、纯电动汽车(BEV,包括太阳能汽车)、燃料电池电动汽车(FCEV)、氢发动机汽车、其他新能源(如高效储能器、二甲醚、核动力等)汽车等各类别产品。在投资有保障、市场有潜力的条件下,新能源汽车的制造主要受制于技术和材料两个因素。

从技术上看,内蒙古自治区通过有选择地引进、创新和对现有汽车制造技术的改造,有能力解决技术上的问题。一是燃料电池技术近年来在国际国内取得了重大的进展。戴姆勒—克莱斯勒、福特、丰田和通用汽车公司等世界著名汽车制造厂将燃料电池汽车投放市场的时间也不长。武汉理工大学、上海交通大学在燃料电池市场化方面的努力取得成效。二是纯电动汽车不仅无污染、噪声小,而且技术相对简单成熟。纯电动汽车的关键在于电力储存技术,与内燃机汽车相比,纯电动汽车结构简单,运转、传动部件少,维修保养工作量小。三是混合动力汽车是指那些采用传统燃料,同时配以电动机、发动机来改善低速动力输出和燃油消耗的车型,技术难度也不大。四是燃气汽车则是指用压缩天然气(CNG)、液化石油气(LPG)和液化天然气(LNG)作为燃料的汽车。普通内燃机经过简单改装便能使用,成本低,污染物排放低于普通内燃机。五是生物乙醇汽车也称为酒精燃料汽车。用乙醇代替石油燃料的活动历史已经很长,无论是在生产还是应用方面的技术都已经很成熟。

从材料上看,内蒙古自治区具有发展新能源汽车的独特优势。包钢集团是国内唯一生产热轧双相钢带企业,生产出的轻量型薄板新材料钢材,质量达到国际领先水平。据2010年3月中国工业管件网报道,包钢是国内CSP生产线(薄板坯连铸连轧生产线)生产热轧双相钢带的唯一厂家。包钢应用具有自主知识产权的新工艺、新技术,通过CSP生产线生产的轧双相钢带,以其低成本、环保型的独特优点受到国际同行关注。电动汽车生产项目、清洁柴油发动机制造业及相关的配件项目也开始建设。

（二）新能源汽车的销售

新能源汽车的销售，主要受制于汽车的品质、价格以及电力、燃气等汽车新能源的供给数量、价格和方便程度以及其他配套条件等。未来几年，我国新能源汽车技术、成本和运行环境会大大改善，各种配套的基础设施会逐渐完善，市场空间会越来越大。

从汽车的动力供给方面看，新能源汽车要采用非常规的车用燃料作为动力来源（或使用常规的车用燃料、采用新型车载动力装置），主要是电力、乙醇、燃气、氢气、生物质能、核动力等或者混合动力。在技术、质量有保障的前提下，新能源汽车的市场前景取决于使用新能源的费用和方便程度等。内蒙古自治区是国家重要的能源基地，煤电、风电、太阳能发电总量大，天然气充裕，煤制油、乙醇提炼和生物质能发电技术领先。在内蒙古自治区消费者使用新能源汽车不会受到能源供应的制约，在费用上还具有明显的优势。随着环境问题越来越突出，新能源汽车越来越受到国内外汽车市场的青睐，只要在质量、技术和成本方面有优势，内蒙古自治区新能源汽车就会有越来越大的市场空间。

（三）新能源汽车的发展方向

根据技术难度和未来汽车新能源的供给状况，内蒙古自治区在新能源汽车制造方面，可以在以下类型中选择：

1. 混合动力汽车

混合动力汽车指采用传统燃料，同时配以电动机、发动机来改善低速动力输出和燃油消耗的混合动力车型。可以分为汽油混合动力和柴油混合动力两种。其优点：一是行驶里程与普通汽车没有差别。采用混合动力后可按平均需用的功率来确定内燃机的最大功率，使其处于油耗低、污染少的最佳状态。当内燃机功率不足时，由电池来补充；负荷少时，富余的功率可发电给电池充电，由于内燃机可持续工作，电池又可以不断得到充电，因而其行驶里程和普通汽车一样。二是因为有了电池，可以十分方便地回收制动时、下坡时、怠速时的能量。三是在繁华市区，可关停内燃机，由电池单独驱动，实现废气污染物"零排放"。四是内燃机可以十分方便地解决耗能大的空调、取暖、除霜等问题。五是电池不会发生过充、过放等问题，可延长使用寿命，降低成本。但混合动力汽车在长距离高速行驶时基本不能省油。

2.纯电动汽车

纯电动汽车是完全由可充电电池(如铅酸电池、镍镉电池、镍氢电池或锂离子电池)提供动力源的汽车。纯电动汽车已有130多年的历史,技术相对简单成熟,无污染、噪声小,工作时不产生污染环境的有害气体。与内燃机汽车相比,纯电动汽车结构简单,运转、传动部件少,维修保养工作量小,能量转换效率高,工作时可回收制动、下坡时的能量,提高能量的利用效率。汽车在城市行驶速度不高,电动汽车更加适宜。纯电动汽车的缺点是电池成本过高,续航里程较小,充电不方便。

3.燃料电池汽车

燃料电池汽车是指以氢气、甲醇等为燃料,通过化学反应产生电流,依靠电机驱动的汽车。其基本原理是通过氢气和氧气的化学作用直接变成电能。燃料电池的化学反应过程不会产生有害物质,属于清洁能源。燃料电池的能量转换效率比内燃机要高2~3倍,因此从能源的利用和环境保护而言,燃料电池汽车是一种理想的车辆。

燃料电池汽车工作时无污染物排放,有助于降低和减少城市温室气体。由于没有内燃机和传动机构,减少了机油泄漏带来的污染,且运行平稳、无噪声。燃料电池的核心部件如离子交换膜生产技术复杂,造成燃料电池成本高,价格昂贵。

4.氢动力汽车

氢具有很高的能量密度,氢燃料电池以水中的氢原子为燃料释放的能量使汽车发动机运转。而且氢与氧气在燃料电池中发生化学反应只生成水,没有污染。因此,不少科学家预言,以氢为能源的燃料电池是21世纪汽车发展的核心技术,氢动力汽车是传统汽车最理想的替代方案。几乎所有的世界汽车巨头都在研制氢动力汽车。2008年,中国长安汽车展出了自主研发的中国首款氢动力概念跑车"氢程"。氢动力汽车排放物是纯水,行驶时不产生任何污染物。但氢燃料电池成本过高,与传统动力汽车相比,氢动力汽车成本至少高出20%。目前氢气的提取要通过电解水或者利用天然气,消耗能源多,而且存在氢燃料的存储和运输困难。

5.燃气汽车

燃气汽车排放性能好,运行成本低、技术成熟、安全可靠,是当前世界汽车代用燃料的主流。2010年,美国7%的公共汽车、50%的出租车和班车改为专用天然气;2010年,德国使用天然气的汽车数量达到40万辆,加气站达到300座。我国汽油替代燃料主要是压缩天然气、液化气、乙醇汽油。很多城市出租车和公共汽车也早已大量使用燃气为动力。

燃气资源广泛,普通汽车内燃机经过简单改装便能使用,成本低,污染物排放低。燃气汽车的发展直接受加气站建设状况的制约,我国公路上还很少有加气站,燃气汽车仅能在城市内运行。

6.生物乙醇汽车

乙醇俗称酒精,用乙醇代替石油燃料的活动历史已经很长,无论是从生产上还是应用上的技术都已经很成熟。目前世界上已有40多个国家在不同程度地应用乙醇汽车,其中使用范围最大的国家是巴西。乙醇汽车燃料应用方式有多种:①掺烧,即将乙醇和汽油掺和应用,这是目前乙醇汽车的主要使用方式。②纯烧,即单烧乙醇,目前处于试行阶段。③变性燃料乙醇,指乙醇脱水后,再添加变性剂而生成的乙醇,目前也处于试验应用阶段。④灵活燃料,可用汽油、乙醇或二者混合燃料、氢气,并随时可以切换。福特,丰田等汽车公司均在试验灵活燃料汽车。

生物乙醇汽车使用陈化粮和植物秸秆生产乙醇,可以节省石化能源。普通内燃机改装使用乙醇燃料技术简单,成本低。使用乙醇燃料,可以降低和减少尾气有害物的排放。但乙醇汽车的发展受所在城市和地区的生物乙醇提取资源(即陈化粮和秸秆)禀赋和乙醇供应站很少的限制。

在上述六种新能源汽车中,目前内蒙古自治区有条件开发的是混合动力汽车、电动汽车、燃料电池汽车、燃气汽车。同时也要关注氢动力汽车和生物乙醇汽车,在条件成熟时积极开发。

发展新能源汽车,需要为广大汽车消费者提供价格低、供应充足、方便添加的新能源。政府要未雨绸缪,及早规划建设城市和公路的加气站、充电桩、乙醇供应点等基础设施,以适应新时代的需要。同时要出台鼓励居民购买新能源汽车的扶持政策,在价格、停车费、电价、道路通行费等方面给予优惠。

新能源汽车类型很多,内蒙古自治区要重点开发新能源重型汽车,同时要有选择引进一些小型商用车的新、特、优汽车项目,如赛车、小型高档商用车、家用车等,拓展新能源汽车系列和品种。

汽车制造业要走集群发展之路,要以制造业基础雄厚的"呼包鄂"地区为主,特别是包头市,应该成为内蒙古汽车制造产业的中心。随着汽车制造业规模的扩大,其带动和扩散效应会逐渐显现出来。

第三节

加快发展内蒙古自治区汽车制造业的对策建议

汽车制造业是内蒙古自治区发展非资源性产业的战略重点之一,需要利用多种有利因素,采取多种有效措施推动汽车制造业的发展。

一、充分发挥政府在培育和推动汽车产业发展中的作用

内蒙古要加快先进汽车制造业的发展,需要政府的积极引导与扶持,需要通过实施有效的政策措施给予保障。

第一,要成立内蒙古自治区汽车产业发展规划协调机构,负责汽车产业的规划、布局,项目选择和审定、协调等工作。尽快制定内蒙古自治区汽车产业发展规划,明确发展战略目标和重点,明了发展步骤和措施。

第二,要研究制定推动汽车产业发展的相关政策,对于符合发展规划的新建汽车项目,在土地、财税、管理费用等方面给予优惠,建立支持重大技术装备研发的多渠道投融资机制,完善汽车制造园区公共配套设施建设。

第三,建议设立内蒙古汽车创新扶持基金,用于支持汽车企业和研究院所进行创新性研究和实验,鼓励企业在引进的基础上进行创新,开发拥有自主知识产权的汽车及核心零部件技术。

第四,建立和完善依托重大项目发展高端汽车和装备制造的运行机制,建立汽车首辆保险机制和示范应用制度,加大市场培育的力度,加强国际合作交流,充分利用各种渠道和平台,积极探索合作新模式,融入全球产业链。

第五,对成长期和成熟期的汽车制造业在政策导向上要有区别。

内蒙古自治区重型汽车制造已经进入成熟期,基础好,装备先进,生产能力和科研力量较强,在国内外市场中占有一定的份额。政策侧重点是要促使产业规模扩大,创新能力和竞争力进一步提升。一是支持龙头企业整合现有资源,扩大产能,聚集相关配套企业,形成产业化链条;二是要加大对重型整车制造关键环节、核心部件进行科技创新和更新改造的支持力度,对企业更新改造和扩建项目从财税、

融资、土地供给等方面予以支持,对于已有重型汽车制造企业开发的出的产品进行税费减免;三是完善公共配套设施的建设,减少企业生产外支出;四是在拓展国内外市场方面采取扶持政策,对区内购买本地制造的重型汽车和专用车的个人和企业进行直接补贴,支持有实力的企业进行海外投资,扩大产品出口;五是要优化重型汽车配件市场环境,整顿市场秩序,提高进入门槛,制定关键产品质量标准,加强监测,淘汰不合格企业,避免过度竞争。

内蒙古自治区重卡新能源汽车、轿车、商用车、客车制造起步晚,规模小、生产能力不高、市场销量小,尚未进入快速成长期,属于需要精心培育的幼稚产业。那些经过深入调研、精心论证,层层审批后引入的汽车制造和关键配件生产项目,在起步阶段需要各级政府采取更多的保护措施。政策侧重点是引导这些项目高起点、高标准建设,支持企业开发新、特、优产品,新产品进入市场的初期给予必要的保护。通过融资担保、税费减免、土地优惠、销售直补、产业发展基金资助等方式予以保护。

二、利用现有的基础,打造"呼包鄂"区域汽车产业集群和产业联盟

与分散无序、各自为战的生产模式相比较,汽车产业集群化、联盟化具有显著的优势:一是可以综合有效地利用各种原材料和相关技术,降低成本,稳定和提高零部件的质量,扩大生产规模;二是有效地整合各种汽车和零部件科技人才力量和技术资源,有利于开发拥有自主知识产权的核心技术;三是有效地增强地区综合配套能力,避免零部件企业之间的过度竞争,促进产业集群专业化、规模化发展,形成多赢的格局。

当前要重点打造:以北奔公司为核心的重卡汽车产业链和产业联盟;以北重集团为核心的各种矿用车、推土机、挖掘机、装载机、水泥搅拌车、高楼泥浆泵等专用车产业链和产业联盟;在欧意德发动机和变速器生产的带动下,发展汽车零部件生产企业,逐步培育以清洁型柴油动力总成为中心的汽车装备产业集群;以力帆汽车为核心的小型家用汽车产业链和产业集群。

汽车整装生产企业要利用分工协作关系,集中力量生产关键部件,将部分零部件生产分离出去,由配套企业制造,主厂进行最后组装,实现规模化生产;同时要以汽车整装生产企业为核心,整合资源,建立企业战略联盟,将备件制造企业和专门化的汽车后服务企业纳入系列化生产体系;要增加汽车整装和配套设备研制和检测服务项目,使其与内蒙古自治区汽车产业快速发展相适应;逐渐改变汽车备件制

造和汽车后服务严重滞后,不适应整车生产和销售的局面,提高内蒙古自治区汽车产业的附加值。

包头市具有发展汽车产业的技术、原材料和制造业的基础和优势,鄂尔多斯市具有资金和强劲的发展势头以及消费高端汽车潜力的优势,呼和浩特市作为自治区首府集中了大量的科研院所、大专院校,具有技术、人才和文化以及吸引优秀人才的地域优势。三市经济具有明显的互补性。

"呼包鄂"三市要筑巢引凤,规划建立汽车产业园区,吸引资金和技术入园,以汽车制造企业为龙头,聚集零部件生产企业,汽车后服务企业,形成产业链。

三、制定和实施发展新能源汽车产业的专项政策

发展新能源汽车也需要政府制定和出台相关的政策,重点支持本土研发机构、企业开发具有自主知识产权的新能源汽车。

(一)专项基金扶持政策

建议自治区政府通过财政划拨设立新能源汽车专项基金,同时争取国家经费支持,二者整合使用。专项基金用于新能源汽车生产企业自主研发、生产和推进产业化过程的基础设施建设,重点支持高储能动力电池、大功率永磁电机及其控制系统、电动真空助力制动等关键系统及零部件企业发展。

(二)新能源汽车产业园区建设的支持政策

新能源汽车产业园区可以设在装备制造业产业园区内,也可以毗邻建设。要规定入驻企业和项目的条件,对符合条件的在审批、资金、土地、人才引进和产业配套方面给予支持。例如土地方面,可以采取优先用地、先征后返、以奖代征或政府以土地入股等方式,实现"零地价"供应,对于在期限内达不到要求的企业规定相应的解决办法。

(三)新能源汽车检测、服务方面的支持政策

提升内蒙古自治区新能源汽车检测试验能力,特别是共性技术开发和服务设施建设和能力提升,在新能源汽车专项基金中设立标准化推进专项资金,对符合新能源汽车要求的研发、推广方面的检测技术给予资金支持。

（四）新能源汽车生产方面的金融支持政策

除政府专项基金外，最重要的是拓宽渠道，建立起政府引导，社会参与的多元化投融资模式。鼓励企业进行项目策划，申请立项，争取国家专项资金支持；鼓励企业通过市场融资，以现有资产或企业信誉作担保进行贷款，对符合条件的龙头企业可以由政府担保贷款；政府牵头，联合地方企业发行新能源汽车发展债券，吸收地方闲散资金；支持符合条件的新能源汽车企业发行企业债券或短期融资券；探索为符合条件的新能源汽车项目提供融资担保的方式。

（五）新能源汽车生产环节的税收支持政策

要切实落实国家在发展新能源汽车方面的优惠政策，尽快出台地方性的税收优惠政策。一是对认定为节能环保汽车整车及关键零部件的生产、研发及创新自主品牌的企业、项目给予所得税方面的优惠；二是对内蒙古自治区境内生产的节能环保汽车根据其排放标准和燃油消耗量给予消费税低税率或零税率的政策优惠；三是对节能环保汽车整车及关键零部件的规模化生产给予增值税、消费税优惠。

四、大力加强汽车专门人才的引进和培养

伴随着汽车产业的快速发展，人才紧缺的问题会越来越突出，要未雨绸缪，及早安排。一是要根据产业发展的需要，对汽车制造关键领域的专门人才，按照"不求所有，但求所用"的思路，从国内外引进；二是要招聘一部分的生产技术人员和高级技术工人；三是有计划地培养汽车人才。包括职业培训和学校培养等多种方式。要对未来十年汽车人才需求进行预测，有计划扩大高校和职业技术学校相关专业人才的招生规模。采取公司和学校共同培养的方式，将实践教学放在工厂，以适应产业规模迅速扩大的需要。

五、加强对汽车维修、服务和零部件销售的规范和管理

内蒙古自治区正在快速迈入汽车社会，要增加汽车整装和配套设备研制和检测服务项目，使其与内蒙古自治区汽车产业快速发展相适应。汽车维修、服务和零部件销售市场潜力巨大，前景广阔，发展速度快。但目前存在着规模小、服务质量差、费用高和无序竞争等问题。建议工商部门下设专门的管理机构，制定管理办法

和措施,规范市场行为。

做好汽车产业这篇大文章需要从战略的高度认识其重要性和紧迫性,采取切实有效的政策措施,加快推进汽车制造业的发展。内蒙古自治区有基础、有条件、有实力克服种种困难,把汽车制造业培育成为新的支柱产业。

第九章

内蒙古自治区能源产业发展报告

　　能源亦称能量资源或能源资源。是指能够直接取得或者通过加工、转换而取得有用能的各种资源，包括煤炭、原油、天然气、煤层气、水能、核能、风能、太阳能、地热能、生物质能等一次能源和电力、热力、成品油等二次能源，以及其他新能源和可再生能源。能源产业是产生各种能量（如热量、电能、光能和机械能等）或可生产有能量的物质的企业或行业的.集合。

　　能源可分为传统能源和新能源。传统能源亦称常规能源，指在现阶段科学技术水平条件下，人们已经广泛使用、技术上比较成熟的能源，如煤炭、电力、石油、天然气、水能、木材等。

　　传统能源中的煤炭、石油和天然气都是由远古的生物化石演变而成，故统称为化石燃料。在已探明的化石燃料储量中，煤炭是世界上储量最丰富的矿物资源（实测储量为2.1万亿吨，可采储量9380亿吨），其次为石油（1987年探明储量为955.4亿吨）和天然气（1987年探明储量为102.6万亿立方米）。

　　新能源是指传统能源之外的各种能源形式。它的各种形式都是直接或者间接地来自太阳或地球内部所产生的热能，包括太阳能、风能、生物质能、地热能、水能和海洋能以及由可再生能源衍生出来的生物燃料和氢所产生的能量。也可以说，新能源包括各种可再生能源和核能。相对于传统能源,新能源普遍具有污染少、储量大的特点。目前常见的有太阳能、地热能、风能、海洋能、生物质能和核聚变能等。

由于各国科学技术水平的差异,常规能源与非常规能源的范围也可能不同。如工业发达国家已把核裂变能列入常规能源,而在中国尚属非常规能源。随着科学技术的发展,非常规能源会不断转化为常规能源。

内蒙古自治区能源富集、优势突出,拥有煤炭、电力、石油和天然气等重要能源,能源种类齐全,资源储量丰富。经过多年的开发建设,已初步形成了以煤炭、电力为主体的能源工业体系,"十一五"以来,新能源,特别是风力发电异军突起。2012年,内蒙古自治区能源工业实现工业总产值6247.2亿元,总量居六大产业首位,占全区规模以上工业的34.4%。目前内蒙古自治区能源工业在基础设施、技术装备水平、市场竞争能力和经济效益等方面都具有良好的基础,能源工业作为自治区经济发展的支柱产业其主导地位日益凸显,同时也是国家重要的能源基地之一。《内蒙古自治区"十二五"工业和信息化发展规划》和"8337"发展定位,提出以煤炭、石油、天然气的开采利用为基础,延伸产业链,进一步加快石油天然气资源的勘探开发,大力发展新能源,把内蒙古自治区建设成为国家能源基地和绿色能源输出基地。

在内蒙古自治区的能源产业结构中,传统能源占绝对优势,特别是煤炭、电力、石油和天然气。新能源以风力发电为主,其他能源的总量较小,比重不大。因此,煤炭工业、电力、石油和天然气是本章分析的重点。

第一节

内蒙古自治区煤炭工业的发展概况

煤炭工业是内蒙古的传统优势特色产业,也是西部大开发以来推动地区经济超常规发展的主导产业。直到现在,煤炭工业在地区生产总值中仍然占有重要的份额。

一、内蒙古自治区煤炭工业的发展现状及发展重点

内蒙古自治区地域广阔,煤炭资源储量大,分布集中、煤种齐全、煤质优良、发展煤炭工业具有得天独厚的条件。

(一)自然禀赋

内蒙古自治区煤炭资源的煤层埋藏浅、厚煤层多、赋存稳定,构造简单,宜于开采,煤系共生和伴生矿产资源丰富。截止到 2011 年底,全区煤炭累计勘查估算资源总量 8080.65 亿吨,其中查明的资源储量为 3765.35 亿吨,预测的资源量为 4315.30 亿吨,居全国第 1 位。① 全区已查明含煤面积 12 万平方公里,约占全区国土面积的 1/10,一半以上的煤田尚未开发。目前已形成了包括地质勘探、设计、施工、机械制造和科研较完整的煤炭工业体系,煤炭转换、深加工产业也正在兴起。内蒙古自治区独特的区位优势为煤炭能源的输出提供了条件。煤炭资源主要分布在鄂尔多斯市、锡林郭勒盟、呼伦贝尔市、赤峰市、乌海市和通辽市。目前有六大煤田和 14 个主要矿区。六大煤田是:鄂尔多斯市的准格尔煤田和东胜煤田、锡林郭勒盟的白音华煤田和胜利煤田、呼伦贝尔市的陈巴尔虎煤田、通辽市的霍林河煤田;14 个主要矿区是:乌达矿区、海勃湾矿区、包头矿区、平庄矿区、大雁矿区、扎赉诺尔矿区、宝日希勒矿区、霍林河矿区、伊敏矿区、准格尔矿区、东胜矿区、白音华矿

---

① 中国简况——内蒙古.中央政府门户网站,www.gov.cn,2013－4－8.

区、胜利矿区、古拉本矿区。六大煤田占全区煤炭保有储量的79%。

从地理分布看,内蒙古自治区东部的煤炭资源大致分布在大兴安岭以西,从呼伦贝尔市到锡林郭勒盟的东北—西南向的狭长地带,以褐煤为主,褐煤资源储量占总量的43.28%。煤田规模大、埋藏浅,适宜于大规模开采。煤炭变质程度低,含氢量高,具有比较好的活性,但也具有高灰分、高水分、高挥发分、易于自燃等特点。煤炭热质较低,在2700～4400大卡,适宜于作为发电燃料。其中的胜利、霍林河等煤田是国家重要的电煤开发区。内蒙古自治区锡林浩特盟北郊的胜利煤田,是中国最大的、煤层最厚的褐煤田。煤层一般厚度200米以上,最厚处400米。含有11个煤层,13个煤组。煤田长45公里,宽15公里,面积675平方公里,已探明储量159.32亿吨,保有储量159.31亿吨。内蒙古自治区西部的煤炭资源主要集中在鄂尔多斯市盆地,包括准格尔、东胜、桌子山三大煤田,约占全区保有资源量的54.39%。以长焰煤、不粘煤为主,煤质优良,具有低硫、低灰、高发热量等特点。准格尔煤田的煤炭发热量为4000～5600大卡/千克,东胜煤田的煤炭发热量为6900～7600大卡/千克,不仅是优质动力煤,也是优质的汽化和煤化工原料。煤田规模大,宜于露天或大型机械化开采,是理想的能源重点开发区。内蒙古自治区阿拉善盟二道岭煤矿的太西煤,属低灰、低硫、低磷的优质无烟煤,平均灰分3.96%,挥发分6.83%,含硫量0.2%～0.32%。发热量7645～7711大卡/千克,堪称全国之最。内蒙古自治区西部的烟煤和东部的褐煤都具有易于液化和汽化的优点,在市场与其他条件成熟的条件下,可以大规模发展煤化工产业。另外,煤系中共生、伴生矿产资源丰富。

内蒙古自治区是世界最大的"露天煤矿"之乡。中国五大露天煤矿内蒙古自治区有四个,分别为伊敏露天煤矿、霍林河露天煤矿、元宝山露天煤矿和准格尔露天煤矿。霍林河煤矿是我国建成最早的现代化露天煤矿。准格尔煤田是全国最大的露天开采煤田。内蒙古东胜煤田与陕西神府煤田合称"东胜—神府煤田",是世界七大煤田中最大的一个。

(二)煤炭生产及综合利用

内蒙古自治区煤炭产量从2000年的7247.29万吨增长到了2012年的104190.90万吨。2012年煤炭销量10.7亿吨,其中销往区外6.6亿吨,占总销量的61.8%。煤炭消费量从2000年的5739.52万吨增长到了2012年的36620.49万吨。近年来,内蒙古自治区通过关闭、淘汰、整合等措施,使得煤矿数量大幅度减少,煤矿单井生产规模明显提高,见表9-1。目前,已形成142万吨煤制油、106万吨煤制烯烃、20万吨煤制乙二醇以及13.3亿立方米煤制天然气的生产能力。

2012年精甲醇、煤制油、煤制烯烃、煤制乙二醇、电石、聚氯乙烯树脂产量均居全国首位。

表 9-1　煤炭可供量与消费量　　　　　　　　　　　　　　单位:万吨

年份\项目	1995	2000	2005	2010	2012
可供量	4342.19	5817.19	13706.67	27016.94	36621.48
生产量	7055.21	7247.29	25607.69	78664.66	104190.90
进口量			248.80	1638.66	2211.34
出口量	-71.51	-197.59		-589.79	-182.70
年初年末库存差额		117.49	584.06	-3661.87	437.84
消费量	4329.02	5739.52	13953.78	27004.04	36620.49

注:生产量为原煤产量。

资料来源:内蒙古统计局.内蒙古统计年鉴2013.统计出版社,2013.

随着煤炭企业发展战略的不断推进,产业链进一步延伸,产业结构调整得到实质性改善。煤炭转换、深加工产业也正在兴起。作为 21 世纪的新型能源基地,内蒙古自治区不单纯满足于产量的扩张。加大煤的汽化、液化和煤电转化力度,确立大基地、大通道和大电网的建设目标,将内蒙古自治区的三大煤田(呼伦贝尔煤田、锡林郭勒煤田和鄂尔多斯煤田)建成三大煤化工基地和电力输出基地,走出一条新型的能源发展道路。内蒙古自治区煤炭工业加大结构调整力度,大力发展水洗选煤、炼制焦粉和生产超纯煤等深加工项目,开发生产煤气、煤焦油、粗苯等高附加值产品。除传统煤电项目外,煤制油、煤制烯烃项目、煤制甲醇等一大批上规模、上水平的煤化工项目相继落地,并加快推进技术水平高、规模大、带动力强的重点项目建设。第一条煤直接液化做柴油、汽油的生产线正在建设,第一条煤机制造生产线在锡林郭勒建设,一批用煤做化工、做油品的生产线在内蒙古自治区开始试验、建厂。通过实施火力发电、高载能等项目,就地转化原煤,大大降低了煤炭外运费用等经营成本,煤炭资源的就地加工转化能力不断提高。此外,黄铁矿回收系统、矸石电厂、煤矸石砖厂等煤炭资源综合利用产业也在逐步扩大。许多企业的主打产品不再是单一的煤炭,已向附加值高、技术含量高的多元化产业方向发展。部分企业多元化产值已超过原煤炭生产主业,逐步实现了由资源生产型向能源重化工型、循环经济型的战略转型。目前,围绕煤炭产业,形成的循环经济产业链主要有:采煤—洗煤—炼焦—粉煤灰、氧化铝等煤化工系列;煤炭—发电—化工、冶金、建材系列等。

近几年,内蒙古自治区政府和地方煤炭工业部门采取多种政策措施,积极推进煤炭资源整合进度和煤炭工业结构调整。坚持煤炭资源统一规划,合理开发,开发与节约并重,注重提高能源利用效率,对稀缺煤种进行保护性开采;依靠科技进步促进产业升级,限制、淘汰落后生产能力,完善退出机制;加大技术改造力度、大力推广采煤机械化;大力促进煤炭就地转化、深加工及资源综合利用;大力发展洁净煤产业;加强煤矿安全管理;坚持可持续发展战略,坚持发展与环境生态保护并重的原则。

二、内蒙古自治区煤炭工业发展中存在的问题

内蒙古自治区提出要建设"国家重要的能源基地"。在这样的定位下,采取了一系列强有力的政策措施,推动了内蒙古自治区煤炭工业的发展,并拉动地区经济连续多年的快速增长。但在煤炭工业的快速发展中也暴露出一些需要解决的问题。

(一)煤炭资源综合利用水平不高

近几年,内蒙古自治区煤炭转化和节能减排工作取得了很大成绩,经济发展模式经历了从煤到电、再到重化工的转变,单位 GDP 能耗和单位工业增加值能耗有所下降,煤炭综合利用水平不断提高,但与国内产煤先进省份和国外主要产煤国家相比仍有一定的差距。

1.经济增长中能耗较高

在内蒙古自治区的能源结构中,煤炭一直是主要能源,原煤占能源生产和消费的比重长期保持在 90% 左右。2012 年,原煤占能源生产总量的比重为 92.44%,原煤占能源消费总量的比重为 87.59%。从能耗方面看,2009 年以前单位 GDP 能耗在 2 吨标准煤/万元以上,2010 年以后单位 GDP 能耗在 1 吨标准煤/万元以下,2012 年内蒙古自治区单位 GDP 能耗为 1.33 吨标准煤/万元。与其他省市相比,万元地区生产总值能耗、万元工业增加值能耗、万元地区生产总值电耗都处于比较

高的位置,属于能耗较高的省份之一。内蒙古自治区能源利用效率不高,经济增长对能源的依赖程度依然较强,见表 9-2。

表 9-2　2006～2012 年单位能源消费

年份	单位 GDP 能耗 (吨标准煤/万元)	单位工业增加值能耗 (吨标准煤/万元)	单位 GDP 电耗 (千瓦时/万元)
2006	2.41	5.37	1903.29
2007	2.31	4.88	2092.81
2008	2.16	4.19	1868.65
2009	2.01	3.56	1686.72
2010	1.92	3.24	1701.38
2011	1.41	3.09	1775.90
2012	1.33	2.80	1720.85

注:2006～2010 年单位 GDP 能耗、单位 GDP 电耗采用 2005 年不变价 GDP 计算;从 2011 年起,单位 GDP 能耗、单位 GDP 电耗采用 2010 年不变价 GDP 计算。

资料来源:内蒙古统计局.内蒙古统计年鉴 2013.统计出版社,2013.

2. 资源浪费依然严重

煤炭资源浪费主要表现在煤炭开采和煤系地层中的共生伴生矿产资源的回收率比较低。多年来,内蒙古自治区针对矿山规模小、安全水平低、资源浪费严重等问题,持续开展矿产资源整合工作,着力提高矿产资源开发的集中度,对新矿区科学设置矿业权,避免零星分割开发,同时引进专业化的下游深加工企业参与资源转化加工项目建设,发挥规模优势和集群效应,避免破坏环境。通过关闭、淘汰和整合等措施,煤矿数量减少到目前的 500 多个。但小煤矿的比重仍然很大。小煤矿由于采煤方法落后,单井产能、回采率及机械化生产水平不高,资源回收率普遍较低。内蒙古自治区煤系地层中的共生伴生矿产资源丰富,主要包括铝土矿、硫铁矿、高岭土、耐火黏土、甲烷及稀有元素镓、锗等资源,由于技术、资金等方面的原因回收率很低,大部分共生伴生矿产资源浪费掉了。

3. 产品结构单一

煤炭企业产品结构单一主要体现在两方面:一是煤炭洗选比例较低,品种结构不合理。内蒙古自治区煤炭企业原煤作为最终产品直接进入市场的比例较高,大量煤炭未经加工就直接进入市场。原煤进入市场比例过高造成了商品煤质量和产品附加值低,同时也加大了煤炭企业的经营风险。二是煤炭产业链短,转化率不高。随着内蒙古自治区煤炭—电力—化工一体化战略实施,围绕煤炭产业,初步形成了"煤—电—化工—建材"、"煤—电—冶金"、"煤—电—粉煤灰—氧化铝"等产业链。能源、重化工产业有了较快的发展,并且初具规模。但从总体上看,原煤转化率并不高,产业链较短。在加工产品结构中,初级加工产品比重高,深加工和精加工产品比重低。

(二)生态环境保护和修复滞后于煤炭产业发展

煤炭是我国目前最重要的一次能源,但同时也是最主要的污染源。煤炭开发利用中会产生的大量废渣、废气和废水,对生态环境造成了严重的破坏和污染。开采煤矿产生的废弃物主要有煤矸石、粉煤灰、炉渣、废水、一氧化碳、二氧化碳、二氧化硫、烟尘等。它们直接造成地表沉陷、大气和水资源的污染等。内蒙古自治区由于特殊的地理位置和自然条件,生态环境系统整体上比较脆弱。随着煤炭产业的发展,污染物排放不断增加,煤炭产地的生态环境承受巨大的压力。矿区和局部地区环境污染和生态破坏非常严重,其恶化趋势尚未得到有效控制,不仅影响了其他产业的发展甚至危及城乡居民的生存。一些地区和企业依赖资源的消耗而获得自身发展,短期效益特征明显。资源型企业在获取巨大利益的同时付出较低的生态成本。随着工业化进程的加快和煤炭产业的发展,污染物排放不断增加,内蒙古自治区煤炭产业发展和生态环境的矛盾不断加剧,原本脆弱的生态环境更加严重。

(三)内蒙古自治区中西部水资源相对不足

内蒙古自治区中西部属于大陆性半干旱地区气候,水资源仅占全区的25%。年降水量普遍少于300毫米,年蒸发量在2000毫米以上。西部的阿拉善高原年降水量少于50毫米。全国第二次水资源评价资料显示,锡林郭勒盟每年实际可利用水资源总量为19.68亿立方米,地表水资源总量3.98亿立方米,其中实际可提供的有效水量仅为3.1亿立方米。这也就意味着锡林郭勒盟根本没有更多地表水来满足新建能源项目的用水需求。按照国家规定的能源工业用水定额:百万千瓦的火力发电厂需水标准为1.0～1.2立方米/秒,煤炭矿区综合用水低限标准为2立方米/吨原煤,其中开采煤炭的需水标准为1立方米/吨原煤。内蒙古自治区中西部除黄河沿岸可利用部分过境水外,大部分地区水资源紧缺。

（四）煤炭产业集中度和集群化程度不高

内蒙古自治区煤炭企业呈小型和分散状态,大型煤炭基地、大型现代化煤矿及大型煤炭企业集团所占比重不大。分散而众多的中小型煤炭企业造成了企业生产成本上升、制约资源利用效率和企业市场竞争力的提升,影响了资源优势向产业优势、经济优势的转化。

（五）煤炭输出缺乏便捷高效的运输通道

我国主要的煤炭消费地区集中在东南沿海和内地,内蒙古自治区煤炭要输送到主要消费地需要长距离的北煤南运。长期以来,内蒙古自治区煤炭外送主要靠铁路,铁路的运能一直比较紧张。蒙西煤炭主要是经由集运线路通过晋煤外运线输出到京津冀、华东和华南。内蒙古自治区主要的煤炭产地至主要的煤炭消费区和港口缺乏高通过能力输送渠道,蒙西、蒙东的一些大煤矿企业只能以运定产。

（六）煤炭工业发展受外部市场影响大

2012 年,内蒙古自治区能源生产总量达到 64027.06 万吨标准煤,消费能源总量 22103.30 万吨标准煤。这意味着有 41923.24 万吨标准煤依靠区外市场消纳。2013 年以来,随着市场供求的变动,对煤炭需求大幅度减少,煤炭价格大幅度下降。以煤炭为主的内蒙古自治区能源工业受到了较大的冲击。

（七）煤炭科技研发投入少、自主创新能力不强

内蒙古自治区煤炭产业由于中小企业占比较大,煤炭开采技术和装备水平总体偏低,科技研发投入较少,专业技术人员相对不足,自主创新能力不强。煤炭科技研发满足不了煤炭产业快速发展的要求,煤炭产业的发展仍然是依靠大规模增加资金和劳动的投入为主,科技进步尚未成为主导因素。一些老煤矿存在着设备老化、超期服役、主要设备技术性能低等问题,集体和乡镇煤矿大都是半机械化或非机械化开采。就全国来讲,尽管我国在利用煤炭资源的某些技术上已具备一定的能力,但是一些关键的高端的煤炭开采和转化技术、设备自主开发能力依然相对薄弱。因此,要加大科技研发投入力度,增强自主创新能力,提升煤炭产业的科技含量。

三、内蒙古自治区煤炭产业发展的重点和对策分析

内蒙古自治区是我国主要的产煤省区,煤炭工业的地位十分重要,即使在未来一段时期,内蒙古自治区的发展也离不开煤炭工业。如何使这一传统优势产业在新兴工业化的过程中发挥更大的作用,是当前内蒙古面临的一个重大而现实的问题。

(一)发展重点

根据国务院办公厅 2013 年 11 月 18 日下发的《关于促进煤炭行业平稳运行的意见》和《内蒙古自治区"十二五"工业和信息化发展规划》,内蒙古自治区煤炭工业发展重点在以下方面:

一是按照节能减排和环境保护要求,提高矿井水复用率,采煤机械化水平达到 95%。

二是大力发展煤化工产业,延伸产业链,提高煤炭清洁利用水平。按照计划,到 2015 年我国煤化工产业力争煤制油产能达到 1000 万吨、煤制烯烃 300 万吨、煤制天然气 300 亿立方米、煤制二甲醚 500 万吨、煤制乙二醇 260 万吨,煤化工及深加工配套产业总产值占到规模以上工业总产值的 15%以上,褐煤提质产能达到 1 亿吨。初级产品转换率达到 50%以上。内蒙古自治区提出要建设现代煤化工基地,目前已经拥有五大类国家重要的煤化工战略技术储备项目,掌握 100 多项煤炭加工利用专利技术,已形成 140 万吨煤制油、106 万吨煤制烯烃、520 万吨煤制甲醇、20 万吨煤制乙二醇、13.3 亿立方米煤制天然气生产能力,具备大规模产业化发展的基础和条件。

三是把煤制气作为煤炭清洁利用的重点,降低煤炭在能源生产和消费中的比例。当前我国正在力求从目前以煤为主的能源战略,转变到以气为主的战略上,解决燃煤消费比例过高的问题,煤炭退出将成为不可逆转的趋势。按照国家的能源格局调整部署,到 2017 年,我国煤炭占能源消费总量的比重将从目前的 70%以上,降低到 65%以下,到 2030 年,我国煤电项目将不再允许大规模发展,仅仅作为新能源、核电等非化石能源的补充。通过开发煤气层、大规模发展煤制气实现煤炭清洁利用、用外汇储备换取海外页岩气是获得燃气的三个有效途径。在煤炭的各种清洁利用方式中,煤制气的转化能量效率最高,超过 50%,其他转换方式都低于 50%,而且需要大量耗费水资源来实现转换。内蒙古自治区中西部水资源短缺,煤

制气是最有效、最符合环保要求且能够持续发展的转换方式。

内蒙古自治区煤炭资源储量大，煤系共生和伴生矿产资源丰富。经过多年的开发建设，已初步形成了以煤炭为基础的能源工业体系，煤炭产业已成为地方经济的支柱产业和国家重要的煤炭安全供应保障基地。伴随着煤炭产业的快速发展，煤炭资源综合利用水平不高、产业链条短，局部地区环境污染和生态破坏严重等问题也越来越突出。

（二）对策建议

内蒙古自治区要建设国家清洁能源输出基地，需要采取切实有效的措施，加快煤炭资源的转换。

1.逐步降低煤炭能源比例，发展清洁能源和可再生能源

内蒙古自治区的能源生产和消费结构一直以煤炭为主，原煤占能源生产和消费的比重太高。而天然气、水能、风能、太阳能、核能和生物质能等清洁能源的比重很低。一次性能源比重高，再生能源发展慢、比重低，能源结构性矛盾突出。这种以煤为主的能源生产消费结构，容易造成环境污染、加大运输压力和能源利用效率低下等多方面的问题。

以煤炭为主的能源结构同时也导致不合理的电力结构，火电机组所占比例过高，风能发电、太阳能发电和生物质能发电等可再生能源发电占比较低。火力发电比例过高，排放的废气废水较多，对生态环境保护造成很大的压力。

随着经济的发展和人民生活水平的提高，清洁能源的需求越来越大，开发和利用新能源和可再生能源不仅是内蒙古自治区发展的重点，也是我国能源发展的重点。这就要求我们及时调整能源结构，政府要加大对新能源和可再生能源的政策扶持及激励措施的力度，加快清洁能源的发展步伐，增强经济的可持续发展能力。

2.积极推进煤炭资源的转化，提高资源综合利用水平

近几年随着内蒙古自治区煤—电—化工一体化战略实施，煤炭资源的转化率和煤系共生伴生矿产资源回收率以及煤矿废弃物循环利用程度不断提高，但与国内产煤的先进省份与国外主要产煤国家相比在煤炭资源综合利用水平方面差距还很大。所以，提高煤炭资源综合利用水平是内蒙古煤炭产业持续发展的长期战略任务。

（1）调整产品结构、增加产品品种。扩大原煤洗选加工比重，满足市场多层次

的商品煤需求。从提高洗选煤技术和增强利益激励机制等多方面提高商品煤质量,增加产品附加值。通过发展洁净煤技术,使煤炭真正成为优质能源,从而保持煤炭在一次能源中的重要地位。

(2)积极推进煤炭资源的转化。在继续推进煤电转化的同时重点加大大型煤炭液化、煤焦化、甲醇、二甲醚、甲醇制烯烃、煤焦油、腐植酸、尿素深加工项目建设。美国是世界上煤炭生产和出口大国,为实现煤炭的高效、洁净利用,美国能源部从1985年开始投入巨资,引导企业资金用于煤炭洁净燃烧和洗选加工及煤转化方面的研究,美国的经验值得我们借鉴。

(3)提高煤炭共伴生资源和煤矿废弃物的综合开发利用水平。地方政府应调动财政、信贷等多种手段鼓励支持煤炭资源的综合利用。尽管资源的综合利用受资金、技术以及效益等多方面因素的制约,但主要还是取决于地方政府的思想认识和决心。发展循环经济需要切实可行的措施和实实在在的行动。

(4)加强煤炭资源的保护。随着我国工业化和城镇化推进,能源消费需求不断增长,经济发展面临的能源资源约束矛盾将长期存在。内蒙古自治区作为我国重要的煤炭基地之一,做好煤炭资源的保护性开发对我国的能源安全和煤炭产业发展意义重大。加强宣传,提高认识,转变理念,提高全民的能源资源的保护意识;做好煤炭资源清查工作,科学编制煤炭资源保护规划;严把新建项目准入关,认真执行国家产业政策和行业准入条件,杜绝落后生产能力向区内转移。近几年来,一些发达国家都在积极调整自己的能源发展战略,采取多种措施减少一次能源消耗,加快可再生能源和替代能源的发展。煤炭作为我国的基础能源节约资源、提高资源的利用效率和推进产业升级是今后煤炭产业可持续发展的根本出路。

(5)加快煤炭企业重组,坚决遏制煤炭产量无序增长,继续推进煤炭资源整合。以大型企业为主体,在大型煤炭基地内有序建设大型现代化煤矿,促进煤矿集约化生产。严格新建煤矿准入标准,停止新建低于120万吨/年的煤矿。

加快推进煤矿企业兼并重组和煤炭资源矿业权整合,根据国家产业政策发展的要求,淘汰技术落后、效率低、高污染、高耗能的落后生产能力,加快对有条件的小煤矿实施升级改造,使资源逐步向优势企业集中。全区煤矿总数控制在400处以内,煤炭地方生产企业数量减少至100户左右,形成4个亿吨级、8个五千万吨级、18个千万吨级以上的煤炭企业。"十二五"期末,全区原煤产能达到12亿吨,销售收入达到500亿元的企业有2户,达到百亿元的企业有17户。提高产业关联度、集中度,稳步推进大型煤炭基地和大型现代化煤矿建设,逐步形成以大企业、大集团为依托的优势产业集群,提高资源开发利用效率,从而使资源优势真正转化为产业优势和经济优势。

3.加大生态环境的保护力度

内蒙古草原是祖国北方重要的生态屏障,关系到"三北"地区,特别是京津地区的生态安全,保护和建设好内蒙古自治区的生态环境,是内蒙古自治区人民的重要职责。所以,内蒙古自治区要根据本地区生态环境承载能力合理规划煤炭产业的发展,明确煤炭资源的开发规模和强度,实现人与自然、人与社会的和谐统一。

(1)强化环境法治,加强监管。健全环境法规和标准体系,严格执行环境法律法规,尽快完善矿区开发环境承载能力评估制度、评价指标体系以及能源补偿机制,使资源、环境和社会约束条件成为煤炭生产的硬约束。

(2)坚持保护优先、控制或限制不合理的煤炭资源开发活动。要按照不同地区的生态环境特点和承载能力规划煤炭产业的规模。对于特殊地区应实行特殊的保护政策,要坚持保护优先,实行限制性开发。例如,锡林郭勒盟是京津地区风沙的主要源头之一,煤炭资源开采首先要确保生态环境的保护和恢复,将这里的生态保护好就是对国家做出了最大贡献。

(3)生态补偿机制有待完善。合理处理好资源型企业发展与资源利用和环境承载能力的关系,在较为完善的生态补偿机制条件下,实现企业、社会和人的和谐发展,坚持用生态经济和循环经济的理念推进资源型企业和地方经济的发展,增强其可持续发展能力。国家对内蒙古生态环境的保护和修复应采取特殊的政策,并给予一定的资金支持。内蒙古自治区特殊的地理位置对全国生态环境影响较大,内蒙古自治区又是国家重要的能源基地,加之环境保护机制不完善、投入不足、历史欠账较多,单靠内蒙古自治区自身的力量来恢复生态环境困难较大。国家应通过财政转移支付、税收减免、低息或无息贷款等方式,重点支持内蒙古环境治理和清洁能源技术的开发和推广。

(4)加快淘汰落后生产能力,避免高耗能产业向区内转移。"十五"以来,内地的高耗能企业受到当地电力的限制向西部转移较多,加重了西部区节能减排压力。严格按照国家产业政策的要求,坚决淘汰高耗能、高污染、低水平的小煤矿、小火电机组、小水泥、小电石、小焦炭等落后生产能力。

(5)完善地方政府的政绩考核制度,避免用单一的经济增长速度来衡量地方政府的工作和业绩,更多的要体现资源环境成本和人民生活质量因素。内蒙古属于欠发达地区地方各级政府都希望当地经济有较快的发展,去赶超其他省市。在追求经济高速发展的同时自觉不自觉地会出现一些高耗能、高污染和高浪费的项目上马。

(6)加快清洁能源和新能源发展。经济的发展虽然对能源的需求量不断增长,但对能源的质量要求越来越高。从世界能源发展趋势上看,为了节约一次能源和保护环境,降低燃煤对大气的污染,能源技术和消费结构都向清洁、优质、高效方向发展,各国都在降低煤炭生产量。

4.强化水资源的保护和循环利用

内蒙古自治区煤炭资源富集的中西部绝大部分水地区资源缺乏,煤炭开发和加工转换需要消耗大量的水资源,内蒙古自治区中西部除黄河沿岸可利用部分过境水外,大部分地区水资源紧缺。水资源是内蒙古自治区中西部能源和经济发展的主要制约因素之一。内蒙古自治区要发展煤炭产业必须充分考虑水资源的承载能力,提高水资源的综合利用水平。一是要提高水危机意识,加强宣传,增强全民的节水意识。二是在水资源严重缺乏,生态环境严重恶化的地区禁止或推迟煤炭资源的开采。三是严格控制高耗水项目的规模。把是否采用了高效的节水先进技术、工艺和设备作为引进能源投资项目评估的重要指标。四是严格控制工业直接使用地下水,对企业严格执行核定的用水量,实行以水定产,建立节水的经济激励机制。五是采取多种措施促进水资源的循环利用。在发展煤炭产业的同时,需要处理大量的煤矿疏干水,鼓励煤矿生产企业最大限度地使用疏干水。

5.加强煤炭电力输出的基础设施建设

目前内蒙古自治区煤炭运输主要是铁路和公路。公路运输的缺点是运能小、长距离运输成本高,并且对公路周边地区造成一定污染,所以,在煤炭外运中只是起辅助运输作用。铁路的运能长期以来一直都很紧张,蒙西、蒙东的一些大煤矿企业只能以运定产。挖出的煤炭由于运不出去长期自燃和风化,造成了严重的资源浪费和环境污染,同时为高浪费、高污染的小发电厂、炼焦厂提供了低成本的生存条件。由于运输紧张导致煤炭运价过高,使中间环节的盈利高于生产者,直接影响了煤炭合理定价机制的形成以及正常的市场秩序。为保证煤炭的北煤南运,国家应加强现有铁路的扩建和改造,提高过货能力,地方政府也要加大投入、搞好区内的公路建设,加快商品煤的流通。

6.加大科技研发投入力度,增强自主创新能力

一是要加大科技研发投入力度,尽快提高关键技术和重大装备制造水平。加

快煤炭企业的装备制造和节能技术、关键技术的研发及推广应用,缩小与发达国家煤炭工业的技术水平的差距。二是要通过技术改造促进采掘机械化装备水平升级。对超期服役和采掘机械化程度低的设备,要根据企业的条件和特点,通过技术改造促进其升级。三是确立企业技术创新的主体地位,增强技术创新的动力。只有以市场为导向、企业为主体才能使技术创新符合市场需求,企业成本降低利润增加是技术创新的动力。所以,企业自主创新能力的提高一定程度上取决于市场化的进程和政策的支持力度。四是加强煤炭生产技术方面的国际合作。积极开展同有关国家在洁净煤利用和煤炭转化项目等重大技术方面的合作。

7.落实商品煤质量国家标准

切实减轻煤炭税费负担、提高产业集中度、集约化和现代化水平,整顿国内煤炭乱收费的现象,加快落实煤炭资源税从价计征的进度

对煤炭行业收费情况进行集中清理整顿,坚决取缔各种乱收费、乱集资、乱摊派,切实减轻煤炭企业负担。

第一节
内蒙古自治区电力工业和新能源发展概况

电力工业是内蒙古自治区的优势产业之一。内蒙古自治区的电力工业以传统的煤电、水电为主,近些年来利用风力、太阳能发电的新能源呈现出蓬勃发展的势头。

一、内蒙古自治区发展电力工业和新能源的优势

煤炭、水能、风能、太阳能是电力产业发展的基础之源,内蒙古自治区的煤炭、风能、太阳能资源十分丰富,为其电力产业的发展提供了可靠的保证。

(一)资源优势

内蒙古自治区电力工业发展的资源优势主要在以下方面:

1. 煤炭资源

内蒙古自治区煤炭资源丰富,依托煤炭建电厂投资少、生产成本低,具有潜在上网电价低的优势。煤炭是目前我国用于发电的主要能源,据规划,在较长一段时间内发电用煤数量呈急速上升趋势。

2. 水资源

内蒙古自治区有大小河流千余条,其中流域面积在 1000 平方公里以上的有107 条,主要河流有黄河、额尔古纳河、嫩江和西辽河四大水系。大小湖泊星罗棋布,较大的湖泊有 295 个,面积在 200 平方公里以上的湖泊有达赉湖、达里诺尔和乌梁素海。内蒙古水资源总量为 545.95 亿立方米,其中地表水 406.6 亿立方米,占总量的 74.5%;地下水 139.35 亿立方米,占总量的 25.5%。① 从水资源分布情况看,蒙东及蒙西黄河流域水资源相对丰富,其他内陆地区则比较贫乏。按有关方面提供的资料,从可利用的水资源来看,在蒙西地区满足万千瓦级火电厂用水是有保证的。尤为重要的是西部地区水资源分布与煤炭资源分布相一致,黄河岸边有东胜煤田、准格尔煤田和乌海煤田,为沿黄河流域建设大型坑口、路口电厂提供了可靠、方便的水资源。而蒙东地区水资源丰富,水资源对发展电力一般不会成为制约因素。

3. 风能

内蒙古自治区草原是全国风能资源最丰富的地区之一,素有"一年两季风,从春刮到冬"的说法。多风的主要原因是这里地处西风带,春秋两季处于强大的蒙古高气压前缘,是高低气压的过渡带,因此风力较强。内蒙古自治区的风能资源主要分布在典型草原、荒漠草原及荒漠区域。主要特点:一是分布广。内蒙古自治区风能可利用面积占全区面积的 80% 左右,年最长连续无效风速小时数低于 100 小时,具有风能丰富区和较丰富区面积大、分布范围广的特点。通过普查和评估,全区风能总储量达 10.1 亿千瓦,全区技术可开发风能资源为 1.50 亿千瓦,约占全国风能资源技术可开发量的 50%,风能资源储量居全国首位。全区年平均风速在 5.5 米/秒以上的风能富集区有 8.3 万平方公里,年平均风速 4.5~5.4 米/秒的有 20 万平方公里,风能资源优势明显的地区有:巴彦淖尔市乌拉特前旗和乌拉特后旗、包头

---

① 中国简况——内蒙古. 中央政府门户网站,www.gov.cn,2013−4−8.

市达茂旗和四子王旗、赤峰市科旗和翁旗、乌兰察布市辉腾锡勒和商都、锡林郭勒盟灰腾梁。二是稳定度高。根据近30年来逐时风速统计资料显示,内蒙古自治区年平均风速为3.2米/秒,变化幅度为1.3～5.5米/秒,结合风能利用以3～25米/秒的风速作为有效风速数值参考,内蒙古自治区风能资源基本上适合于目前运行的风力发电机工作范围。另外,风速的季节变化规律基本上和农牧民生产、生活用电峰谷相吻合。三是连续性好。风能资源优势明显的地区其年平均风速约在8米/秒以上,有效风速时数可以达到8000小时以上。四是品位度高。风中不含盐雾、能量密度较大,且极少破坏性风速。

4. 太阳能

内蒙古自治区大部分地区属干旱半干旱地区,海拔高,晴天多,日照充足,光能丰富,仅次于西藏,居全国第二,日照从东北向西南递增,大部分地区年日照时数都大于2700小时,阿拉善高原的西部地区达3400小时以上。日照时数2600～3400小时,日照百分数69％～75％。每平方米辐射量在4800～6400兆焦耳。内蒙古自治区硅矿资源丰富,具备建成国家级太阳能发电基地和兴建并网光伏发电站的潜力。

5. 天然气

查明天然气地质储量16663.62亿立方米,探明石油地质储量61370.35万吨。2004年5月21日成立的内蒙古自治区苏里格燃气发电有限责任公司是自治区境内唯一一家依托地方资源优势兴建的采用天然气发电的燃气－蒸汽联合循环发电机组。燃机所采用的低氮燃烧装置是目前全国同类型机组首次采用,它把氮氧化合物的排放量降低到低于25MPP值,更加符合国家的环保要求。

6. 土地资源优势

靠近城镇建设坑口、路口大型火电厂不需要占用耕地且地价低廉,建厂条件好。同时在荒地建设电厂,有利于改善和治理当地的生态环境,开发成本低。内蒙古自治区的风能资源主要分布在典型草原、荒漠草原、盐碱地及荒漠区域,土地使用成本较低。

(二)其他条件

内蒙古自治区发展电力工业还具备以下有利条件:

1.区位优势

内蒙古自治区位于祖国北疆,横跨东北、华北、西北三个大的区域,土地总面积118.3万平方公里,自治区从东到西直线距离近3000公里,而且是一块狭长地带,东部盟市与东北三省接壤,自治区东部地区建设的电源点也都靠近东北电网负荷中心。中西部与北京、天津、河北、山西、陕西、宁夏、甘肃毗连,紧邻京津唐电网,500千伏交流输电路径都在经济半径之内,不需更高的电压等级送电。内蒙古自治区紧临华北、西北和东北三大电网,与能源消费中心京津唐及东北、华北、华中地区较近,输电距离在合理的经济半径之内。

2.送电通道优势

内蒙古自治区已建成了4条500千伏西电东送大通道。通道相互独立,受同一气候异常情况影响的概率低,对受电网具有较高的安全可靠性。

3.区内外电力需求

区内外经济的快速发展对电力的需求会同步增加。按照自治区国民经济和社会发展第十一个五年规划纲要,"十一五"期间自治区经济将保持较快的增长速度,GDP年均增长13%以上,自治区工业增加值年均增长18%。工业化进程的加快将对电力和其他能源产品产生更大的需求。据预测,"十一五"期间,自治区需新增装机3400万千瓦,其中外送电力新增1400万千瓦,区内用电电源装机新增2000万千瓦。

4.良好的外部环境

我国实施西部大开发战略和国家能源工业政策为内蒙古自治区电力的快速发展创造了机遇。在今后相当长时期内我国电力工业将是国家重点支持的产业。国家对西部电力工业发展在投融资、税收、价格方面出台了一系列优惠政策,内蒙古自治区各级地方政府都出台了一系列发展能源工业的优惠政策和举措,这将大大加快自治区电力的发展速度。

二、内蒙古自治区电力工业和新能源发展现状

电力工业已成为内蒙古自治区经济的重要增长极,西部大开发以来,内蒙古自

治区电力工业在装机容量、发电量等方面有了长足发展。

（一）总体状况

近年来，内蒙古自治区电力装机容量、发电量、全社会用电量以及电力外送量，都有大幅度的增长。

1.电力生产

截至 2012 年底，全区电力装机 8080 万千瓦，其中风电装机 1717 万千瓦，居全国第一位 6000 千瓦及以上发电厂装机容量 7827.85 万千瓦，同比增长 4.42％，占总装机的 96.88％。其中，水电 108.23 万千瓦，同比增长 27.06％；火电 6009.51 万千瓦，同比增长 1.07％；风电 1692.51 万千瓦，同比增长 16.17％；太阳能光伏发电装机 18 万千瓦。电力总装机规模和风电装机规模均居全国首位。

2.发电量

2012 年内蒙古自治区发电量 3341 亿千瓦时，居全国第 3 位。其中 6000 千瓦及以上电厂完成发电量 3116.89 亿千瓦时，同比增长 4.85％。其中火电 3026.64 亿千瓦时，同比增长 4.81％；风力发电量 284.34 亿千瓦时，同比增长 25.04％，居全国首位。从东部、西部地区发电量情况看，蒙西地区发电量占 80％以上。

3.全社会用电量

2012 年内蒙古自治区全社会用电量完成 2016.76 亿千瓦时，同比增长 8.19％。其中，第一产业用电量 32.91 亿千瓦时，同比下降 30.78％；第二产业 1794.78 亿千瓦时，同比增长 9.04％；第三产业 87.54 亿千瓦时，同比增长 9.04％；工业用电量完成 1783.91 亿千瓦时，同比增长 9.05％。

4.电力外送情况

2012 年内蒙古自治区送出区外电量累计 1337.40 亿千瓦时，约占全国跨省送电量的 1/5，同比增长 4.77％。其中，送华北网电量 896.57 亿千瓦时，同比增长 8.32％；送东北网电量 427.84 亿千瓦时，同比下降 0.98％。

5.电力发展目标

根据《内蒙古自治区"十二五"工业和信息化发展规划》确定的电力工业发展重

点:推进5个千万千瓦级风电基地建设。力争在"十二五"期末发电总装机容量达到1.3亿千瓦左右。火电装机容量达到9600万千瓦左右,单机容量在60万千瓦及以上的装机容量达到60%以上。风电达到3000万千瓦左右,水电(含3～5个抽水蓄能电站)达到400万千瓦左右。销售收入达到500亿元的企业1户,达到百亿元的企业3户。外送电力能力达到6000万千瓦左右。2015年总外送电量将达到2900亿千瓦时左右。2015年全社会用电量将达到2700亿千瓦时左右。

(二)新能源发展的状况

内蒙古自治区新能源产业主要包括风电、太阳能、生物质能发电等方面。近年来,内蒙古充分利用当地资源,精心打造"绿色能源",提高环保的科技含量,促进了内蒙古可再生能源产业的快速发展。其中发电规模最大,范围最广,发电并网数量最多。

1.风力发电

长期以来,内蒙古自治区电力以火电为主,2005年以前,火电装机容量占装机容量的95%以上。"十一五"以来,新能源,特别是风力发电迅速发展。2005年风电装机16.6万千瓦,2012年已经达到1717万千瓦,在装机容量中的比例达到了21.25%,成为内蒙古自治区的第二大主力电源。2012年火电装机容量6009.51万千瓦,占总装机容量的比例降低到74.38%。内蒙古主要风力发电场有辉腾锡勒、商都、锡林浩特、朱日和、达里大型并网发电厂。2012年底,全区风电并网装机容量1670万千瓦,全年风电发电量为211亿千瓦时,占全区总发电量的10%。风电并网电量约占各电源总上网电量的8%。内蒙古自治区并网风电占全国并网风电的28%。

内蒙古自治区是国家落实可再生能源发展规划目标、开发建设百万千瓦级及千万千瓦级风电基地的重要地区。风电产业的发展在内蒙古能源结构和产业结构的调整、节能减排、生态环境的改善以及保障国家能源安全等方面都发挥了积极的作用。近年来,国家先后批复了内蒙古自治区两个千万千瓦级风电基地规划和6个百万千瓦级风电基地规划。根据《内蒙古"十二五"风电发展及接入电网规划》,到2015年全区风电装机容量达到3300万千瓦以上,其中蒙西地区2000万千瓦,蒙东地区1300万千瓦,占全国规划目标的1/3。蒙西电网风电电量占蒙西全网发电量比例达到20%以上。为了避免浪费和低水平建设,到"十二五"末,内蒙古全区内的风电开发企业整合至25家以内。从东到西,一条绵延近4000公里的风电产业带正在形成。

在国家大力发展清洁能源战略的指导下,内蒙古自治区风电发展走在了全国前列。已经形成设计制造、建设运营、检修维护为一体的风电产业体系。目前,内蒙古自治区投产的风电设备制造企业 29 家,总投资 54 亿元,其中整机制造企业 10 家,零部件生产厂家有 19 家。全球著名维斯塔斯、歌美飒,国内著名的风电企业金凤、华锐等风电制造企业落户内蒙古自治区并成为主力生产厂家。

2. 太阳能

太阳能利用包括太阳能光伏发电、太阳能热发电,以及太阳能热水器和太阳房等热利用方式。内蒙古自治区大部分属干旱半干旱地区,海拔高,晴天多,日照充足,光能丰富,仅次于西藏,居全国第二。日照从东北向西南递增,大部分地区年日照时数都大于 2700 小时,其中,阿拉善高原的西部地区达 3400 小时以上。全区日照时数 2600～3400 小时,日照百分数 69％～75％。每平方米辐射量在 4800～6400 兆焦耳。多晶硅是太阳能光伏产业发展的基础材料,内蒙古优质硅矿资源十分丰富,已发现矿产地 40 余处,大部分矿床硅矿石品位达到 97％以上。内蒙古具备建成国家级太阳能发电基地和兴建并网光伏发电站的潜力。

在太阳能开发领域,内蒙古自治区已建成一批光伏发电站和光伏电力公司。如:内蒙古伊泰集团与中科院理论物理所合作建设的我国首座沙漠光伏示范发电站、内蒙古神舟光伏电力有限公司、乌海金沙太阳能热气流发电有限公司等。国家发改委已经批准全球最大光伏电站——内蒙古鄂尔多斯 2 兆瓦光伏电站可以进行前期筹备,项目主要投资方之一是美国福思第一太阳能(First Solar)公司。内蒙古自治区已成为我国重要的光伏产业基地。

3. 生物质能

生物质能是以生物为载体的一种可再生能源,其原料主要有林业加工采伐剩余物及灌木、农作物秸秆、能源植物、城市和工业有机废弃物、畜禽粪便等五大类。利用形式有生物发电、燃料乙醇、生物柴油、沼气等。生物质能是仅次于煤炭、石油和天然气而居于世界能源消费总量的第四大能源,在整个能源系统中占有重要地位。内蒙古生物质能资源蕴藏丰富,全区植物资源上千种。内蒙古自治区的荒山、沙地适合生长沙柳等灌木以及甜高粱、文冠果、蓖麻等高油作物,全区的林木生物质储量约为 6.6 亿吨,每年还生产农作物秸秆 0.25 亿吨。此外,动物资源中家养畜禽百余种,牛猪羊鸡鸭鹅存栏头数可观,其代谢排泄物、生活遗弃物、污水,以及人类生活垃圾都是颇具开发潜力的有机质资源。

内蒙古自治区已有一批生物质能开发项目投入运行。已建成生物发电项目 8 个,总装机容量 23.2 万千瓦。2008 年,内蒙古自治区金骄集团在包头市建设的我国首套拥有完全自主知识产权的"10 万吨生物柴油联产生物基化学品产业化"生产线试产出油,标志着我国的生物柴油从高技术示范阶段进入工业化生产阶段;中兴能源有限责任公司甜高粱生产液体燃料项目也在巴彦淖尔市启动;在北京建设了年产万吨的木质纤维素类原料高温高压双反应器水解生产糠醛及乙酰丙酸中试生产线;在赤峰市建设了年产生物柴油、汽油 12.5 万吨、燃料乙醇 10 万吨、生物燃气 4 万立方米/时的生物质气化多联产产业化示范工程。"沙漠地带淡水高油微藻养殖技术"研发取得突破,目前已建设 20 台套集成微藻养殖及微藻油高温高压连续酯交换制生物柴油的中试生产线。内蒙古自治区计划在 3～5 年内建设包头市、赤峰市、呼和浩特市、呼伦贝尔市、锡林郭勒盟等 5 个生物质能源产业示范区。

三、存在的主要问题

电力工业是内蒙古自治区的主导产业之一,煤电是内蒙古自治区建设国家重要的能源输出基地的支撑力量。西部大开发以来的十多年中,内蒙古自治区发电总量超过前 50 年的总和。

(一)影响电力工业全局的主要问题

当前内蒙古自治区电力工业的发展对于转换煤炭和其他资源、减少煤炭外运压力和环境污染,支持地方和国家经济发展发挥着无法替代的作用。但电力工业发展中也存在着一些难题需要解决。

1.电网建设的速度滞后于发电能力增长的速度,电力外输通道不足

近年来,内蒙古自治区火电、风电机组建设速度快、规模大,而输电能力有限,电源建设和电网建设不匹配,发供电矛盾突出,制约了电力工业的发展。内蒙古自治区经济总量不大,节能减排又淘汰了大批落后产能,区内电力需求增量有限,消纳电力的能力不足,致使一些已经建成的生产能力无法全部释放。2009 年,内蒙古自治区电网火电机组年平均利用 4344 小时,低于全国平均水平 495 小时。特别是风电机组迅速增长,而市场空间和调峰能力严重不足,导致设备利用率低下。这个问题在蒙西地区尤为突出。加快电力输送通道建设的任务艰巨。

2. 电力供给结构不合理,"煤电独大"现象突出

2012 年,内蒙古自治区能源生产总量相当于 2006 年的 2.87 倍,煤炭发电占比虽然下降了 2.89 个百分点,但仍然占总量的 92.44%。其他能源合计只占 7.56%,见表 9-3。

表 9-3　内蒙古自治区能源生产总量及构成

年份	能源生产总量（万吨标准煤）	占能源生产总量的比重(%)			
		原煤	原油	天然气	水电、核电和其他能发电
2006	22298.37	95.33	1.10	3.17	0.40
2007	26725.88	94.71	0.89	3.51	0.88
2008	33440.86	94.52	0.75	4.00	0.74
2009	40185.85	92.87	0.67	4.84	1.62
2010	49740.18	92.35	0.53	5.42	1.65
2011	59738.06	92.50	0.49	5.55	1.47
2012	64027.06	92.44	0.44	5.38	1.74

注:水电、核电和其他能发电折算标准煤系数根据当年平均火力发电煤耗计算。

资料来源:内蒙古统计局.内蒙古统计年鉴 2013.统计出版社,2013.

大量发展煤电,不仅严重污染空气,而且耗水量大,这些都对内蒙古自治区的生态环境造成直接的负面影响。

3. 一批生产规模小,地域分散,不适应环境变化需要的电力企业,转型升级的压力大

从 2002 年开始,我国启动电力体制改革。当时电力工业发展还处于以确保电力供应为主要目的的基础阶段。内蒙古自治区煤炭资源丰富,面对全国电力供应严重短缺的状况,内蒙古自治区从东到西迅速掀起建设电厂的热潮,短短几年内小电厂遍地开花。随着经济环境的变化,我国能源供给短缺的现象得到根本的改变,一方面能源供应基本实现安全稳定,需求不足、生产能力相对过剩的矛盾反而凸显出来;另一方面环境保护和促进清洁能源发展任务繁重,国际、国内能源企业间竞争日趋激烈,中小煤电企业在激烈竞争、减排的压力和入网难的多重压力下艰难地

生存,成为兼并重组的对象。内蒙古自治区电力工业发展从注重规模扩张已进入更加注重发展质量、更加注重绿色发展、更加注重资源优化配置的新阶段。经济环境的变化和现有的电力输送体系对内蒙古自治区电力工业的发展产生了直接的影响。统筹协调传统能源和新能源、区内电网和和电网的输送和消纳矛盾,是内蒙古自治区电力工业发展面临的现实的重大问题。

4.区内对电力的消纳能力有限,能源消费结构不合理

从内蒙古自治区能源消费总量和结构上看,2012年全区消费能源总量22103.3万吨标准煤,比2006年增加了72.21%。在消费能源的总量中,对煤炭(电)的消费占总量的87.59%,其次是石油,占8.36%。其他能源消费合计只占4.05%,见表9-4。

表9-4 内蒙古自治区能源消费总量及构成(当量值)

年份	能源消费总量（万吨标准煤）	占能源消费总量的比重(%)			
		煤炭	石油	天然气	水电、核电和其他能发电
2006	12835.27	89.67	8.64	1.49	0.20
2007	14703.32	88.79	8.35	2.40	0.46
2008	16407.63	88.09	8.99	2.47	0.44
2009	17473.68	86.36	9.10	3.37	1.17
2010	18882.66	86.60	8.96	3.02	1.42
2011	21148.52	87.08	9.15	2.34	1.43
2012	22103.30	87.59	8.36	2.30	1.75

资料来源:内蒙古统计局.内蒙古统计年鉴2013.统计出版社,2013.

从消费方面,煤、电在内蒙古自治区能源结构中仍然占据绝对的优势,新能源所占比重甚微。尽管如此,与地区煤、电的生产总量相比较,也只消纳了其中的34.5%,也就是说,内蒙古自治区生产的煤(电)中有65.5%需要外输,煤(电)输出通道是制约产业发展的直接因素。

(二)发展新能源的困难和问题

"十一五"以来,内蒙古自治区顺应时代的要求,新能源产业突飞猛进,特别是

风电,成为仅次于煤电的第二大主力电源,但面临入网难、成本高、供电不稳定、效益低等现实问题,在发展中也遇到不少困难和问题。

1.产能过剩、风电机组利用率逐年下降

随着内蒙古自治区风电大规模高速度发展,由于风电和电网建设不同步、风电并网滞后,外送电力通道不畅,加之本地区自身用电负荷不足,灵活调节电源少,近年来,内蒙古风电机组利用率逐年下降,风电装机及风电设备制造都出现了不同程度的过剩,"弃风"现象比较突出。2012年全年风电发电量较2011年下降了15.89亿千瓦时。2009年,蒙西风电机组利用小时2331小时,蒙东2400小时,到2012年,蒙西降到1984小时,三年下降了15%;蒙东降到1605小时,三年下降了33%。[①]据《2011年度中国风电建设统计评价报告》数据显示,2011年蒙东弃风率22.99%,蒙西弃风率17.51%。限电、"弃风"现象的出现,使风电企业有电无处发甚至出现亏损,造成了风电资源浪费,制约了风电产业的发展。风电机组利用率逐年下降,并网困难其主要原因如下:

(1)电网结构薄弱、负荷增长较慢。内蒙古风电厂主要分布在距负荷中心较远的地区,风电资源分布的特点决定了风电的大规模开发必须依靠远距离输电来解决,由于电网结构薄弱不能完全满足远距离外输电力的要求。内蒙古自治区电网包括蒙西电网和蒙东电网,两家电网网架结构较为薄弱,电力负荷较小,调峰能力有限,加之没有及时改造,不能完全适应风电装机并网的要求。目前,内蒙古自治区电力外送主要采用500千伏输电线路,其经济输电距离为500~600公里。蒙西电网是独立于国家电网的地方电网公司,蒙西的风电外送,除了自身的一些原因外还取决于国家电网。二者在电力外送线路建设上存在一定矛盾,影响了电力外送。由于蒙东电网建立时间短、网架结构薄弱,供电可靠性低,难以满足地区新增大负荷用电需求,更难满足大规模电源开发外送要求。由于大规模的风电装机不能联网,有更多的风能被丢弃,风电效益出现大幅下滑。

(2)风电的不稳定性对电网有一定影响。风能、太阳能资源的间歇性、随机性和不可控性的特征,导致风力发电具有随机性、不稳定性和局部反调峰特性,对系统的安全运行带来诸多困难。电网对风电联网的技术要求高于对火电、水电的要求。从技术层面上讲,风力时强时弱,会引起风电质量、电压及电网稳定性等问题。

---

①加快特高压电网建设,在更大范围内消纳风电是解决内蒙古风电快速发展的金钥匙.中国风电新闻网,2013-3-5.

风电的不稳定性会导致风电在入网后对电网产生一定的冲击,使电的品质下降。这就要求风电机组和电网两方面提高其技术,形成统一的技术标准,以满足风电并网的要求。

(3)电网调峰、调压能力不足、手段单一。电能是不能大量储存的,电能的发出和使用是同步的,所以需要多少电量,发电部门就必须同步发出多少电量,但用电负荷是经常发生变化的,需要发电部门相应改变发电机的出力以适应用电负荷的变化。风电发电和用电负荷的反调节特性,需要相应配套的调峰电源来吸收和平抑风电发电的波动,从而使一个地区的总发电量,能动态满足用电负荷变化的需求。接入电网的风电规模越大,需要的调峰电源越多,电网运行难度相应增加。受电源结构制约,内蒙古电网调峰、调压能力不足、手段单一。由于调峰能力不足,时常造成被迫限制风电运行。目前,风电完全依靠火电调峰,特别是冬季供热期,供热机组必须满发运行,不能参与调峰。大规模风电并网后,需要的调峰电源越多,电网无法保证安全运行。

2. 各部门责任模糊、利益关系尚未理顺

风电开发商、设备制造商、电网、地方政府、国家能源主管部门在风电开发中的责任没有明确清晰的规定,利益关系尚未理顺。造成风电产业发展过程中在一些环节出现空隙、缺失或不配套,监管弱化、职责不清,造成运行机制不通畅。一些部门对大力发展风能等可再生能源的战略意义缺乏足够的认识,过分注重自身利益和眼前利益。由于监管的弱化一些垄断企业为了自身利益而往往忽视其应承担的社会责任。

3. 资金投入不足、融资渠道狭窄

资金问题是制约新能源产业发展的又一重要因素,资金不足在各方面制约着风电产业的发展。风电发电成本高,一次性投入大;风电的不稳定性需要新技术开发、电网结构薄弱需要技术改造和建设;风电调峰手段建设等都需要大量的资金投入。目前风电产业的资金来源企业投资占20%~30%,银行贷款占60%以上,其他渠道的资金来源较少。近年来由于风电产业产能过剩和利润下降金融机构借贷更加谨慎,一些民营资本和风险投资基金出现撤资,加之政府补贴力度不够,这些因素都加剧了风电产业的资金供需矛盾,制约了风电产业的发展。

4.上网电价偏低,风电企业利润空间狭小

风电成本高于火电及水电的成本。与燃煤火力发电相比,风电的成本要高33％～60％。我国风电上网电价分两个阶段:2009年7月之前实行的风电招标上网电价;2009年7月之后是按照资源区设立风电标杆上网电价。根据2009年国家发改委公布的《全国风力发电标杆上网电价表》将全国分为四类风能资源区,风电标杆电价水平分别为0.51元/千瓦时、0.54元/千瓦时、0.58元/千瓦时和0.61元/千瓦时。内蒙古自治区西部为Ⅰ类资源区,东部为Ⅱ类资源区。风电成本高于火电及水电的成本。与燃煤火力发电相比,风电的成本要高33％～60％。据业内测算,内蒙古风电成本价约每千瓦时0.5元,而目前风电中标电价普遍在每千瓦时0.382～0.54元,出现了上网电价低于成本价的问题。由于风电并网困难和上网电价偏低,风电企业利润空间小,导致大部分企业出现亏损。

5.新能源机组国产化水平低,核心设备主要依靠进口

目前,我国风电设备的研发与生产制造相对落后,高端技术设备和很多国产设备的设计几乎被国外厂商垄断,具有自主知识产权的核心技术缺乏,一些大型风电场,80％以上的机组为进口产品。目前国内企业在风电机组的技术、性能、质量方面实际使用效果不佳,与世界先进水平相比相差较大。风电机组国产化水平低,对国外技术支持、设备维修服务依赖性强,同时也造成了风电成本居高不下。目前在国际市场上2～3兆瓦风电机组已是市场主流产品,5兆瓦及以上的大型风电机组也开始应用,而我国风电设备研发设计和制造的主流机型还是1.5兆瓦和2兆瓦风电机组。风电设备制造产业的整体竞争力有待提高。

目前,内蒙古自治区的新能源以风力发电为主,光伏发电起步晚,规模不大,生物质能、核能等更少。整体上看,新能源产业规模不大,单位电能耗费的成本较高,风电和光伏发电受气候和昼夜时差的影响,具有间歇性的特点,输电时入网的稳定性低于煤电,电能储存难度大,成本高。目前风电和光伏发电还面临许多技术上的难题需要解决。

四、发展的重点和对策

党的十八大报告指出,要积极推动能源生产和消费革命,控制能源消费总量,加强节能降耗,支持节能低碳产业和新能源、可再生能源发展,确保国家能源安全。

这就为我国能源工业发展的指明了方向和重点。

党的十八大以后,内蒙古自治区及时确定了"8337"发展思路和战略定位,根据资源条件和现实的基础,提出把内蒙古自治区建成保障首都、服务华北、面向全国的清洁能源输出基地。从资源条件上看,内蒙古煤炭储量超过8000亿吨,天然气储量1.67万亿立方米,煤层气储量10万亿立方米,石油储量6亿吨以上,其中煤炭和天然气储量分别居全国第一位和第三位;风能技术可开发量超过3.8亿千瓦,占全国一半以上,居全国第一位;光能资源仅次于西藏,居全国第二位;从产业基础看,2012年煤炭产量已达10.6亿吨,占全国的比重由2000年的5.5%提高到29%,其中外调煤炭6.6亿吨,跨省交易量占全国四成以上,煤炭总产量和外调量均居全国首位;从市场需求方面看,我国能源需求结构加速升级,清洁能源需求急剧增长,为内蒙古电力、天然气等能源发展提供了巨大的市场空间。目前,华北、东北、华东等地与内蒙古自治区签订的送电协议容量超过2000万千瓦,天然气供应协议规模超过300亿立方米。

(一)建设清洁能源输出基地要突出重点

发展清洁能源既不能停留在口头上,也不能一哄而上,遍地开花。要突出重点,找准突破口。

1.要围绕"清洁"搞好资源转化

一方面要大力发展风能、太阳能等可再生能源,开发天然气,做足新能源这篇大文章;同时要大力推进煤的清洁生产和高效利用,积极发展高水平火电,抓好重点煤电一体化(或煤电铝一体化)产业基地建设,着力提高煤炭向清洁能源的转化比例,提高煤炭的就地转化率。依托准格尔、神东等大型煤田,建设达拉特、准格尔等煤电一体化产业基地;依托霍林河、伊敏、宝日希勒等大型煤田,建设霍林河、呼伦贝尔等大型煤电一体化产业基地;依托胜利、白音华等大型煤田,建设锡林郭勒盟煤电一体化产业基地。

2.要围绕"输出"加强通道建设

积极争取国家优先安排内蒙古自治区电力外送通道建设,加快推进重点煤电基地至华北、华中、东北长距离、大容量、高电压等级输电通道建设,搞好"风电打捆外送",逐步变"北煤南运"为"北电南送",解决好"窝电弃风"现象,提高能源输出效率。依托国家特高压电网建设,重点加快电力输送通道建设、扩大电力外送能力,积极推进城市热电联产和煤矸石发电项目建设,适度发展生物质、沼气发电项目,重点推进5个千万千瓦级风电基地建设。按照规划,在"十二五"期末内蒙古发电总装机容量达到1.3亿千瓦左右。火电装机容量达到9600万千瓦左右,单机容量在60万千瓦及以上的装机容量达到60%以上,提高超临界和超超临界机组装机比重、设备利用率和运行效率。风电达到3000万千瓦左右,水电(含3~5个抽水蓄能电站)达到400万千瓦左右。销售收入达到500亿元的企业1户,达到百亿元的企业3户。

3.要围绕"基地"做大产业规模

切实用好差别化产业政策,争取国家优先在内蒙古自治区布局煤炭资源开发、电源点建设、能源外送通道项目,加强同有关省区市的能源供应合作,提高内蒙古自治区能源产品在全国市场的占有率。到2015年外送电力能力达到6000万千瓦左右,总外送电量达到2900亿千瓦时左右。强化境内500千伏骨干网架,扩大电网覆盖范围,加快实施城乡电网改造工程,实现城乡用电同网同价,推进智能化电网建设,扩大电网接纳风电规模,加强电力需求侧管理,完善电力市场建设机制,满足区内外用电需求。2015年全社会用电量达到2700亿千瓦时左右。

4.继续加大电力工业整合、提升的力度

淘汰规模小、技术落后的电力企业,提高整个行业的技术水平和规模效益,在大规模、高起点的建设绿色能源输出基地。

(二)切实解决新能源发展中存在的问题

发展新能源既需要有政策扶植,也需要加快建设输出通道,同时要采取多种措施切实解决存在的现实问题。

1.加快建立和完善新能源产业发展的政策支持体系

新能源产业的发展需要政府给予全方位的有力支持,各项政策措施之间互相配合和协调以形成一个完整的支撑体系。一是合理确定区域发展规模和发展重点,避免资源浪费。在符合国家战略布局的前提下,依据本地区现有的产业基础和比较优势,完善区域内或区域间资源的统筹规划、合理确定本地区的发展规模和发展重点,避免低水平建设和资源浪费。二是建立和完善风电产业各环节协调一致的发展机制。通过有效的经济激励手段和各种政策措施促进风电产业"发电—调峰—上网—输送—消纳"产业链各环节的有效衔接,努力消除体制机制性障碍,从而保障风电顺利进入电力市场。三是通过合理的体制安排明确和疏导各利益主体的责任和利益关系。通过合理的体制安排规范风电开发商、设备制造商、电网、地方政府、国家能源主管部门在风电开发中的责任和利益关系。四是完善风电产业发展的投融资政策体系。加大财税政策支持力度,特别是风电企业研发费用和各环节的补贴投入。目前的补贴范围仅限于风电上网而发生的输变电投资和运行维护费用,而对发展风电产业的其他补偿机制还没有建立起来。金融机构应通过开发多种金融产品和融资方式对风电产业的发展予以支持。五是研究制定风电配额管理的相关政策。将可消纳的风电电量指标分配到各电网公司,通过财政补贴的方式实行长期保护性电价政策,确保风电等新能源保持一定的发电量和上网电量,使行业拥有合理回报。对风电并网实行配额管理是欧美国家通行的作法,值得我们学习借鉴。欧美一些国家长期以来通过强制购电、财税优惠、政府补贴等办法来保障风电的并网,促进了风电的快速发展。

2.加快电力外送通道建设,扩大消纳市场

(1)加快特高压电网建设。风电的快速发展,需要扩大风电消纳市场,市场的扩大依赖于强大的电网外送电力。加快特高压电网不仅能大大提升电网的输送能力,而且对能源结构和产业结构的调整以及改善严峻的环境压力具有深远的意义。特高压电网是指交流1000千伏、直流正负800千伏及以上电压等级的输电网络,它的最大特点是可以长距离、大容量、低损耗输送电力。我国76%的煤炭资源在北部和西北部,其中绝大部分陆地风能、太阳能资源分布在西北部,而70%以上的能源需求在中东部。能源基地与负荷中心的距离为1000~3000公里,普通电网的传输距离只有500公里左右,无法满足传输要求,因而特高压电网将是我国未来能源的主要输送通道。内蒙古自治区距离华东、华中等负荷中心较近,加之该地区自身风电资源有限,具备大规模接纳内蒙古自治区风电的市场空间。

(2)加强现有电网改造,增强电网接纳风电的能力。改造不合理的电网结构,优化电网调度,提高电网接纳风电的能力。同时要加强大型风电基地接入电网技术的研究工作,提高电网接纳风电的技术水平。

(3)加快调峰电源配套建设。加大对抽水蓄能电站的建设力度,同时开展多种形式的蓄能方式研究和应用。建设抽水蓄能电站是增加电网调峰能力、提高电网接纳风电能力的有效措施。抽水蓄能电站能够将电网负荷低谷时的电能转换成势能存蓄起来,在电网需要时稳定地为电网调峰,解决了风电利用率与电网安全运行

之间的矛盾,避免了风机弃风,使风能资源得到充分利用。

3.加大技术研发强度、提高设备质量,积极开拓国际市场

目前,我国风电设备的研发和生产制造与国外相比还有一定的差距,高端技术设备和很多国产设备的设计几乎被国外厂商垄断,具有自主知识产权的核心技术缺乏。这就要求我们必须加大技术研发强度,提高设备质量。全面推进风电产业的创新体系建设,充分发挥企业、高校、科研机构的作用,研发拥有自主知识产权的风力发电关键设备与技术,不断提升产品质量和产品可靠性。由于企业科技研发风险高、所需资金量大、人才缺乏,许多企业科技投入的积极性不高。针对实际情况,政府除了必要的直接投入外更多的应从减免税费的角度给予鼓励支持,激发企业科技创新的积极性、提高企业科技创新的能力。

风电设备质量的提高不仅打破了国外关键技术的垄断,降低了造价,促进了风电装备国产化水平的提高,同时也是我国风电企业开拓国际市场的重要前提条件。中国风电设备制造商只有走出国门积极参与国际的风电市场的竞争才能获得更快的发展。在开拓国际市场方面可以通过技术研发合作、产品联合设计开发、积极参与国际风电市场的招标项目等方式融入全球风电设备制造体系。

4.拓宽融资渠道、改善企业融资环境

风电产业的发展需要巨额的资金投入,单一的融资渠道难以满足其大规模发展的资金需要。调动社会各阶层力量,通过多种渠道筹集资金,满足风电产业发展的资金需求。一是加大政府的投资力度。政府投资不仅仅是重要的基础性投资,它会对社会资金具有积极的辐射、引领作用。地方政府要逐年提高财政投入比重和扩大减免税范围,从而建立起稳定的财税支持增长机制。二是完善金融服务体系、改进现有服务方式。要充分发挥商业银行在支持风电产业发展中的融资主导作用,构建适合风电产业发展的信贷模式,鼓励金融机构针对风电企业特点创新金融产品和服务方式。健全和完善风险担保机制,确保银行每年的新增贷款中新能源贷款的比重逐年有所提高。三是积极发展区域性资本市场,提高直接融资比重。培育、孵化更多的风电产业准上市公司,推动风电企业到海内外上市;积极发展区域性场外资本市场,促进企业产权的合理流动和优化重组以及债券市场的发展。四是积极引导各类基金向风电产业投资。扶持私募股权投资基金、创业投资基金的发展,采取多种措施鼓励支持其向风电产业的前端投资。国际经验表明,风险投资是所有投融资工具和政策工具中对高新技术产业化最为有力的、不可或缺的一

种现代投资形式。内蒙古自治区风险投资业的发展起步晚、数量少,尚难满足新兴产业发展的要求。要加快内蒙古自治区风电产业发展,必须尽快建立和完善与其发展相适应的风险投资体系。五是完善保险和担保机制。风险担保机构数量少和风险担保机制不健全是导致一些投资主体投入风电产业资金少、积极性不高的又一原因。保险公司和投资担保公司要完善保险和担保业务程序和规则,创新业务品种,适应和满足风电产业的投资保障要求。

第二节
内蒙古自治区石油天然气工业发展概况

内蒙古自治区石油和天然气分布广、资源丰富,在能源工业总量中也占有一定的份额。石油天然气工业发展对内蒙古自治区完善能源结构有重要意义。

一、基本状况

内蒙古自治区的油气资源从东至西遍及全区,形成了星罗棋布的含油盆地群体,主要分布在海拉尔盆地、二连盆地、鄂尔多斯盆地、巴彦浩特盆地、乌拉特中旗川井盆地和开鲁盆地等 8 个沉积岩盆地,蕴藏十分丰富。已探明石油地质储量为61370.35 万吨,远景储量为 40 亿吨以上。

内蒙古自治区天然气资源主要集中在鄂尔多斯盆地。整个盆地可采资源量占全国总资源量的 10.5%,也是我国第一个探明地质储量上万亿立方米的大气区。我国第二大沉积盆地鄂尔多斯盆地北起阴山、南抵秦岭、东至吕梁、西达贺兰山,面积 37 万平方公里,行政区域包括甘肃东部、宁夏大部、陕西北部、内蒙古自治区和山西部分地区。根据目前的勘探结果表明,该盆地天然气总资源量约 10.7 万亿立方米,其中,内蒙古自治区境内天然气资源量为 4.1 万亿立方米,占全盆地天然气总资源量的 41%。目前鄂尔多斯盆地的气田有苏里格气田、长庆气田、榆林气田、乌审旗气田和大牛地气田。内蒙古自治区境内的气田有苏里格气田、乌审旗气田和大牛地气田。其中,苏里格气田和乌审旗气田被列入我国 5 个储量超千亿立方米的大气田之中。苏里格气田探明储量 7000 多亿立方米,不仅是我国现在规模最大的天然气田,也是我国第一个世界级储量的大气田。预测远景储量达 4 万亿立方米。目前,内蒙古自治区已经成为我国重要的煤化工、天然气化工发展基地。

根据《内蒙古自治区"十二五"工业和信息化发展规划》确定的目标,"十二五"期末,内蒙古自治区工业总量进入全国前 10 位,工业增加值达到 11600 亿元,年均递增 17%;工业对国民经济的贡献率达到 50%;多元发展、多极支撑的现代产业体系初步形成,装备制造、新型化工和战略性新兴产业创造的工业增加值占全部工业的比重达到 30%以上。能源需求量将不断增加。

2012 年,内蒙古自治区规模以上石油、天然气开采企业拥有职工 0.69 万人,实现工业总产值 5691820 万元;石油加工、炼焦、可燃料加工企业拥有职工 2.77 万人,实现工业总产值 4516552 万元;天然气生产和供应企业拥有职工 0.45 万人,实现工业总产值 845477 万元。2012 年,内蒙古自治区石油产量占能源生产总量的 0.44%,天然气产量占能源生产总量的 5.38%。

二、存在的主要问题

内蒙古自治区石油、天然气资源丰富,发展潜力巨大,但目前总量较小,在能源结构中所占比重不大,在发展过程中还暴露出以下一些问题需要解决:

第一,内蒙古自治区石油、天然气资源储量大,分布地区广,但探明程度较低,总开采能力不强,总产量不大。目前内蒙古自治区已探明石油地质储量 61370.35 万吨,探明的储量仅仅是远景储量的 15%,比全国平均水平低 5%;已探明的天然气储量不足远景储量的 10%。

第二,内蒙古自治区油气资源分布较为分散,油气输送难度大。东部有海拉尔盆地,中部有二连浩特盆地,西部有鄂尔多斯盆地、巴彦浩特盆地等。这些地区相对偏远,在北油南运、西气东送的格局下,运输管道的建设任务艰巨。目前全国性的油、气输送管道建设尚未完成,这对内蒙古自治区石油、天然气工业产生了较大的影响。

第三,原油和天然气的收采率不高。目前国外原有收采率达到 50%以上,我国平均水平为 35%左右,内蒙古自治区石油的收采率接近或略低于全国平均水平。如何提高油气资源的收采率,减少浪费,是一个现实的问题。

第四,在技术没有较大突破的情况下,随着运输成本、人力成本、机器设备等价格的提高,油、气开采加工成本越来越高。

第五,对石油、天然气的深度加工和开发利用程度低,绝大多数原油直接外运销售。在内蒙古地区的石油、天然气企业中,开采天然原油和销售成品油的企业较多,而炼油企业相对较少,区内用成品油绝大多数由区外输入。

三、加快发展的建议

与煤炭、电力工业相比较,内蒙古自治区石油天然气工业发展相对不足,需要在国家政策允许的范围内,采取有效措施,推动产业健康发展。

第一,加强对内蒙古自治区石油、天然气储量的勘探工作,力争使探明程度达到甚至超过国内平均水平。

第二,杜绝油田、气田无序开采,小规模开发。严格执行国家有关石油、天然气行业进入标准和相关的条件和要求,坚持以国有大企业开发为主的原则。

第三,采用世界先进技术,提高油田、气田的科学管理水平,提高原油和天然气的收采率,减少资源浪费。

第四,加快建设石油、天然气输送管道网络,在有条件的油田、气田临近地区投资建设原油精加工和天然气提纯增质项目,尽可能地就地加工提炼,降低运输成本和环境成本。

第 十 章

内蒙古自治区生物医药产业发展报告

进入 21 世纪，世界科技发达国家将生命科学作为重要研究领域之一，并取得了一定的研究成果。生物医药产业作为生命科学研究成果应用领域之一在 21 世纪必将具有广阔的发展前景和巨大的市场潜力，成为世界各国优先发展的产业。反之，产业的发展也必将在一定程度上推动技术的发展，因此生物医药产业也将成为推动生命科学发展的重要力量，其发展必将对人类经济社会及生活的各个方面产生巨大影响。

生物产业主要包括生物医药、生物农业、生物能源、生物制造、生物环保五个领域，生物产业是国家重点扶持的七大新兴产业之一，是国家"十二五"重点培育的战略性新兴产业，也是内蒙古自治区"十二五"规划重点发展的产业。生物医药产业是生物产业的重要组成部分，已经成为衡量地区生物技术发展水平最重要的标志。内蒙古自治区已经将生物医药产业作为"十二五"期间八大战略性新兴产业之一重点发展。加快生物医药产业发展，对于加快产业结构升级和转变经济发展方式，缩小内蒙古自治区与东部沿海地区经济发展差距，提升内蒙古自治区产业竞争力具有重要意义。

第一节

国内外生物医药产业发展状况

在西方发达国家,以基因工程、细胞工程等为代表的现代生物技术迅猛发展,并且生物技术在医学治疗方面广泛应用,使得生物医药产业取得了巨大的成果,生物技术药品数量迅速增加,生物医药产业化进程明显加快。

一、国外生物医药产业发展的特点

当前发达国家生物医药产业规模不断扩大,快速成长为最具发展潜力的高新技术产业,并呈现出以下特点:

一是消费需求增长快速。随着世界人口的不断增长以及人均收入水平和生活质量的提高,生物药物的消费数量快速增长。人口数量的增加和收入水平的提高使得人们对医疗器械、保健品等医疗产品消费需求快速增长。而人们生活质量的提高又使得人们越来越关注药物的安全性,越来越多的人开始倾向于生物药物而谨慎选择原来药物市场中占统治地位的化学药品。除此之外,由于发达国家人口结构的老龄化,对抗肿瘤药物、糖尿病用药、心血管系统用药等药物需求快速增长。总之,生物药品在药品市场中的地位越来越举足轻重。

二是规模迅速扩大。自1998年起,全球生物制药产业的年销售额连续10年增长速度保持在15%～33%,复合增长率达到了18.6%,远高于全球药品市场8.5%的增长率,成为发展最快的高技术产业之一。2007年,全球生物制药销售额达到750亿美元,2008年销售额已达900亿美元,2009年为971.2亿美元。①

三是生物技术的研发投入不断增长。生物医药产业作为高新技术产业,技术创新是产业持续发展的必要条件,因此需要大量资本投入进行技术研发。生物医药产业技术研发投入占全球研发投入的比例越来越大,增长速度很快。由于大量

---

① 吴梧桐,王友同,吴文俊.持续快速发展的生物制药产业.中国药学杂志,2010(24).

的科研投入使生物医药产业在技术上不断取得新成果,生物技术专利已占到世界专利总数的 30％左右。2007 年,美国生物医药产业 R&D 投资总额已达 588 亿美元(占全球医药 R&D 投资 1052 亿美元的 56％,比 2006 年净增 30 亿美元,其 R&D 投资占国内销售额比重达 18.7％,连续 7 年保持 R&D 投资占国内销售额的比重在 18％以上。美国国会预算办公室研究认为:美国生物医药产业是科研密集型特征最为显著的产业,其 R&D 投资占其销售额的比重是制造业 R&D 投资占销售额平均值的 5 倍以上。[1]

四是生物医药产业集聚明显。生物医药产业的迅速发展,带动着相关产业也迅速发展起来,产业链不断完善,生物医药产业开始出现集群化发展趋势,现在许多发达国家在技术、人才、资金密集的区域,形成了生物产业集聚区。以美国为例,高度集聚的产业集群是美国生物医药产业发展的重要特征,波士顿的"基因城"、旧金山的"生物技术湾"等产业集群都是全球生物医药创新最为活跃、产业化程度最高的区域。在全美 51 个大都市圈中,75％以上的生物技术公司集中在波士顿、旧金山、纽约、西雅图、Raleigh－Durham 地区、巴尔的摩地区、洛杉矶等都市圈。这几大都市圈平均所获得的美国国立卫生研究院的经费是其他大都市圈的 8 倍,生物制药领域的风险投资水平是其他都市圈的近 30 倍,商业化活动水平是其余都市圈的 20 倍。[2]

二、我国生物医药产业发展现状

生物医药产业是指将现代生物技术与各种新药研发、生产相结合,以及与各种疾病的诊断、防治和治疗相结合的产业。[3] 生物医药是我国生物产业发展的重点。

(一)我国生物医药产业现状

据工信部统计数据显示,2012 年,我国医药工业总产值约为 1.8 万亿元。其中,生物医药工业总产值达 1852.7 亿元,同比增长 20.5％。

我国医药企业已经基本能生产所有常用药品、疫苗和生物制剂。但是在抗肿瘤药物等部分高端药物上,仍然依赖于进口。同时,我国生物医药产业在整体医药

---

①济南市科学技术局,http:www.jnsti.gov.cn/jnsti/view.php? id＝21956.
②吴晓隽,高汝熹,杨舟.美国生物医药产业集群的模式、特点及启示.中国科技论坛,2008(1).
③张根发.生物产业 21 世纪的前沿产业.贵州人民出版社,2004.

产业中的比例为 10%左右,与发达国家生物医药产业占整体医药产业比例相比,仍处于较低水平。

2009 年 6 月 2 日,为加快把生物产业培育成为高技术领域的支柱产业和国家的战略性新兴产业,国务院办公厅发布《促进生物产业加快发展的若干政策》,将生物医药和生物制药领域作为重点发展的领域,要求加速生物产业规模化和集聚化发展。

2010 年 10 月 10 日,国务院发布《关于加快培育和发展战略性新兴产业的决定》,这是我国第一次把生物医药产业提到了国家战略高度。在国家"十二五"规划纲要中,将生物产业与节能环保、新一代信息技术、高端装备制造、新能源、新材料、新能源汽车作为"七大"战略性新兴产业。[①]

2012 年 12 月 29 日,国务院印发《生物产业发展"十二五"规划》,《生物产业发展"十二五"规划》中将突出高品质发展,提升生物医药产业竞争力作为重点领域和主要任务,以满足不断增长的健康需求和增强产业竞争力为目标,组织实施生物技术药物发展等行动计划,通过完善新药研制基础支撑平台和共性技术平台、开展产业化示范应用、加强先进技术规范推广应用和完善医药管理体制机制等,全面提升生物医药企业的创新能力和产品质量管理能力,加快生物技术药物、化学药物、中药等新产品与新工艺开发和产业化,增强区域支撑配套能力,积极推动行业结构调整,做大做强生物医药产业。要求在 2013～2015 年,生物医药产业产值年均增速达到 20%以上,推动一批拥有自主知识产权的新药投放市场,形成一批年产值超百亿元的企业,提高生物医药产业集中度和在国际市场中的份额。

《生物产业发展"十二五"规划》还指出,大力开展生物技术药物创制和产业化。促进疫苗升级换代,重点推动新型疫苗(包括治疗性疫苗)研发和产业化。加速治疗性抗体等蛋白质和多肽药物的研制和产业化,促进核酸类药物发展。加快长效注射剂、非注射剂药系统等新型制剂技术及产品的开发。促进血液制品综合利用水平的升级,支持重组血液制品的研制和产业化。发展细胞治疗、基因治疗等新技术与装备。支持抗体规模生产、新型生物反应器和佐剂等关键技术的推广应用,加快生物技术药物高品质、规模化发展。建设生物技术药物发现、评价、检测、安全监测等公共技术平台,完善生物技术药物产业体系。推动我国生物技术药物的质量标准达到国际先进水平,推动生物技术制药企业和产品通过相关国家或国际组织的认证,提高产品国际市场份额。

---

①中华人民共和国国民经济和社会发展第十二个五年规划纲要.新华社,2011－3－16.

《生物产业发展"十二五"规划》给出了生物技术药物发展行动计划,其发展目标是:形成支撑生物技术药物发展的先进产业技术体系,建立一批多功能、符合国际标准的生物技术药物生产基地,培育一批具有国际竞争力的企业。发展的主要内容:支撑体系建设,与科技重大专项衔接,建立国家人类重大疾病相关基因资源库、支撑生物技术药物研发和生产检验的菌株库、细胞库和毒株库;建设生物技术药物细胞表达和产业化研发平台、生物技术药物检测和表征共享技术平台、动物细胞培养产品的安全检测平台。形成具有国际水平的生物技术药物安全监测体系。产业化示范主要是依托企业建设多功能、符合国际标准的生物技术药物生产基地;建设治疗性抗体药物、蛋白质和多肽类药物、新型疫苗产品的产业化示范工程,突破一批规模化生产、制剂、质量控制关键技术,促进一批新品种投放市场,开展国际资质认证,形成示范效应。政策配套有优化审批程序,强化生物技术药物监管体系建设,制定和完善生物技术药物纳入医疗保险产品目录相关政策。[①]

(二)我国生物医药产业发展存在的问题

虽然我国生物医药产业已经取得了很大成绩,但与欧美发达国家相比仍然存在很大差距,发展过程中仍然存在很多问题。这些问题主要表现如下:

1.企业规模小

2011 年,全球最大的医药企业美国辉瑞公司营业收入突破 600 亿美元,而我国最大的医药企业上海医药集团营业收入只有 374 亿元人民币,不到辉瑞公司的 1/10。从全球市场占有率上来看,中国生物医药追赶欧美的道路仍然很长。有统计数据显示,美国、欧盟生物医药企业的国际市场份额占有率超 95%,包括中国在内的其他国家只占不到 5%。在世界排名前 100 位的生物医药企业中,没有一家中国企业。

2.资金投入不足

由于我国投融资体制不健全,投融资渠道单一,尚未建立适应生物医药产业的投融资体制,如风险投资基金、国家高新技术产业投资基金、股票和集合债券等。我国大多数生物医药企业规模小,而且生物医药研发风险高,所以银行贷款很少,融资比较困难。另外,政府对生物医药产业发展的投入也不足。

---

①国务院.生物产业发展"十二五"规划.2012-12-29.

3.企业创新能力不强

我国生物医药产业技术水平不断提升,一些领域已经达到世界先进水平,出现了一些创新能力较强的公司和企业。但总的来说,创新能力仍然较弱。科技体制还不适应市场经济的需要,产学研结合的生物医药产业创新体系没有建立起来,科技成果转化率低。如2005~2009年,我国申请生物医药技术6745件专利中,大专院校和科研机构分别申请了3596件和378件,占国内申请专利总量的58.9%,公司和企业申请1546件,占22.9%,个人申请1225件,占18.2%。

4.区域发展不平衡

由于各地经济发展水平不同、政策倾向不同等因素,我国生物医药产业发展不平衡:一是全国绝大多数生物医药企业集团主要集聚在长三角、珠三角、环渤海东部沿海三大产业集聚区。二是东部沿海地区明显领先中西部地区。在我国已批准设立的12个国家级生物产业基地和10个生物产业领域国家高技术产业基地中,东部沿海地区有石家庄、深圳、北京、上海、广州、青岛、通化、天津、泰州、德州、杭州11个城市,约占全国的48%。东北有长春、通化、哈尔滨3个城市,约占全国的13%。中部有郑州、长沙、武汉、南昌4个城市,约占全国的17%。西部有昆明、成都、重庆、西安、南宁5个城市,约占全国的22%。明显看出东部处于全国领先地位,发展较快,其他地区实力较弱,发展极不平衡,见图10-1。

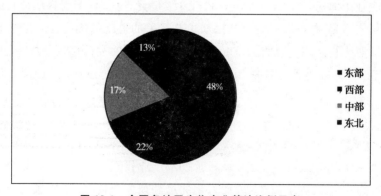

图10-1 全国各地区生物产业基地比例示意

第一节

内蒙古自治区生物医药产业发展现状

内蒙古自治区生物医药产业起步于 20 世纪 50～60 年代。经过多年的发展，取得了显著的成绩。特别是改革开放以来，规模不断扩大，产业集中度不断提高，产业竞争力不断增强，培育出了一批以内蒙古惠丰药业有限公司、内蒙古兰太药业有限公司、内蒙古蒙耀生物技术有限公司（原复旦蒙耀生物技术有限公司）、亿利生物制药有限公司、伊泰药业公司等为代表的一批生物医药企业。但是，内蒙古生物医药产业和国内外先进水平仍然存在很大差距，内蒙古自治区生物医药产业基本是建立在利用自然资源、初级原材料加工基础之上的资源型产业结构，生物医药占制药业的比重偏低。生物医药产业发展存在着科技含量不高、资源配置能力较低、产品附加值低、产业关联度低等诸多问题。生物医药产业作为 21 世纪的战略性新兴产业，对于内蒙古自治区产业结构升级、转变经济增长方式、产业竞争力提升具有不可替代的重要作用。

一、内蒙古自治区生物医药产业初级资源丰富

内蒙古自治区草原、沙区、林区产出的丰富动物、植物资源为发展生物医药产业提供了得天独厚的资源优势。内蒙古自治区是全国最大的中草药种植基地：蒙药药材 2230 种、蒙药药品达 5000 余种，不仅在国内具有很高的声誉，而且在日本、韩国、俄罗斯等国十分畅销，生物医药企业大部分利用内蒙古自治区独特而丰富的自然资源也都建设了自己的规范化中蒙药种植基地。内蒙古自治区现已建立了五大中蒙药材种植基地，这五大基地分别是阿拉善盟梭梭肉苁蓉繁殖基地、鄂尔多斯市甘草种植基地、包头市黄芪种植基地、大兴安岭鹿茸生产加工基地和呼和浩特市周边地区沙棘种植基地。

二、内蒙古自治区生物医药企业初具规模

内蒙古自治区生物制药企业主要集中在呼和浩特市，呼和浩特市的金川经济

技术开发区内设有生物医药园,该生物医药园分布了内蒙古惠丰药业有限公司、内蒙古兰太药业有限公司、内蒙古蒙耀生物技术有限公司(原复旦蒙耀生物技术有限公司)、内蒙古金川福瑞蒙药工业园有限责任公司、内蒙古元和集团药业股份有限公司五家生物制药企业。其中内蒙古复旦蒙耀公司总投资为12228万元,自有资金4800万元,地方配套1200万元,其他方式融资6228万元。项目建成后,企业年销售收入为26910万元,其中药材基地销售收入1750万元,年销售税金3381.65万元,投资利润率39.8%,投资利税率87%,投资回收期4年(含建设期)。园区内生物制药企业充分利用内蒙古自治区得天独厚的中蒙药材资源和相关研发机构的成果,意在建成具有地区特色和民族特色的自治区最大的集生产、科研、营销为一体的生物医药产业基地。

呼和浩特市还拥有两家主营生物制药的上市公司:内蒙古金宇集团和内蒙古双奇药业股份公司。内蒙古金宇集团股份有限公司是一家以生物制药为主导产业的上市公司,作为内蒙古自治区高新技术企业以及兽用疫苗国家工程实验室项目的承建单位,生物制药产业包括金宇保灵生物药品有限公司和扬州优邦生物制药有限公司。金宇保灵生物药品有限公司是金宇集团股份有限公司的全资子公司,是一家集研发、生产和销售为一体的兽用生物制品高新技术企业。现有员工450人,其中技术人员数量达400人,占员工总人数的89%。自1998年以来,公司销售收入与利润率不断提高,口蹄疫疫苗市场占有率达到30%以上。自2004年实现销售收入2.4亿元,产销量连年稳居全国第二位。内蒙古双奇药业股份有限公司成立于1999年,公司是以微生态制剂为主导方向的高科技生物制药企业,2001年被国家计委认定为重点高技术产业化示范企业。2002年被国家科技部认定为国家火炬计划高新技术企业。

鄂尔多斯市拥有亿利生物制药有限公司、伊泰药业公司、新威远生化有限公司等生物医药骨干企业,依托丰富的甘草、有毒灌草、麻黄、玉米等药材资源,积极引进国内外先进的生物制药技术,采用先进的提取、分离、制剂和生产控制技术及装备,不断开发拥有自主知识产权的新药品种。目前,开发生产的拥有自主知识产权的主要产品有甘草提取物系列保健药品、阿维菌素等,居国内领先地位。同时,加快重点中药品种的中蒙药材GAP种植基地建设,形成种植、提取、加工、成药等较完备的产业链,建成国内重要的中、蒙药现代化基地。

内蒙古自治区东部地区生物制药企业主要分布在赤峰市,主要有内蒙古赤峰天奇制药有限责任公司、内蒙古伊泰丹龙药业有限责任公司、赤峰大吉医药集团、赤峰维康生化制药有限公司等生物制药企业,其中内蒙古伊泰丹龙药业有限责任公司注册资本 3129.06 万元,总资产 10129 万元,产品销售辐射全国 28 个省、自治区和市,其中复方羊角胶囊为自行研发国家级新药,属中药保护品种,仙霍补肾合剂属国内首创的独家生产品种。赤峰维康生化制药有限公司创建于 1998 年 7 月,是一家集科研、生物制药、化学制药于一体的医药高科技企业,总投资约为 3000 万元。赤峰大吉药业(集团)有限公司是以中蒙成药、生物制药、动物保健品、农副产品深加工为主导产业,集科工贸于一体的现代化制药企业集团,总资产 2.5 亿元。

三、内蒙古自治区生物医药产业已具备一定的相关产业基础

内蒙古自治区拥有国家级兽用生物疫苗工程研究中心、实验中心、生物胚胎移植国家高技术产业化示范项目等,初步形成了生物医药产业体系。龙头企业内蒙古兰太药业有限公司在联合国计划开发署的援助下,成功地从盐藻中提取生产出天然胡萝卜素,达到了世界先进水平,被国家绿色食品发展中心认定为绿色食品。内蒙古吉兰泰盐化集团公司与天津轻工制盐研究所合作,进行了十多年的天然胡萝卜素开发,目前已形成 500 公斤的年生产能力,有天然胡萝卜素晶体、胶丸、口服液等系列产品投放市场,成为我国最大的天然胡萝卜素生产基地。内蒙古集宁生物医药厂与北京福麦特技术开发公司进行资产重组后,开发生产了国家三类新药复方鳖甲软肝片,年生产能力超过 1 亿片,销售收入突破亿元。

四、内蒙古自治区生物医药产业已具备了一定的技术基础

在技术人才方面,内蒙古自治区有内蒙古大学、内蒙古农业大学、内蒙古工业大学、内蒙古医科大学等多所高校,科研力量较强。内蒙古自治区生物科技领域中基础理论研究的多项重要成果已达到世界领先水平。蒙牛集团首席科技专家李喜和博士与内蒙古大学相关学者组成的研究团队于 2008 年成功完成 Repi 干细胞重编程的特殊发育阶段干细胞系的研究,建立了 Repi 干细胞系,这种干细胞系降低了应用风险,大大提高了医疗和动物生殖产业化应用的可能。内蒙古农业大学张和平教授开发出具有完全自主知识产权的益生菌,并于 2008 年 5 月 18 日全部完成了益生菌 L. CaseiZhang 的全基因组序列测定,这是我国第一个完成的乳酸菌基因全系列测定,该项目的完成,开启了国内乳酸菌基因组学和蛋白质组学的先河,有效提高了我国益生菌研究水平和产业发展的自主创新能力。2009 年,世界首例能产生深海鱼油的有效成分——Ω-3 不饱和脂肪酸的转基因克隆牛"ZK002"在包

头市降生。这些都为内蒙古自治区发展现代生物医药产业奠定了良好的基础。

第二节
内蒙古自治区生物医药产业发展存在的主要问题

内蒙古自治区生物医药产业发展潜力巨大,但目前看规模不够大,技术层次不够高,效益尚未充分显示出来,将其作为新兴战略性产业培育,还需要解决诸多问题。

一、科技创新体系不完善,投入不足

内蒙古自治区医药科技创新体系不完善,投入不足,企业创新能力弱,支持创新的金融服务环境差。缺乏与市场经济相适应的科技创新机制和环境,科技成果市场化水平低,以企业为主体的产学研创新体制、机制尚未形成。新产品开发能力弱,产品科技含量低,附加值低的产品比重较大。研发投入的不足直接导致内蒙古自治区制药企业核心竞争力弱,缺乏领先水平的科技创新成果。

二、产业集中度不高,产业规模效应不显著

虽然部分生物医药企业已经具备了一定的生产规模,但是从整体上来看内蒙古自治区生物医药企业规模相对来说还是比较小。目前,中国生物医药企业上市公司有40多家,分布在北京、上海、广东、安徽、贵州、内蒙古、重庆等地,内蒙古自治区涉及的生物医药上市公司只有内蒙古金宇集团和亿利集团两家。根据中国医药工业信息中心发布的2012年度中国医药工业百强企业榜,内蒙古自治区没有医药企业进入名单之内,百强医药企业主要集中在北京、上海、山东、浙江等产业发达地区。目前内蒙古自治区还没有销售收入达10亿元的生物医药企业。因此,内蒙古自治区生物医药产业还缺乏真正的"龙头企业"。

三、产业聚集度不高,缺乏相关产业的产业载体

聚集化发展是当今生物医药产业发展的重要趋势,但内蒙古自治区生物医药产业的聚集化发展还处于初步阶段,远未达到产业发展的要求。在国家发改委批准建立的 22 个国家生物产业基地城市中,北京、上海、广州、深圳和长沙等地都相继规划建设了专门的生物产业园区,并采取一系列措施引导和促进生物产业的上下游相关产业在园区内形成一体化集聚,以实现终端产品的"整体竞争力"效应。内蒙古自治区生物医药企业分布相对比较分散,主要分布在呼和浩特市、鄂尔多斯市和赤峰市等内蒙古自治区中部、西部、东部,虽然在呼和浩特金川经济技术开发区设有生物医药园区,但是该园区只有 5 家生物医药企业,且 5 家企业之间纵向合作关系较少,属于非集群关系,更多地表现为横向关系的集聚;呼和浩特市的两家规模较大的生物医药企业,金宇宝灵生物医药有限公司和内蒙古双奇制药有限公司并未被纳入该生物医药园区之中。由于产业集聚度较低,难以提高内蒙古自治区生物医药产业的科技竞争力和总体收益。

四、尚未建立有效的产、学、研合作机制

内蒙古自治区生物医药技术已具备一定的基础,内蒙古大学、内蒙古农业大学、内蒙古工业大学、内蒙古医科大学等多所高校都有较强的生物医药技术学科和理论研究的成果与基础。虽然一些研发机构与部分生物医药企业之间建立了合作关系,将企业作为高校、科研机构研发成果的产业化基地,但产学研合作联盟还远未形成,高校、科研机构与企业联合开发、共同合作的关系还不够紧密,未形成长期、稳定的利益共同体关系,以至于许多优秀的科研成果流向外地实现产业化,影响了内蒙古自治区生物医药产业的发展规模和经济效益以及自主创新能力。

五、产业发展的资金保障不足,融资渠道单一

内蒙古自治区生物医药企业的融资渠道主要是通过政府资助、企业自筹和投资机构来融资。其中政府对生物医药产业的扶持力度很强,通过无偿资助、贷款担保等形式为企业拓宽了融资渠道,但对于高投入的生物医药产业而言,还远不能满足企业发展的需求。内蒙古自治区上市生物医药产业公司数量稀少,各类直接融

资渠道不畅,企业资金十分匮乏。这样,使许多创业企业在研发和产业化过程中遇到了资金瓶颈,从而导致研发投入不足、技术成果转化率低的问题,束缚了内蒙古自治区生物医药产业自主创新能力的提升。

第四节
发展内蒙古自治区生物医药产业的对策建议

内蒙古自治区生物医药产业已经取得一定程度的发展,规模不断扩大,一些产品在国内具有很强的竞争力,但总体来说技术水平和科技含量仍然较低,产品附加值低,新产品开发能力不强。加快发展生物医药产业还需要采取一些切实可行的措施。

一、加大技术创新力度

内蒙古自治区加快发展生物医药产业,要加大人才特别是高层次人才吸引和培养力度,完善技术创新体系,加大科研投入,提升产业技术创新能力。

首先要完善人才引入机制,创新高层次人才分配机制,突出生物医药企业在吸引高层次人才中的主体作用,鼓励技术创新人才向企业流动;简化流动手续,取消现行各种限制人才流动的规定,为引进高层次人才提供全方位服务保障;建立系统规范的高层次人才选拔标准体系,打破地域限制,通过从海内外引进和自主培养等途径,集聚科技专业人才;加大教育和科研投入力度,鼓励企业和高校、科研机构之间建立长效合作机制,建设一批生物技术人才培养基地,为企业培养急需的科技人才。

其次要完善技术创新体系,加快建设以企业为主体的技术创新体系,促进科技成果转化和应用。一是建立以企业为主体的技术创新体制。发挥生物医药产业技术创新的市场导向作用,紧紧围绕企业发展的需要开展技术创新,增强科研机构研究的针对性、实用性。二是加强合作,提高技术创新能力。不仅要创造条件鼓励企业与企业之间、企业与高校、企业与科研院所联合,建立以企业为主体,科研机构和高校参与的"产学研"合作机制和技术转让机制;还要鼓励企业跨区域设立研发中心,通过技术创新、技术引进等机制来解决产业发展的技术支持问题。

最后要加大科研投入,一是加大政府财政支持力度,政府划拨专项科研经费,扶持成长型中小企业,特别是科技创新能力较强的企业;二是鼓励和引导社会资金加大对生物医药企业的研发投入,降低准入门槛,加大生物医药产业投资领域开放力度,让各种投资主体都可以进入;三是支持和鼓励银行对生物医药企业给予优惠贷款,对拥有自主知识产权但实务担保能力不足的企业,可以考虑以无形资产抵押贷款等融资方式,为企业提供金融服务,对生物技术企业贷款实行财政贴息的政策,引导银行贷款向生物医药产业倾斜。

二、利用资源优势,大力发展特殊蒙医药产业链

形成于 13 世纪的蒙医药学,是用纯天然药物和一些器械来防病治病的蒙古族传统医学。在其漫长的发展过程中,还相继吸收了古印度、藏医、中医和西医等医药学,使其日臻成熟和完善。根据长期的临床实践,蒙医药不仅对骨科疾病有独特疗效,而且对心脑血管疾病和血液病等疑难病症也有明显疗效。据内蒙古卫生部门提供的资料显示,蒙医药治疗冠心病、高血压、老年缺血性中风和心血管神经官能症等心脑血管疾病,总有效率均超过 90%。因此,内蒙古自治区应利用拥有丰富的蒙药药材和技术人才,加强人才培养、整合内蒙古自治区现有的蒙药制药企业,构筑蒙医药产业起飞的平台,开发现代化的蒙药成药系列产品,打造有竞争力的"内蒙古制造"优势蒙药品牌,带动上游种植业、饮片加工业和提取物生产业的发展,促进下游药品流通业的发展,形成完整的蒙医药产业链。

三、引导生物医药产业集群化发展

产业集群化发展能够充分利用规模经济和分工带来的好处,企业通过分工协作和相互交流,不仅有利于提高产业竞争力,而且有利于产业创新能力的提高。因此,促进内蒙古生物医药产业集群化发展,是培育产业竞争力的重要途径。

发挥现有产业优势,引导生物医药企业资源在特定的区域内聚集,形成产业集群效应。生物医药产业的生产资源往往在特定区域集聚,形成产业集群,同一产业内大量企业在地理上的集中,能很快形成区域规模经济效应,提高区域生产率,使集群内分工更加专业化,分工的细化加速知识的外溢,导致企业生产效率的提高,带来产品差异化优势。内蒙古自治区生物医药企业现在还处于较分散的状态,内

蒙古自治区现有生物医药企业所在的地区,例如呼和浩特、鄂尔多斯、赤峰等地下一步应建立各地的生物医药经济园区,引导生物医药各类资源积聚,加速生物医药研发机构、企业、高校向园区集聚,形成生物医药产业集群,并形成"人才培养—科学研究—技术开发—产品孵化—规模生产—营销物流"的现代化生物医药创新体系。

首先要加快生物医药产业基地基础设施建设,改善生物医药产业园区基础设施,包括交通、通信、信息系统、生活配套等设施,完善社会性基础设施,包括文化教育、医疗卫生、商业服务等,加快生物医药产业基地基础设施建设。其次是鼓励企业并购或重组,培育龙头企业针对生物药品重复生产、规模不经济的现象,采取贴息、补助、资本金注入等方式,鼓励和支持省内有一定基础的生物医药企业通过兼并重组等途径做大做强。培育壮大一批优势明显、具有较强创新能力和国际竞争力的企业,支持高科技大中型生物医药企业发展。最后是发挥内蒙古自治区生物医药龙头企业的带动作用,发挥内蒙古自治区生物医药龙头企业在生物医药产业聚集发展方面的引领和辐射带动作用。制定相关政策,鼓励生物医药企业向基地集中,支持基地公共服务平台建设、产学研合作、关键技术研发、重大成果产业化等,支持企业进行技术升级、新产品开发、成果产业化等建设。

四、加强产、学、研合作

生物医药产业是典型的知识、技术密集型产业,产品的形成与知识和技术的产生有着密切的联系,大学、科研机构和企业之间存在着技术溢出效应。因此,生物医药企业、科研机构、大学的空间接近,使得彼此之间的信息、知识传播比远距离的传播更有优势,促进了空间资源的整合与企业、机构的专业化发展,促进了集群创新能力的提升。因此,大量的科研机构是生物产业集群自主创新的首要条件,只有通过科研机构和企业之间的垂直互动,才能顺利实现内蒙古自治区生物医药企业的自主创新能力。首先,进一步系统地完善有利于产学研合作的政策环境,并制定有利于产学研合作的财税和金融政策,为产学研联盟可持续发展拓展可行性的社会空间结构。其次,产学研合作应该逐步建立起长期的战略联盟关系,科研机构、大学发挥技术优势,企业发挥资金优势,二者互惠互利,达到双赢的效果,形成生物医药企业持续的创新能力。

五、整合和调整政府职能

在内蒙古自治区生物医药产业发展上，政府职能还需完善和调整。第一，政府要完善政策环境。目前各级政府已经制定了相关政策，以支持鼓励生物医药产业发展。但需进一步完善市场秩序，健全法制环境，简化程序，规范服务，以降低企业经营的成本和难度。具体应在市政设施配套、资金信贷、税收减免、人才引进、新药审批和市场管理方面进行重要调整和改革，进一步优化生物医药产业集群的自主创新环境。第二，要提高内蒙古自治区生物医药全行业知识产权保护意识和水平，通过政府引导使企业从研发、经营策略和发展战略的高度上重视和看待知识产权问题。第三，加强对公共服务平台的建设，生物医药产业的高技术性决定了产业不仅需要有生物医药行业协会、专利评估、研发外包、法律和财务咨询等中介机构，更需要有能为企业提供技术支持的专业化服务机构。因此，政府需要整合内蒙古自治区不同生物医药产业企业、组织的资源，建立公共服务平台，发挥组织协调作用，降低中小企业技术创新门槛。

六、健全内蒙古自治区生物医药产业的融资渠道

生物医药产业的资金来源主要是政府投资、资本市场募集和企业投入三种形式。其中，资本市场中风险投资、基金投资等资本募集方式对于生物医药产业自主创新所需要的大量资金尤为关键。内蒙古自治区生物医药产业资金来源单一，投资渠道主要以政府和企业为主，来源于资本市场的金融资本、民营资本和上市公司的资金不多。所以应尽快健全内蒙古自治区生物医药产业的融资渠道，寻求证券市场的支持，鼓励一些大型的生物企业上市融资，积极吸引风险资本的进入，以解决生物医药产业的融资瓶颈。

第十一章

内蒙古自治区战略性新兴产业发展报告

　　战略性新兴产业是以重大技术突破和重大发展需求为基础,对经济社会的全局和长远发展具有重大引领带动作用,知识技术密集、物质资源消耗少、成长潜力大、综合效益好的产业。它既要对当前经济社会发展起到重要支撑作用,更要引领未来经济社会可持续发展的战略方向。全球金融危机之后,世界各国把加大科技创新和发展新兴产业作为培育新的经济增长点、实现经济振兴、抢占新的国际竞争制高点的重要突破口。因此,加快培育和发展具有内蒙古自治区特色的战略性新兴产业,是提升产业层次、发展非资源型产业、转变经济发展方式和推进工业化进程的根本途径,是内蒙古自治区经济长远发展的重大战略选择。

第一节

内蒙古自治区战略性新兴产业发展概况

　　根据《国务院关于加快培育和发展战略性新兴产业的决定》精神,内蒙古自治区制定并出台了《内蒙古自治区人民政府关于加快培育和发展战略性新兴产业的实施意见》(内政发〔2012〕34号),从内蒙古自治区科技水平、产业基础、区域特点和资源禀赋出发,优先选择了发展产业基础比较好、创新能力比较强、市场需求比较大的新材料、先进装备制造、生物、新能源、煤炭清洁高效利用、电子信息、节能环保、高技术服务业八大战略性新兴产业重点培育和发展。

　　内蒙古自治区人民政府提出的加快培育和发展战略性新兴产业的八个重点领域,大部分产业经过多年的发展已形成一定规模并步入产业化发展阶段。截至2011年底,全区共有高新技术产业开发区8家,其中国家级高新区1家,自治区级7家;高新技术特色工业产业化基地共38家,其中5家为国家级;科技企业孵化器共21家,其中5家为国家级;国家级高新技术企业134家;企业研发中心96家。到2011年,全区高新技术产业完成产值1865亿元,高于规模以上工业企业,同比增幅12.3%。高新技术产业总产值占规模以上工业总产值的比重为10.4%。① 内蒙古自治区2011年研究与试验发展(R&D)经费支出85.2亿元,R&D经费投入强度(与国内生产总值之比)为0.59%。内蒙古自治区在新能源、新材料、生物医药、节能环保、装备制造和信息技术应用等方面都具有重大需求和资源、产业比较优势。"十一五"期间初步形成了以稀土新材料产业为先导,新能源产业、生物产业和装备制造业等为优势的高技术产业集群发展格局。内蒙古自治区高新技术产业的发展为战略性新兴产业的培育和发展打下了坚实的基础。

　　2013年上半年,在国家和自治区政府的大力推动下,内蒙古自治区推进战略性新兴产业发展工作取得显著成效。据初步估算,2013年1~5月内蒙古自治区战略性新兴产业总产值约为723.6亿元,同比增长5%。其中,先进装备制造业

---

　　①内蒙古自治区高新技术产业集群持续发展壮大.内蒙古科技信息网,2012-8-1.

155.8亿元,同比增长6.1%;生物产业109.9亿元,增长19.1%;新能源产业138.2亿元,增长12.7%;煤炭清洁高效利用产业41.1亿元,增长32%;电子信息产业7.6亿元,增长45.7%;新材料产业232.5亿元,下降4.7%;其他38.5亿元,下降18.2%。内蒙古自治区战略性新兴产业继续保持了平稳增长的良好发展势头,为促进经济社会又好又快发展发挥了积极作用。[①]

由于新能源、新兴装备制造业、新兴煤化工、生物医药产业等在前面的章节中都进行了分析,本章重点分析其他尚未分析的新兴产业。

一、新材料产业

富集的地下矿藏为内蒙古自治区发展新材料产业提供了条件。截止到2011年年底,在全国已发现的172种矿产资源中内蒙古自治区就有143种,其中查明资源储量的有98种。资源储量居全国之首的有12种、居全国前3位的有30种、居全国前10位的有70种。查明稀土资源储量居世界首位;全区煤炭累计勘查估算资源总量8080.65亿吨,其中查明的资源储量为3765.35亿吨,预测的资源量为4315.30亿吨,居全国第1位;查明天然气地质储量16663.62亿立方米;探明石油地质储量61370.35万吨;累计查明贵金属金551.43吨,银3.41万吨;铜、铅、锌3种有色金属资源储量4038.95万吨。[②] 稀土新材料、纳米材料、高性能铝合金材料、硅材料产业已初步形成。

内蒙古自治区在稀土新材料领域中,企业数量、实现产值和生产的稀土化合物,均居全国第一位。包头市是世界最大的稀土原材料生产基地和供应基地。白云鄂博矿稀土工业储量5738万吨REO,占全国的87.1%,世界的50.7%。成立于1990年的包头稀土高新区,在1992年经国务院批准成为国家级高新区。该园区是全国88个国家级高新区中唯一以资源命名的高新区,作为内蒙古自治区发展稀土产业的主要平台和载体,对稀土应用产业化的过程发挥了龙头和示范作用。2003年12月,包头稀土高新区被国家科技部评为"国家稀土新材料成果转化及产业化基地";2009年12月,包头稀土高新区又荣获国家工业和信息化部首批新型工业化产业示范基地有色金属(稀土新材料)基地;2011年,包头稀土高新区被科

---

① 内蒙古自治区推进战略性新兴产业发展的经验做法. 内蒙古政府门户网站,www. nmg. gov. cn,2013-8-7.

② 中国简况-内蒙古,中央政府门户网站,www. gov. cn,2013-4-8.

技部列为"国家创新型特色科技园区"和国家创新型产业集群建设工程试点。稀土企业达 66 家,形成了产业集聚、技术研发、人才保障、检验检测、信息交流等配套完善的产业体系。高新区相继建立了国家稀土冶金及功能材料工程研究中心、稀土永磁材料、稀土储氢材料等 13 个稀土工程研究开发中心,其中国家级 1 个,自治区级 7 个,包头市级 3 个,高新区级 2 个。目前稀土高新区已形成稀土原材料—稀土功能材料—稀土应用深加工企业相互配套的产业格局,并形成了几条重要产业链,即以稀土金属—稀土永磁材料—稀土永磁电机—应用深加工的产业链;以稀土储氢材料—稀土镍氢动力电池—应用深加工的产业链;以稀土发光材料—稀土发光材料应用标牌等稀土产业链。"十二五"末,以稀土新材料和无机新材料为主的化工新材料产业将成为内蒙古自治区的支柱产业。

内蒙古稀奥科公司的贮氢合金粉、镍氢电池板生产线,已成为国内规模最大、技术装备水平最高的稀土镍氢动力电池生产线。在光伏晶体硅材料领域,内蒙古自治区具有发展多晶硅的能源和原材料优势,目前已建成单晶硅、多晶硅、切片、工业硅多条生产线,在晶硅材料相关工艺技术方面也趋于成熟,已掌握了四氯化硅循环利用技术,相关指标达到国家标准。这为充分发挥具有承载光伏产业发展的地域优势,推进内蒙古光伏产业发展,奠定了强有力的基础。

包头市、鄂尔多斯市、乌海市、呼和浩特市聚集了一大批新材料生产企业。包钢集团是国内唯一生产热轧双相钢带企业,生产出的轻量型薄板新材料钢材,质量达到国际领先水平。包钢是国内 CSP 生产线(薄板坯连铸连轧生产线)生产热轧双相钢带的唯一厂家。包钢应用具有自主知识产权的新工艺、新技术,通过 CSP 生产线生产的轧双相钢带,具有低成本、环保型的独特优点,为新型节能汽车制造提供了优质的材料。

二、洁净煤开发利用

洁净煤技术(Clean Coal Technology,CCT)的含义是:旨在减少污染和提高效率的煤炭加工、燃烧、转化和污染控制等新技术的总称。当前已成为世界各国解决环境问题主导技术之一,也是高技术国际竞争的一个重要领域。内蒙古自治区煤炭累计勘查估算资源总量 8080.65 亿吨,其中查明的资源储量为 3765.35 亿吨,预测的资源量为 4315.30 亿吨,居全国第一位。全区已查明含煤面积 12 万平方公里,约占全区国土面积的 1/10。目前已形成煤炭资源勘探开采、综合利用、机械制造和科研等配套的较为完整的煤炭产业体系,煤炭产业已成为内蒙古自治区的支柱产业。煤炭作为主要能源和重要工业原料,在内蒙古自治区一次能源资源中占90%以上,不仅为内蒙古自治区经济快速发展提供了可靠的能源保障,同时也支持了我国中东部省市的能源需求。煤炭是我国目前最重要的一次能源,但同时也是最主要的污染源。煤炭开发、利用中会产生大量的废渣、废气和废水,对生态环境造成严重的破坏和污染。开采煤矿产生的废弃物主要有煤矸石、粉煤灰、炉渣、废水、一氧化碳、二氧化碳、二氧化硫、烟尘等。它们直接造成地表沉陷、大气和水资源的污染等。

近年来,内蒙古自治区加快实施资源转换战略,不断延长产业链,提高产品附加值。在煤洁净利用方面,内蒙古自治区主要发展热电多联产清洁利用,以煤—气化—合成燃料—化学品为主线的煤洁净利用,初步形成了"煤—电—化工—建材"、"煤—电—冶金"、"煤—电—粉煤灰—氧化铝"等产业链。内蒙古自治区围绕煤炭加工、利用开发出的专利技术已有100多项,煤制油、煤制烯烃、煤制甲烷气、煤制乙二醇、煤制二甲醚等国家五大示范工程都已在自治区落户。全区已形成142万吨煤制油、106万吨煤制烯烃、765万吨甲醇、20万吨煤制乙二醇、13.3亿立方米煤制天然气、278万吨合成氨生产能力。2012年,全区生产甲醇552.5万吨,同比增长27.2%,位居全国第一位;焦炭产量2569万吨,同比增34%,位居全国第五位;电石产量495.1万吨,同比增长11.4%,位居全国第一位;合成氨产量135.7万吨,同比增长108.1%,位居全国第14位。煤制油产量103.7万吨,同比增长11.2%;煤制烯烃产量54.5,同比增长8.8%;煤制乙二醇产量9.9万吨,同比增长52.3%。[①]目前,内蒙古自治区煤化工产业发展呈现出由示范项目向示范基地建设转变,产业化、规模化、集群化发展势头强劲。直接煤制油、煤制天然气、煤制烯烃技术路线基本成熟,初步具备产业化发展的条件。

三、新一代信息技术产业

以云计算、物联网、下一代互联网为代表的新一轮信息技术革命,正在成为全球后金融危机时代社会和经济发展共同关注的重点。内蒙古自治区发展新一代信息技术产业在能源保障、土地供应、气候条件等方面都具有得天独厚的优势。目前内蒙古自治区规模以上企业90%以上都不同程度地采用了信息技术,电子政务广域网已覆盖全区所有盟市和区直单位,电子商务已经在一些上市公司和部分大型

---

① 李永桃.内蒙古煤化工的新型工业化之路.内蒙古日报,2013—5—15.

公司得到应用。2009 年启动了数字化试点城市建设,加快推动信息化在城市建设、工农牧业发展中的应用。内蒙古自治区信息化技术已在人才、政策、技术等方面取得了显著成效,具备了长足发展的条件。由鄂尔多斯市智慧互联科技有限公司投资建设的鄂尔多斯超级云计算数据中心产业园在东胜区云计算产业园区落地开工。

2010 年以来,内蒙古自治区软件园努力贯彻落实《国务院关于加快培育和发展战略性新兴产业的决定》,加大招商力度,大力引进培育新一代信息技术产业,重点推动新一代移动通信、三网融合、物联网、云计算、集成电路、新型显示、高端软件、软件服务、文化创意等领域的发展,并取得了突出的成绩。2011 年,内蒙古自治区政府与中国移动通信集团公司签署合作协议,未来三年,中国移动将投资 107 亿元,在内蒙古自治区呼和浩特市建设全国云计算数据中心,以加强网络的深度覆盖和商业网络部署,为城镇居民提供高速无线宽带网络接入,形成覆盖内蒙古自治区所有重要商业楼宇、交通枢纽、党政办公及文化休闲场所的立体化高速无线网络。云计算中心的建立,将大大促进内蒙古自治区的信息化水平,加速内蒙古自治区信息化与工业化的融合发展。

四、节能环保产业

"十一五"期间,内蒙古自治区积极推动煤炭、电力、钢铁、有色、化工、建材等重点行业节能,关闭和淘汰污染严重的企业和过时的生产工艺设备。支持和鼓励建筑领域采用节能型建筑结构、材料和产品。设立节能专项资金,引进、开发、推广节能技术,成效显著。内蒙古自治区环保产业近几年发展较快,在水环境保护及污染治理、空气污染治理、固体废弃物的处理处置、自然生态保护与恢复、共伴生矿产资源、大宗工业固体废物综合利用和再生资源回收利用、高浓度有机废水治理和污泥无害化处理、节能监测技术、新型热电联产集中供热技术等方面的先进环保技术和装备发展具备了产业化、商品化的基础。初步形成了以资源综合利用为重点、多业并进的环保产业体系,呈现出资源节约、环境改善、产业成长、东中西逐步推进的良性发展态势。

截至 2012 年年末,全区森林面积为 2366.4 万公顷,森林覆盖率达 20%。全年实现林业产业产值 222 亿元。全区确定的自然保护区 185 个。其中,国家级自然保护区 25 个,自治区级自然保护区 62 个。自然保护区面积为 1372.82 万公顷,其中国家级自然保护区面积为 409.37 万公顷,比上年增长 2.5%。全区生态示范区建设试点单位 141 个,比上年增加 28 个,增长 24.8%。全区环境监测人员 1113 人,比上年增长 2.6%;各级环境监测站 89 个。全区监测的 15 个城市空气质量达到二级标准的 14 个,达到三级标准的 1 个。优于城市居住区声环境质量标准的城市比例为 100%。2012 年,内蒙古自治区单位 GDP 能耗下降 5%左右,超额完成年度节能目标任务。[①]

五、现代生产性服务业

服务业发展水平是衡量一个国家和地区现代化程度的重要标志,是反映一个国家和地区综合实力的重要内容。加快发展服务业,是转变发展方式、调整经济结构的战略举措。"十二五"以来,自治区服务业的结构得到不断优化,在传统产业发展的同时,物流、旅游、会展、金融、保险等现代服务业呈现良好的发展势头。工业的集中发展、城镇化的快速推进和服务业集聚区的加快建设,促进了服务业逐步向工业基地、中心城市集中、集聚发展。2012 年,内蒙古自治区全区实现生产总值 15988.34 亿元,按可比价格计算,增长 11.7%。其中,第一产业增加值为 1447.43 亿元,增长 5.8%;第二产业增加值为 9032.47 亿元,增长 14%;第三产业增加值为 5508.44 亿元,增长 9.4%。第一产业对经济增长的贡献率为 4.3%,第二产业对经济增长的贡献率为 67%,第三产业对经济增长的贡献率为 28.7%。人均生产总值达到 64319 元,增长 11.3%,按年均汇率计算折合为 10189 美元。全区生产总值中第一、第二、第三产业比例为 9.1∶56.5∶34.42。近年来,内蒙古自治区初步形成了一批规模较大、特色鲜明、功能完善的服务业集聚区。据调查,全区已建成和正在建设的服务业集聚区 300 多家,其中已建成的服务业集聚区 120 家,总投资近 500 亿元。有的集聚区已经初具规模,对促进本地区乃至全区的服务业发展起到重要的辐射带动作用。内蒙古自治区经济的快速发展为服务业集聚发展奠定了坚实的基础。

《内蒙古自治区服务业"十二五"发展规划》确定的发展目标:到 2015 年,全区服务业增加值达到 8400 亿元(按 2010 年价格,下同),"十二五"期间年均增长 14%以上。服务业增加值占 GDP 比重达到 40%。服务业投资达到 12700 亿元,占全社会固定资产投资的比重达到 50%左右,年均增长 25%。培育并形成一批具有较强竞争力的大型服务业企业集团和服务品牌,物流、金融、商务、科技等生产性服务业

比重达到 45％左右。各盟市中心城市（包括满洲里市、二连浩特市）服务业增加值占全区服务业增加值比重达到 65％。服务业对经济增长的贡献率达到 40％以上，对地税收入的贡献率达到 50％以上，对新增就业的贡献率达到 70％以上。内蒙古自治区服务业"十二五"发展规划确定的发展重点为现代物流业、现代商贸业、金融业、旅游业、房地产业、商务服务业、科技服务业、信息服务业、文化产业和社区服务业。《内蒙古自治区服务业集聚区"十二五"发展规划》指出，根据内蒙古自治区服务业的发展现状、产业布局，按照自治区"呼—包—鄂"、"赤—通"、"海—满"三大重点开发主体功能区布局，构建"111"服务业集聚区发展框架，即 1 个核心区、11 个区域中心和 100 个以上自治区级服务业集聚区。1 个核心区是指"呼包鄂"地区，要发挥资金、技术、人才等优势，依托中心城市，加快发展物流、金融、科技、信息、文化创意和总部经济等现代服务业集聚区，形成全区服务业集聚发展的核心区。11 个区域中心是指"呼包鄂"以外的其他盟市中心城市（包括满洲里市、二连浩特市），要立足本地特色，发挥自身优势，加快区域性中心城市建设，积极发展商贸、旅游、文化、物流等服务业集聚区，辐射带动区域服务业发展。100 个自治区级服务业集聚区。加强规划引导和政策支持，在全区范围内集中培育一批布局集中、功能完备、特色突出、辐射带动作用强的物流园区、产品交易市场、旅游休闲区、中央商务区、科技创业园区、文化创意园区六种形态的服务业集聚区，为全区服务业集聚区发展发挥示范带动头作用。

第一节

内蒙古自治区战略性新兴产业发展中存在的主要问题

近年来，内蒙古自治区通过多种途径培育战略性新兴产业，收到较好的效果。但从目前看，真正形成产业链条，并取得较好规模效益的新兴产业尚未出现。内蒙古自治区新兴产业要上规模、见效益、提高竞争力，还需要突破制度和技术等方面的制约。

一、战略性新兴产业发展所需的制度、政策、环境尚不健全

新兴产业的发展需要政府全方位的有力支持，各项政策措施之间相互配合和

协调以形成一个完整的支撑体系。然而当前的制度环境、政策支持环境与新兴产业发展的要求还有一定的距离,并不十分适应。一项新技术如果科技研发、成果转化、市场开拓及产业化的过程中任何一个环节出现问题,都不能顺利实现其转化,产业发展链条就会中断,这就需要综合运用科技、金融、法律、经济等多种手段在技术、人才和资金等方面为其提供保障。

二、产业层次低,竞争力弱

内蒙古自治区人民政府提出的加快培育和发展战略性新兴产业的八个重点领域,大部分产业经过多年的发展已经形成一定规模,并步入产业化发展阶段。目前涉足新兴产业的企业数量虽然较多,但大多数产业层次偏低、规模小、技术基础薄弱,自主创新能力不强,重要核心技术掌握不够,缺少领军企业。加之配套能力差,缺乏完整的产业链和集群,竞争力不强。2012 年,全区高新技术产业完成工业产值 1404.4 亿元,占全区规模以上工业产值的 10.5%。[①] 从总体上看,战略性新兴产业对传统产业和地区经济的带动作用还非常有限,与国内外同一产业相比整体实力仍处于较低的水平。

如风电、光伏产业,在国家大力发展清洁能源的战略指导下,内蒙古自治区风电、光伏发展走在了全国前列,已经形成设计制造、建设运营、检修维护为一体的产业体系。但存在的问题也比较突出,高端技术设备和很多国产设备的设计几乎被国外厂商垄断,具有自主知识产权的核心技术缺乏,一些大型风电场,80%以上的机组为进口产品。风电与光伏设备的研发与生产制造与世界先进水平相比差距较大。煤洁净利用方面:内蒙古自治区作为我国的主要产煤省份,近年来,积极推进煤炭资源转化、延伸煤炭资源产业链,并且已经形成了多条产业链,煤洁净利用有了较快的发展。但在煤炭资源产品结构中,深加工和精加工产品比率较低,产业层次仍处于较低的水平。

三、研发投入强度低,创新能力不强

2012 年,内蒙古自治区在研究与试验发展方面的经费支出相当于国内生产总值的比重为 0.63%(全国平均水平为 1.98%);全区研究机构仅有 91 家,占全国的

---

①内蒙古高新技术产业有了数据测度依据来源.内蒙古日报,2013-5-1.

2.5%。研究与试验发展人员 2.7 万人,不足全国的 1%。① 总体上看,内蒙古自治区研发投入强度低,技术及研发水平较低,自主创新能力不足,具有自主知识产权的新产品缺乏,市场竞争不强。以企业为主体、市场为导向、产学研相结合的技术创新体系还没有真正建立起来。根据联合国教科文组织对科技创新能力的认定和世界各国发展的一般规律,R&D 经费投入占 GDP 不到 1% 的国家和地区缺乏创新能力,在 1%~2% 的国家和地区会有所作为,大于 2% 的国家和地区创新能力比较强。另外,内蒙古自治区由于缺乏健全的技术交易市场,技术转移和扩散通道不畅,技术吸纳能力、辐射能力较弱,而且技术咨询、服务、培训等中介机构较少,科技成果转化受到限制,制约了企业和研发机构的创新能力。

四、科技人才队伍总量不足,分布不尽合理

2012 年,内蒙古自治区研究与试验发展方面的人员共 2.7 万人,不足全国的 1%。高层次科技创新型人才和高技能人才严重缺乏。科技人才队伍不仅总量不足,分布也不尽合理。主要表现为:R&D 人员区域分布不均衡、地区差异大。R&D 人员主要集中在包头市、呼和浩特市和鄂尔多斯市;行业分布上主要分布在第二产业的制造业、采矿业和第三产业的教育业、科学研究及卫生系统;科技人才队伍中高层次科技领军人才、高技能人才和创新团队匮乏;企业的技术创新主体地位尚未确立,高技术人才向企业流动的激励机制尚不完善;在人才培养模式方面还存在着制度性障碍。从总体上看,科技人才队伍的建设距新兴产业发展的要求还有较大的差距。

五、财税金融扶持力度不强,资金来源渠道狭窄

战略性新兴产业具有高投入、高风险、高回报的特征,当前内蒙古自治区的投融资体系还难以满足新兴产业从初创期、成长期到成熟期各个阶段不同的资金需求。这些产业绝大多数都是中小企业,相当一批企业刚刚起步,规模小,资金不足,普遍面临融资渠道不畅、融资能力不强的问题。新兴产业的投资主要还是以政府为主,其他渠道的资金来源较少,融资渠道单一。投资体制尚不健全,产业发展的各个阶段缺乏

①内蒙古自治区推进战略性新兴产业发展的经验做法. 内蒙古政府门户网站,www. nmg. gov. cn,2013－8－7.

对应的投融资机构的支持,以企业为核心的投资主体架构还没有真正确立。

(一)财政投入比例低、增长机制不稳定

"十一五"期间,内蒙古自治区全区科技经费支出累计达 71.17 亿元,比"十五"时期增加 47.25 亿元,年均增长 39%。其中,自治区本级财政在"十一五"期间投入科技经费 18.03 亿元。比"十五"时期增加 10.94 亿元,增长 2.5 倍。2012 年,内蒙古全区科技支出 27.3 亿元。投入清洁能源、新材料、装备制造业等战略性新兴产业的资金为 1.9 亿元。[①] 数据说明,近年来,内蒙古自治区经济、财政收入及科技经费支出增长较快,由于财政收入总量不大,科技经费支出和投入战略性新兴产业的资金绝对数额并不大,占当年财政支出的比重也较低,且增长不稳定。

(二)风险投资业的发展起步晚、数量少

高新技术与风险投资的有机结合被看作是未来战略性新兴产业发展的强大动力。风险投资的出现及时地解决了以高新技术为主导的战略性新兴产业发展的资金瓶颈。近 20 年来,创业风险投资已成为发达国家主要的金融操作与投资模式。我国的风险投资业与发达国家相比起步较晚,与全国其他省市相比内蒙古自治区风险投资业的发展起步更晚。从 1998 年内蒙古自治区第一家科技风险基金正式设立开始到 2010 年底,备案企业达 22 家。内蒙古风险投资业存在的主要问题是:缺乏完善投资机构内部的治理机制、部分创投机构投资于中后期项目、资金募集渠道不畅、短期投资占比较大、风险投资退出渠道狭窄、风险投资专业人才匮乏等。

(三)资本市场规模小、对地方经济发展的推动作用有限

2012 年,内蒙古自治区设有 2 家法人证券公司和 56 家证券营业部,境内上市公司 24 家,累计募集资金 679.3 亿元。[②] 上市公司主要集中于能源、电力、冶金、化工、农畜产品加工等传统产业,涉足战略性新兴产业的上市公司不多。

---

①内蒙古自治区财政厅.关于内蒙古自治区 2012 年预算执行情况和 2013 年预算草案的报告.2012-2-15.

②货币政策分析小组.2012 年内蒙古自治区金融运行报告.中国人民银行呼和浩特中心支行,2012.

（四）金融服务体系松散，对新兴产业支持力度不够

1. 地方性法人金融机构数量少、规模小

2012 年内蒙古法人金融机构 160 个，资产总额 6430.5 亿元，其中地方性城市商业银行 4 个；主要农村金融机构 93 个；信托投资公司 2 家；财务公司 1 个。现有 4 家城市商业银行，由于资产规模小、建立时间短、信贷覆盖面不大、竞争力弱，对地方经济的支持还非常有限。缺乏地方金融龙头企业和支持新兴产业发展的专业金融机构。

2. 商业银行投入新兴产业的资金比例较低、金融创新产品不足

2012 年末，内蒙古金融机构各项人民币贷款余额 11284.2 亿元，增长 16.0%，全年新增人民币贷款 1541.7 亿元。从整体上看，贷款主要集中在能源、交通、基础设施建设等优势行业中的大企业、大项目方面，新增贷款主要集中在流动资金贷款、中小企业贷款和涉农贷款。战略性新兴产业的信贷支持力度不大，在引导信贷资金向战略性新兴产业流入方面缺乏金融创新产品及有效地政策激励手段。

3. 风险担保机制不健全

风险担保机构数量少和风险担保机制不健全是导致金融机构投入新兴产业资金少的又一原因。在风险担保机制不健全的情况下，金融机构投入风险较大的科技研发项目和新兴的科技企业的贷款不可能太多。

第二节
培育发展内蒙古自治区战略性新兴产业的建议

战略性新兴产业是引领未来经济社会可持续发展的战略方向，发展战略性新兴产业已成为世界主要国家抢占新一轮经济、科技发展制高点和掌握未来发展主动权的重大战略。内蒙古自治区要把新兴战略性产业培育成为主导产业，还需要从多方面努力。

一、建立和完善战略性新兴产业发展所需的制度、政策、环境

战略性新兴产业正处于成长阶段,大部分处在技术突破和产业化的关键时期,单纯依靠企业的努力是远远不够的,需要政府给予全方位的有力支持。

(一)提高发展战略性新兴产业重要意义的认识

近年来,内蒙古自治区经济发展速度较快,综合经济实力得到较大提升。但我们必须看到伴随经济的快速发展,制约内蒙古自治区经济发展的因素也越来越突出。经济增长对资源的依赖偏重,非资源型产业发展滞后,产业基础薄弱、结构单一、层次较低,生态环境脆弱等。因此,加快战略性新兴产业的发展是推动内蒙古自治区经济产业结构优化升级、实现经济生态化、经济发展方式转变的根本途径。各级部门要统一思想,从战略高度提高发展战略性新兴产业重要意义的认识。

(二)完善和优化制度政策环境

在国家制定的基本法律范围内,地方政府根据当地的实际情况,制定和出台一些地方性法规和具体实施的行政性办法,努力消除体制、机制性障碍,通过合理的制度安排明确和疏导各利益主体的责任和利益关系。加大产业激励政策和投融资扶持政策的力度。通过积极的科技政策、人才政策、财税政策和金融政策等为战略性新兴产业发展的各环节提供全面的政策支持,保证产业链各环节的有效衔接。从法律、制度和政策上保障新兴产业的顺利发展。

二、健全完善技术创新机制,提高自主创新能力

技术创新是战略性新兴产业发展的内在动力,其发展"瓶颈"在于高新技术的研究、开发和成果转化。自主创新能力不足是制约内蒙古自治区战略性新兴产业发展的重要瓶颈。只有提高自主创新能力才能掌握市场主动权、全面提升产业的竞争力。

(一)加强企业技术创新主体地位的培育

政府要通过多种激励措施鼓励和扶持企业进行科技研发和开展各种形式的自

主创新活动。鼓励和支持企业建立自主创新的内部技术开发机构,承担各级各部门的研究开发任务等。完善技术转移机制,促进企业技术的集成与应用,增强企业技术创新的动力。

(二)整合科技资源,促进产学研结合,提高科技研发能力

充分发挥科研机构和高等院校的作用,建立促进产学研结合、加快科技成果转化的平台和渠道。加强不同地区和部门之间的合作与交流,整合集聚科技资源,提高承担重大科技项目的能力。创造条件吸引更多高校,科研院所的高端人才到企业服务。通过多种措施和手段逐步形成以企业为主体、以市场为导向的产学研相结合的新兴产业技术创新体系。

(三)强化对引进技术的创新和国际合作

对引进的技术要消化吸收再创新,避免引进的技术还没有充分发挥作用时就被新的技术所取代。同时,要加强同国外企业及科研部门的合作,提升我们的科技创新能力和技术吸收能力。

三、加强人才队伍建设

战略性新兴产业的发展,需要建设一支数量充足,不同层次不同类型的人才队伍。内蒙古自治区人才数量不足,高层次科技创新型人才、高技能人才和高级生产管理人才严重缺乏。由于内蒙古自治区特殊的地理位置和创业环境等因素的制约对人才的吸引力并不强,缺乏竞争优势。根据内蒙古的实际情况在人才队伍建设上通过稳定、培养和引进等手段扩大人才队伍。首先,稳定现有的人才队伍,减少人才流失。在稳定人才的政策上需要加强和倾斜,如研究和创业条件以及待遇方面的改善等。其次,采取培养、培训方式扩大人才队伍。通过调整高校专业设置,派出科技人员进修学习等手段,培养战略性新兴产业发展各个环节急需的人才和后备人才。最后,引进高端科技人才和团队领军人才。在引进高层次人才方面可以采取更加灵活的方式,比如来本地区长期或短期工作、兼职或以重大项目为载体的合作形式等。只要是有利于本地区战略性新兴产业发展的形式都可以尝试。

四、加大投融资支持力度,拓宽资金投入渠道

战略性新兴产业的发展需要大量的资金投入,资金保障是其快速发展的基本条件之一。所以要加大投融资支持力度,拓宽资金投入渠道,引导更多的资金流向战略性新兴产业。

(一)加强财税支持力度、建立稳定的财政投入增长机制

稳定的财政投入增长机制不仅是培育发展新兴产业的重要物质保障,更重要的是对吸引社会资金投入新兴产业具有积极的辐射、引领作用。

1.提高财政投入比重,建立稳定的财政支持增长机制

地方财政要调整投入结构,通过设立战略性新兴产业发展专项资金、建立政府引导基金、贴息、补贴偿还性资助、担保等多种方式,逐步形成多元化多渠道的支持体系和稳定的财政支持增长机制。

2.扩大减免税范围、鼓励企业加大科技投入

由于企业科技研发风险高、所需资金量大、人才缺乏,许多企业科技投入的积极性不高。针对实际情况,政府除了必要的直接投入外,更多的应从减免税费的角度给予鼓励支持,激发企业科技创新的积极性、提高企业科技创新的能力。税务部门要逐步建立有利于加快培育发展战略性新兴产业的税收政策体系。设立战略性新兴产业发展引导基金。通过战略性新兴产业发展引导基金统筹扶持战略性新兴产业关键技术、共性技术研发,加快战略性新兴产业重点领域、重点企业和重点项目的技术改造和技术创新。

(二)加快风险投资基金的发展

国际经验表明,风险投资是所有投融资工具和政策工具中对高新技术产业化最为有力的、不可或缺的一种现代投资形式。内蒙古自治区风险投资业的发展起步晚、创业投资基金和私募股权投资基金数量少,尚难满足内蒙古战略性新兴产业发展的要求。要加快内蒙古自治区战略性新兴产业发展必须尽快建立、完善与其发展适应的风险投资体系。政府在税收优惠、风险补偿、市场准入条件、多样化的进入渠道、金融配套措施和退出渠道等方面创造宽松的制度政策环境,通过参股、

融资担保、跟进投资和风险补助等方式,设立自治区战略性新兴产业风险投资基金。扶持和壮大一批风险投资机构,鼓励企业或个人参与组建风险投资机构。同时要积极引导风险资金向战略性新兴产业前端流动。

(三)完善多层次的资本市场体系,提高直接融资比重

战略性新兴产业的发展需要充足的资金投入,完善多层次的资本市场体系,提高直接融资比重是解决资金问题的又一重要途径。

1. 培育、孵化更多的战略性新兴产业准上市公司

内蒙古自治区新能源、洁净煤开发利用、节能环保、新材料、蒙医药、装备制造业等新兴产业近年有了较快的发展,已经具备一定规模,一些企业的产品技术成熟度、经济效益不断提高,市场占有率不断扩大。一旦条件成熟,地方政府、金融管理部门应通过多种措施和渠道推荐其在海内外创业板上市,可以通过并购、资产重组等形式实现买壳或借壳上市,也可分拆上市。把上市公司中那些已经成熟的高新技术业务剥离出来,独立上市。

2. 鼓励现有上市公司向高新技术产业渗透

采取多种措施支持现有上市公司进行技术改造,鼓励其向高新技术产业渗透,提高上市公司高新技术含量。增资扩股,扩大上市公司辐射范围,提高其对地方经济的龙头带动作用,提高直接融资比重,使其成为未来新兴产业发展的主要融资渠道。

3. 优先安排符合条件的企业上市

支持科技型中小企业利用主板、中小板和创业板上市直接融资。支持高新技术企业发行企业(公司)债券,鼓励优质科技型中小企业发行集合债券。

4. 积极发展区域性场外资本市场

通过产权交易所带动区域性资本市场的发展,促进企业产权的合理流动和优化重组。鼓励优质科技型中小企业发行集合债券。产权交易所要积极开发有利于区域经济发展的交易品种和融资渠道,聚集国内外与区域产业发展相关的投资人才资源,建立良好制度规范和信息平台,吸引全国范围内相关企业在本区域的交易所挂牌交易和融资。

(四)完善金融服务体系、改进现有服务方式,加大新兴产业的支持力度

建立适合新兴产业发展的金融服务体系、改进现有服务方式也是十分重要的问题。

1.充分发挥商业银行在支持战略性新兴产业发展中的融资主导作用

构建适合新兴产业发展的信贷模式,建立适合新兴产业发展的风险定价机制和业务流程。对创新企业的信用评级方式、担保物品种与担保方式、贷款形式以及金融创新产品等方面要不断地进行探索。引导金融机构建立适应战略性新兴产业特点的信贷体系和保险、担保联动机制。

2.加强地方金融龙头企业的支持力度

取消不利于地方性金融机构发展的一些限制性规定,监管部门要为它们创造公平的政策环境;在税收上予以更多的优惠支持。扶持地方商业银行和其他非银行金融机构,打造地方金融龙头企业。

3.健全和完善风险担保机制

风险担保机构数量少和风险担保机制不健全是导致金融机构投入新兴产业资金少的原因之一。对重大科技项目的贷款融资进行财政风险补偿,进一步完善专业的风险担保机构职能,完善商业化金融机构和担保机构在科技融资上的风险分担机制。

4.建立支持新兴产业发展的专业金融机构

鼓励商业银行建立科技贷款分支机构,条件成熟的地区可以建立科技发展银行。同时完善金融合作机制,加强金融与财政等政策性手段的配合。

5.采取多种措施吸引民间资本投入战略性新兴产业

内蒙古作为一个经济不太发达的省份发展战略性新兴产业,不仅人才缺乏,资金力同样不足。需要采取多种措施吸引民间资本,特别是区外资金投入战略性新兴产业。

五、优化布局，特色优势产业先行发展

　　内蒙古自治区地域广阔、环境资源分布差异大，地区经济发展也不平衡，这形成了战略性新兴产业发展的不同环境。针对不同地域的产业特点和条件，采取差别化政策，优化布局，特色优势产业先行发展。地方政府选择战略性新兴产业在充分考虑本地科技创新条件的同时，避免进入认为只有高技术产业才是战略性新兴产业的认识误区，以及不切实际地追求高技术产业的选择误区。科学的选择，源于对产业发展要求和发展条件的系统、全面分析，条件具备了，发展才有可能，条件不具备，发展就只能是空谈。如果地方政府只重视短期投资增长和GDP增长，就容易引起新一轮雷同式布局和恶性竞争。

　　注重产业集聚、产业配套体系建设，从而形成产业集群。有目标地构建若干有战略意义的战略性新兴产业集聚区。使前沿技术与当地产业条件匹配兼容，有效发挥比较优势与竞争优势，使新兴产业真正能起到带动本地区产业体系、经济社会发展的作用，从而取得发展战略性新兴产业的优势。防止新兴产业中出现重复建设、盲目投资问题，特别是对一些产能已经出现过剩的新兴产业更要科学布局，避免资源浪费。

参考文献

[1]〔美〕杰里米·里夫金.第三次产业革命——新经济模式如何改变世界.张体伟,孙豫宁译.中信出版社,2012.

[2]杨科杰.从互联网时代到"物联网"时代——解析美国"智慧的地球"科技战略.光明日报,2009-2-23.

[3]吕炜.美国产业结构演变的动因与机制——基于面板数据的实证分析.经济学动态,2012(8).

[4]赵秀丽.产业双重收敛与"产业思维"的局限性.科技进步与对策,2012(24).

[5]赵秀丽.内蒙古区域经济空间规划与产业布局的联动分析.内蒙古师范大学学报,2011(6).

[6]万亿元背后的蜕变——内蒙古经济发展系列报道之一.新华社内蒙古分社,2011-1-10.

[7]木耳.五十年来内蒙古产业结构发展演变的特点.内蒙古统计,1997(3).

[8]李美云.国外产业融合研究新进展.国外经济与管理,2005(12).

[9]厉无畏,王慧敏.产业发展的趋势研判与理性思考.中国工业经济,2002(4).

[10]陈晓涛.产业演进论.四川大学博士论文,2007.

[11]景跃军.战后美国产业结构演变研究.吉林大学博士论文,2004.

[12]张谷.德国经济开放与产业转型特点.欧洲,1997(3).

[13]韩永文.德国的产业结构变化、支柱产业和产业政策.经济改革与发展,1995(11).

[14]赵凤彬,郑北雁.试析战后日本产业结构演变趋势.世界经济,1988(4).

[15]赵晋平.20世纪90年代以来日本产业结构的演变及其启示.国际贸易,1997(9).

[16]白雪洁.塑造沙漏型产业结构:日本新一轮产业结构调整的特征与趋势.日本学刊,2011(2).

[17]〔英〕安格斯·麦迪森.中国经济的长期表现(公元960—2030).上海人民出版社,2008.

[18]汪海波.对新中国产业结构演进的历史考察——兼及产业结构调整的对策思考.中共党史研究,2010(6).

[19]内蒙古人民政府调查研究室.内蒙古工业化发展研究.北方经济,2006(7).

[20]魏彤.新兴工业化背景下内蒙古重化工业发展模式研究.中国政法大学硕士论文,2009.

[21]杨臣华.内蒙古发展报告(2009～2011).经济管理出版社,2010.

[22]杨文武."十一五"内蒙古新型工业化取得新成就.内蒙古统计,2011(1).

[23]王佳锐,王景峰.内蒙古新型工业化研究综述.经济论坛,2011(4).

[24]于长林:内蒙古走新型工业化道路的思考.中国经贸,2010(12).

[25]王正峰,郭晓川.资源富集地区新型工业化面临的挑战及对策研究——以内蒙古自治区为例.工业技术经济,2009(3).

[26]内蒙古自治区发展和改革委员会.关于"把内蒙古建成全国重要的现代煤化工生产示范基地"的规划前期研究报告.www.nmgfgw.gov.cn/zwgk/bmdt/fzggdt/2,2013—09—30.

[27]马俊.积极推动结构调整和转型升级　加快构建多元发展多极支撑的产业体系.北方经济,2011(3).

[28]张丰兰,张秉云.低碳经济与资源型产业转型探寻——以内蒙古中西部为例.工业技术经济,2010(8).

[29]张丰兰.多种途径推进资源开发方式转变.内蒙古日报(理论版),2013-5-17.

[30]张学刚,傅帅雄.内蒙古新型工业化进程测度与评价.中国市场,2011(29).

[31]魏树琪.关于内蒙古工业转型升级的思考.北方经济,2012(23).

[32]李冰洋,长青,郝晓燕.内蒙古工业产业结构的演变及动因分析.内蒙古科技与经济,2008(22).

[33]云涛.内蒙古工业优势产业自主创新发展途径研究.中国科技论坛,2009(8).

[34]内蒙古自治区经济和信息化委员会.辉煌"十一五"新型工业化引领内蒙古工业跨越式发展.内蒙古日报,2013-11-23.

[35]付东梅,王莉莉.关于内蒙古工业经济转型升级的若干思考.北方经济,

2011(6).

[36]徐志刚,傅龙波等.中国粮食生产的区域比较优势分析.中国农业资源与区划,2001(1).

[37]胡星.比较优势与农产品结构调整.经济经纬,2002(2).

[38]李双元.WTO框架下青藏高原特色农业国际竞争力研究.西北农林科技大学硕士论文,2007.

[39]包广才,萨日娜等.改革开放三十年内蒙古自治区农业产出的变迁.内蒙古大学学报(哲学社会科学版),2008(6).

[40]内蒙古自治区国民经济和社会发展第十二个五年规划纲要.内蒙古自治区第十一届人民代表大会第四次会议通过,2011-1-22.

[41]内蒙古自治区人民政府关于加快培育和发展战略性新兴产业的实施意见.内政发〔2012〕34号.

[42]韩凤永.内蒙古战略性新兴产业发展现状分析.经济论坛,2013(11).

[43]韩凤永.内蒙古风电并网困难的主要制约因素探析.新西部,2013(21).

[44]赵云平等.内蒙古产业集群战略.经济管理出版社,2010.

[45]王建军.企业间网络:一种发展循环经济的有效产业组织形式.内蒙古大学学报(哲学社会科学版),2009(4).

[46]段玮.冶金行业中的环境保护与经济增长.企业家天地,2008(6).

[47]程志民,梁嘉骅.山西省冶金行业发展策略探讨.科技情报开发与经济,2005(9).

[48]蒋雯.浅析我国五金行业产业集群的发展与产业竞争力的提升.专家视点,2011(4).

[49]李沛林.冶金矿山竞争力如何增强.中国冶金报,2010(9).

[50]高宝明.铁矿企业在内蒙古共谋行业发展大计.重点关注,2011(6).

[51]陈塑,肖荣阁,段孝平.内蒙古地勘单位改革发展模式研究.中国国土资源经济,2009(1).

[52]辛伟兴.推进冶金行业转型升级.经营与管理,2012(11).

[53]丰华.包头稀土高新技术产业开发区入选新型工业化产业示范基地.中国企业报,2010(4).

[54]闫金梅,赵生元.内蒙古淘汰有色金属产业落后产能.西部时报,2008(15).

[55]王紫丁.加快打造有色和黑色金属生产加工基地.巴彦淖尔日报,2013-

7-15.

[56]张凯,张静.内蒙古煤炭工业的现状分析及发展对策研究.北方经济,2013 (16).

[57]吴晶英.内蒙古煤化工产业发展的问题与思路.企业研究,2012(18).

[58]耿秀明.内蒙古煤化工产业发展研究.内蒙古科技与经济,2013(3).

[59]杭栓柱等.把内蒙古建设成为我国重要的能源、重化工业基地.内蒙古发展信息研究中心网,2009-9.

[60]杭栓柱,朱晓俊.把建设内蒙古能源重化工业基地上升为国家战略的思考.内蒙古发展信息研究中心网,2012-1.

[61]李凯,李世杰.装备制造业集群耦合结构:一个产业集群研究的新视角.中国工业经济,2005(2).

[62]图雅,李俊.加快内蒙古装备制造业发展的调研报告.宏观论坛,2010(3).

[63]杨漾,仪德刚.中国西部装备制造业发展的历史经验与启示.科技管理研究,2011(20).

[64]曾昭宁.振兴西部装备制造业.社会科学文献出版社,2008.

[65]杨巨华."十二五"内蒙古发展面临的环境和产业重点选择.经济社会,2011(5).

[66]李士梅.当前中国制造业发展面临的主要问题及对策研究.中央财经大学学报,2004(12).

[67]杭刚.鄂尔多斯发展装备制造业的基础条件探索和优势分析.调查与思考,2012(8).

[68]许亮.高端装备制造产业是振兴装备制造业的突破口.产业经济,2010 (6).

[69]贾若祥.西部地区装备制造业发展思路研究.中国经贸导刊,2011(10).

[70]内蒙古党委调研组.加快内蒙古装备制造业发展的调研报告.北方经济,2010(3).

[71]赵扬帆.我国中西部地区装备制造业发展问题探讨——以内蒙古包头市为例.中国外资,2011(7).

[72]内蒙古自治区发展和改革委员会.内蒙古2009～2015年绿色能源发展规划.2009.

[73]内蒙古自治区能源开发局.内蒙古"十二五"风电发展及接入电网规划.2011.

[74]内蒙古自治区经济和信息化委员会.内蒙古自治区"十二五"工业和信息化发展规划.2011.

[75]韩凤永.矿产资源型产业可持续发展边界分析.新西部,2013(29).

[76]齐华,林辉.对我国生物医药产业发展战略的思考.经济师,2004(5).

[77]翁海涛等.对上海医药产业发展现状及策略的思考.内蒙古科技与经济,2003(11).

[78]曹阳.论政府的政策支持对医药产业降低技术创新风险的作用.中国药业,2002(10).

[79]吴永志.黑龙江省生物医药科技与产业发展的对策研究.黑龙江医药,2006(2).

[80]马晓军.内蒙古生物制药产业发展制约及对策研究.产经透视,2012(12).

[81]马林,平建恒.内蒙古绿色产业论:内蒙古绿色产业体系与经济可持续发展.内蒙古大学出版社,2004.

[82]顾海峰.战略性新兴产业培育、升级与金融支持.改革,2011(2).

[83]内蒙古自治区人民政府.关于加快培育和发展战略性新兴产业的实施意见.2012.

[84]内蒙古自治区科技厅.内蒙古"十二五"期间战略性新兴产业发展目标及重点.2012.

[85]刘青,施放,傅剑.新兴产业发展中的政府作用机制研究.经济论坛,2007(8).

[86]张丽娟.依托草原文化发展内蒙古特色经济.经济论坛,2010(9).

[87]国务院办公厅.国务院关于加快发展节能环保产业的意见.2013.

[88]国务院办公厅.国务院关于加快培育和发展战略性新兴产业的决定.2010.

[89]国务院办公厅.国务院关于印发"十二五"国家战略性新兴产业发展规划的通知.2012.

[90]国务院办公厅.国务院关于进一步促进内蒙古经济社会又好又快发展的若干意见.2011.

[91]中华人民共和国国民经济和社会发展第十二个五年规划纲要.第十一届全国人民代表大会第四次会议通过,2011-3-14.

[92]内蒙古自治区人民政府.内蒙古自治区化学工业"十二五"发展规划.2011.

后　记

　　本书是内蒙古财经大学 2012 年度重大研究项目"内蒙古产业发展报告：工业结构转型升级"的研究成果，由内蒙古产业发展研究基地的部分成员共同完成。

　　自 2009 年以来，本研究团队的核心成员张丰兰、赵秀丽、韩凤永、唐丽颖、倪学志、毛文静围绕内蒙古自治区产业发展中的重大问题进行了多方面的探索，先后发表了 30 余篇有影响的研究成果。这些研究成果既包括对内蒙古自治区工业总体发展阶段的基本判断以及转型升级重点的分析，还从多个视角涉及内蒙古自治区几大特色优势产业，特别是战略性新兴产业。其中有 5 项成果获得内蒙古自治区社会科学优秀成果政府奖。在这些研究成果的基础上，进一步对内蒙古自治区工业进行了较为全面系统的分析，才形成了本研究报告。内蒙古财经大学在读研究生薛艳艳、赵航、康秀娟也参加了本书的研究和写作过程。

　　感谢内蒙古财经大学为本书的出版提供的资助，感谢内蒙古财经大学科研处柴国君处长的悉心指导和帮助，同时也感谢李志华、和原芳、王乐等研究生在资料收集和处理方面给予的帮助。

编　者

2013 年 12 月